Buße und Eucharistie · Ein Buch für Eltern und Katecheten

Buße und Eucharistie

Ein Buch für Eltern und Katecheten

verfaßt von Rudi Ott
unter Mitarbeit von Gefion Forderer,
Hanspeter Ochs und Egon A. Retsch

Kösel-Verlag München

CIP-Kurztitelaufnahme der Deutschen Bibliothek

Ott, Rudi:
Buße und Eucharistie : e. Buch für Eltern u. Katecheten / verf. von Rudi Ott. Unter Mitarb. von Gefion Forderer . . . – München : Kösel, 1980.
ISBN 3-466-36044-7.

ISBN 3-466-36044-7

Gesamtherstellung: Kösel, Kempten
Umschlagentwurf: Günther Oberhauser, München, unter Verwendung eines Fotos von H. Zumbrunn, Verlag der Oblaten, Mainz
Mit kirchlicher Druckerlaubnis: Mainz, 15. 7. 1980, Luley, Generalvikar

Buße und Eucharistie

Ein Buch für Eltern und Katecheten

verfaßt von Rudi Ott
unter Mitarbeit von Gefion Forderer,
Hanspeter Ochs und Egon A. Retsch

Kösel-Verlag München

CIP-Kurztitelaufnahme der Deutschen Bibliothek

Ott, Rudi:
Buße und Eucharistie : e. Buch für Eltern u. Katecheten / verf. von Rudi Ott. Unter Mitarb. von Gefion Forderer . . . – München : Kösel, 1980.
ISBN 3-466-36044-7.

ISBN 3-466-36044-7

Gesamtherstellung: Kösel, Kempten
Umschlagentwurf: Günther Oberhauser, München, unter Verwendung eines Fotos von H. Zumbrunn, Verlag der Oblaten, Mainz
Mit kirchlicher Druckerlaubnis: Mainz, 15. 7. 1980, Luley, Generalvikar

Inhalt

Liebe Eltern, liebe Katecheten!

Wie können sich Kinder die Botschaft Jesu so aneignen, daß sie darin eine Grundorientierung für ihr Leben gewinnen? Von dieser Frage ließen wir uns leiten, als wir an dieses Buch gingen. Und unsere erste Antwort war: Sie brauchen dazu Menschen, denen die christliche Botschaft im Alltag viel bedeutet. In ihrem eigenen Leben kann eine Beziehung zu Gott wachsen, wenn sie sich Menschen anschließen können, denen diese Beziehung wichtig ist. Zunächst sind das die Eltern, die im häuslichen Leben der Beziehung zu Gott einen Platz geben. Wie das Kind im alltäglichen Umgang mit den ersten und prägenden Bezugspersonen seine Sprache lernt, so lernt es auch in diesem intimen Kontakt das Leben in einer Beziehung zu Gott zu sehen und zu empfinden. Mit dem Älterwerden vergrößert sich auch sein soziales Feld. Weitere Kontakte werden für das religiöse Lernen wichtig, vornehmlich die Pfarrgemeinde und der Religionsunterricht in der Schule. Darum bekommen die Menschen, die das Kind dort erlebt, immer größere Bedeutung für sein religiöses Lernen. Besonders sind dies die (haupt- und ehrenamtlichen) Katecheten, die Kindergruppen und Schulklassen betreuen. In der persönlichen Nähe zu ihnen macht es neue Erfahrung mit der Botschaft Jesu und mit dem Leben aus dem Glauben. In solchen Kontakten und unmittelbaren Erfahrungen vermag es weiter in den Glauben hineinzuwachsen, und es wächst ihm vieles Neue zu.
Den Eltern und Katecheten ist dadurch eine wichtige Aufgabe gestellt. Und es ist nicht immer leicht, einen guten und sinnvollen Weg zu finden. Viele, ja die meisten Eltern wollen einen guten Weg finden, aber sie tun sich damit schwer. Im Blick auf diese Situationen und Aufgaben haben wir dieses Buch erstellt. Konkret hatten wir Eltern und Katecheten von Kindern im Grundschulalter vor Augen, die für diese Aufgabe Hilfe suchen.
Wichtige religiöse Ereignisse der Grundschulzeit sind die erste Beichte und der erste Kommunionempfang als weitere Schritte der Beziehung zu Gott und der Eingliederung in die Gemeinschaft der Kirche nach der Taufe. Eucharistie und Beichte sind Anlaß, das Kind in neuer, seiner Entwicklung gemäßen Weise mit den grundlegenden Wahrheiten der christlichen Botschaft vertraut zu machen und es in

die Grundformen christlichen Lebens einzuführen. Deshalb umfaßt das Buch nicht nur die Themen »Buße und Eucharistie«, sondern auch die wichtigsten Themen religiöser und sittlicher Erziehung im Grundschulalter.

Das Buch will den Eltern und Katecheten durch die theologischen und pädagogischen Inhalte helfen, sich persönlich ihrer Aufgabe zu stellen und sie – so gut sie können – wahrzunehmen. Es enthält Anregungen und Hilfen für die Erwachsenen – kein Lernprogramm für Katechesen. Einige Elemente können aber auch direkt in das Gespräch mit den Kindern eingebracht werden (besonders Erzählungen, Bilder und Skizzen), bzw. es kann auch ein »Programm« für die Hinführung zu Buße und Eucharistie daraus entwickelt werden.

Der 1. Teil möchte Ihnen helfen, mehr von Jesus Christus zu verstehen. Im 2. Teil geht es um die pädagogischen Fragen des Gottesbildes und um das Vertrautwerden mit der biblischen Botschaft. Der 3. Teil zeigt wichtige Inhalte des Eucharistieverständnisses auf, das so auch den Kindern vermittelt werden kann. Der 4. Teil will zum Nachdenken über erzieherische Fragen anregen, die für die Gewissensbildung von Bedeutung sind. Der 5. Teil spricht die Probleme von Versagen, Schuld und Sünde an: Wie können wir damit umgehen? Worauf kommt es an? Der 6. Teil will zum Verständnis von Buße und Beichte hinführen und bedenkt erzieherische Aufgaben der Hinführung der Kinder. Der 7. Teil ist ganz auf das religiöse Leben in der Familie bezogen: Wie kann in der Familie Glauben gelernt werden? Der Aufbau geht von dem Grundgedanken aus: Aus der Begegnung mit der befreienden Botschaft Jesu Christi und seinem Handeln und aus der Erfahrung der Gemeinschaft mit ihm, die wir in zentraler Weise in der Eucharistie machen, erwächst ein Anspruch an uns selbst als Ruf zur Umkehr. Das Geschenk seiner Liebe befähigt uns zur Lebensgestaltung aus seinem Geiste. Zu beidem können die Kinder in der Grundschulzeit hingeführt werden. Wichtiger als die Frage, ob die Kinder zuerst zur Beichte und dann zur Eucharistie hingeführt werden, ist die Frage, wie beides in kindgemäßer und sinnvoller Weise geschehen kann, damit Eucharistie und Buße zu zentralen Grundvollzügen ihres christlichen Lebens werden können.

Das Buch ist kein geschlossener Text, der von Anfang bis Ende gelesen werden müßte. Es geht vielmehr von einzelnen Problemen und Themen aus und will die Thematik in einzelnen Bausteinen darstellen, die je nach Frage und Interesse herausgegriffen, gelesen, besprochen, gebetet und betrachtet werden können. Deshalb enthält es Texte verschiedener Art:

- Anregungen zur Meditation;
- Anstöße zu erzieherischem Handeln;
- Bibeltexte;
- theologische Erläuterungen;
- Skizzen und Collagen;
- Erzählungen u. a.

Das Buch eignet sich deshalb auch für verschiedene Situationen:

- für die private Lektüre der Eltern und Katecheten;
- für das Gespräch der Gruppenleiter;
- für das Gespräch mit den Kindern;
- für Elternabende in Pfarrgemeinde und Schule;
- für Beratungen des Pfarrgemeinderats;
- für Veranstaltungen der theologischen Erwachsenenbildung.

Je nach Frage oder Thema können dort einzelne Bausteine des Buches für das Gespräch herangezogen werden. Um das *Gespräch der Christen über ihren Glauben* geht es in diesem Buch zu allererst. Für Ihre erzieherische Arbeit und Ihre Sorge um die Kinder wünschen Ihnen die Verfasser Gottes Segen und viel Freude.

1 *Einer muß anfangen . . .*

Am Nordpol schnupperte ein Eisbär eines Morgens. Er roch einen ungewöhnlichen Duft in den Lüften und machte die große Eisbärin (die kleinere war seine Tochter) darauf aufmerksam: »Ob eine Expedition angekommen ist?«

Aber erst die kleinen Eisbären entdeckten es. Es war ein ganz kleines Veilchen, das vor Frost zitterte, aber mutig die eisige Luft, die es umwehte, mit seinem süßen Duft durchdrang, denn das war seine Pflicht und Aufgabe.

»Mama, Papa!« schrien die kleinen Eisbären.

»Ich habe es ja gleich gesagt, daß etwas Sonderbares in der Luft liegt«, machte der große Eisbär als erstes seine Familie aufmerksam. »Und ich bin der Meinung, daß es sich nicht um Fisch handelt.«

»Nein, ganz sicher nicht«, sagte die große Eisbärin, »aber ein Vogel ist es auch nicht.«

»Da hast du wieder recht«, sagte der Eisbär, nachdem er zuerst ein gutes Weilchen über den Ausspruch seiner Gattin nachgedacht hatte.

Und noch vor Abend verbreitete sich am Nordpol die Nachricht: Ein kleines, merkwürdiges, duftendes Wesen von violetter Farbe ist in der Eiswüste aufgetaucht, es steht nur auf einer einzigen Pfote und bewegt sich nicht.

Um sich das Veilchen anzusehen, kamen Seehunde und Walrosse, aus Sibirien eilten Rentiere herbei, von Amerika die Moschusochsen und von noch weiter Weißfüchse, Wölfe und Möwen. Alle bewunderten die unbekannte Blume, ihren zitternden Stengel, alle atmeten ihren Duft ein; aber immer blieb noch genug für die neuen Besucher übrig, das Veilchen duftete wie am Morgen.
»Um so viel Duft auszuströmen«, meinte eine Robbe, »muß es eine Duftreserve unterm Eis haben.«
»Das habe ich sofort gesagt. Da steckt was dahinter, habe ich sofort gesagt«, rief der Eisbär.
Genaugenommen hatte er das gar nicht gesagt, aber niemand erinnerte sich mehr daran.
Eine Möwe, die man nach dem Süden geschickt hatte, um Erkundigungen einzuholen, kam mit der Nachricht zurück, daß dieses kleine duftende Wesen sich Veilchen nenne und daß es in den warmen Ländern Millionen Veilchen gäbe.
»Jetzt wissen wir genau so viel wie vorher«, meinte die Robbe. »Wie kommt es aber, daß dieses Veilchen ausgerechnet hier aufgetaucht ist?
Also, ich sag euch, was ich denke: Ich bin perplex!«
»Was hat sie gesagt?« fragte der Eisbär seine Frau.
»Perplex. Das heißt, sie weiß nicht, was sie von der Sache halten soll.«
»Ja«, rief der Eisbär, »das ist genau das, was ich auch denke.«
Diese Nacht aber bebte der ganze Pol von einem knarrenden Stöhnen. Das ewige Eis erzitterte wie Glas und brach an manchen Stellen. Das kleine Veilchen nahm seine ganze Kraft zusammen und strömte seinen Duft aus, so stark es nur konnte, so, als ob es entschlossen wäre, auf einmal diese unendliche Eiswüste aufzutauen und sie in ein warmes, tiefblaues Meer zu verwandeln oder in eine grünsamtne Wiese. Doch diese übermächtige Anstrengung erschöpfte es vollkommen. Als der Morgen heraufdämmerte, sah man, wie es dahinwelkte, den Kopf müde auf seinen Stengel hängen ließ und Farbe und Leben verlor.
Sein letzter Gedanke muß, in unsere Sprache übersetzt, ungefähr dieser gewesen sein: ›Nun sterbe ich also . . . aber irgend jemand muß doch mit Duften anfangen . . . eines Tages werden Millionen Veilchen hier blühen. Das Eis wird auftauen, und es wird Inseln hier geben und Häuser und Kinder.‹

Gianni Rodari

1 Jesus Christus – Hoffnung für die Welt

Nicht machtvoll bricht er ein, in einer Höhle kommt er zur Welt: ein kleines Kind, das zärtlich geliebt sein will.
Weltumfassende Zärtlichkeit –
weltumfassende Hoffnung.

2 *Seht diesen Menschen*

Christus ist für unsere Sünden gestorben,
gemäß der Schrift,
und ist begraben worden.
Er ist am dritten Tag auferweckt worden,
gemäß der Schrift,
und erschien dem Kephas, dann den Zwölf.

1 Kor 15,3–5

Für Paulus ist dies die grundlegende Glaubenserfahrung und das entscheidende Bekenntnis. Und darauf setzen die Glaubenden ihr Leben, ihre Zukunft.

Der Kreuzestod Jesu ist das Zeichen des Lebens für alle Menschen und für alle Zeiten.

Je öfter wir auf den gekreuzigten Christus schauen,
je intensiver wir Gottesdienst feiern,
je länger wir nachdenken,
um so klarer wird uns das Wort Jesu:
»Und ich, wenn ich über die Erde erhöht bin,
werde alle zu mir ziehen« (Joh 12,32).

Wir sehen die ausgebreiteten Arme und spüren:
wir sind gemeint.
Er will alle an sich ziehen.
Er will alle mit sich nehmen.
Jesus ist solidarisch mit uns bis zum Äußersten, was unser Leben kennzeichnet: bis zum Leid und Tod.
Jesus am Kreuz – Zeichen der Solidarität Gottes:

Die angenagelten Arme –
er ist in die Leidensgeschichte aller Leidenden eingegangen,
vor ihm und nach ihm.
Einer von uns, wie wir: leidend.

Der Querbalken –
eine ungeheure Dynamik: Jesus spannt sich auf die ganze Welt hin aus. Er holt alle Menschen in seine Liebe hinein – besonders die fernab vom Glück stehen.

Der Längsbalken –
fest in der Erde verankert hebt Jesus die Menschen und die ganze Welt empor zum Vater.
Die ihn nicht aufnahmen, will er heimführen.
Er versöhnt sie mit ihrem Schöpfer.

Blut und Wasser flossen heraus –
Jesu Tod ist mehr als eine Tatsache:
Er entbindet die Ströme des Lebens, des Segens, des Heils.
Das ist die wahre Bedeutung des Erhöhten:
Sein Blut erlöst die Menschen.

In Strömen von lebendigem Wasser empfangen den Geist des Verherrlichten
alle, die an ihn glauben.
Sie werden auf den blicken, den sie durchbohrt haben *(Joh 19,37).*
Am Kreuz Jesu können wir nicht vorbeisehen.
Der Erhöhte ist das sichtbare Zeichen der Liebe Gottes.
Er überwindet die Kluft, die uns von Gott trennt.
Denn Gott hat die Welt so sehr geliebt,
daß er seinen einzigen Sohn hingab,
damit jeder, der an ihn glaubt, nicht zugrunde geht,
sondern das ewige Leben hat *(Joh 3,16).*

Im Blick auf ihn erfahren wir:
Er gibt Sinn – Er ist Hoffnung für uns.
Leid ist nicht das letzte:
Er befreit uns von Schuld und Sünde.
Er hilft uns aus all unseren Verstrickungen.
Er will uns ermutigen zum Leben.
In der Eucharistie schenkt er uns diese Kraft zum Leben.
Er teilt sich uns mit.

3 *Warum mußte Jesus von Nazaret am Kreuz sterben?*

Wir tun uns heute schwer auf diese Frage eine gesicherte Antwort zu geben. Die ersten Christen wollten über den Prozeß und den Tod Jesu nicht einfach so berichten, wie es heute Reporter oder Chronik-Schreiber tun würden. Die Tatsachen kannten sie genau. Wenn sie über Jesus sprachen und von den Ereignissen erzählten, begnügten sie sich nicht mit einer genauen Beschreibung des Prozeßverlaufs und der Kreuzigung. Denn Jesus war für sie viel mehr als eine interessante geschichtliche Gestalt. Deshalb legten sie in den Evangelien Wert darauf herauszustellen, worauf Jesus sein Leben ausgerichtet und welche Folgen dies hatte.

• Trotzdem können wir wohl soviel als geschichtliche Tatsache festhalten: Jesus wurde an einem Freitag der jüdischen Passah-Woche (wahrscheinlich am 7. April 30 nach Christus) vom römischen Prokurator Pontius Pilatus zum Tode verurteilt und am Kreuzespfahl hingerichtet. Die jüdische Obrigkeit hatte ihn vor dem römischen Gericht angeklagt, er habe sich als Messias-Anwärter ausgegeben und wolle die römische Staatsmacht in Palästina untergraben. Gegen Rebellen ging die römische Besatzungsmacht mit aller Härte vor. An solchen »Verbrechern« vollstreckten die Römer die schändlichste Todesstrafe, die man kannte: die Hinrichtung am Kreuz. Mit der Aufschrift »König der Juden« rechtfertigten sie ihr Vorgehen.

- Welchen Grund hatte die jüdische Obrigkeit, Jesus an Pilatus auszuliefern? Sie sahen in Jesus eine Gefahr für die öffentliche Ordnung, für die sie verantwortlich waren. Mit der Anklage vor Pilatus konnten sie den Unruhestifter loswerden. Vielleicht wollten sie mit der Anklage Jesu als Rebell Pilatus unter Druck setzen, um mit ihren Absichten besser durchzukommen. Nach den Worten des Johannes-Evangeliums erklärte es der Hohepriester Kaiaphas so: »Ihr bedenkt nicht, daß es besser für euch ist, wenn ein Mensch für das Volk stirbt und nicht das ganze Volk zugrunde geht« *(Joh 11,50)*. Wenn sie Jesus auslieferten, gab es für die Römer keinen Anlaß mehr, gegen das ganze Volk vorzugehen.
- Daneben hatte der Hohe Rat noch andere Beweggründe für sein Todesurteil, die für ihn sogar ausschlaggebend waren: Die Frommen und die Schriftgelehrten waren durch das Verhalten Jesu und seine Worte schon lange beunruhigt. Jesus brach das jüdische Sabbat-Gebot und die Reinheitsgesetze, er legte das Gesetz anders aus, er ging mit Sündern und Unreinen um. Sehr schwer wog das Wort Jesu von der Zerstörung des Tempels: »Reißt diesen Tempel nieder, in drei Tagen werde ich ihn wieder aufrichten« *(Joh 2,19)*. Als man Jesus dies vorhielt, schwieg er. Schließlich fragte der Hohepriester: »Bist du der Messias, der Sohn des Hochgelobten?« *(Hochgelobter = Gott)*. Jesus sagte: »Ich bin es. Und ihr werdet den Menschensohn zur Rechten der Macht sitzen und mit den Wolken des Himmels kommen sehen« *(Mk 14,61–62)*. In den Augen des Hohen Rats machten ihn diese Worte zum falschen Propheten und Gotteslästerer, der die Fundamente des Judentums aufbricht. Darauf stand nach dem jüdischen Gesetz die Todesstrafe. Weil sie aber Jesus nicht selbst hinrichten durften, übergaben sie ihn an Pilatus.

Juden und Römer urteilten nur nach ihren Maßstäben. So kam es, daß Jesus zwischen ihnen zerrieben wurde.

- Das Neue Testament erzählt von einer umwälzenden Erfahrung, die die Jünger mit dem Gekreuzigten machten: *Der Herr ist von den Toten auferweckt worden!* Daraus wird ihnen klar: Der Kreuzestod war mehr als die Folge politischer Intrigen, mehr als die Strafe für einen Gesetzesbrecher, mehr als das Opfer eines Idealisten für seine Sache. Wer an Jesus glaubt, muß sich darum tiefer mit diesem Geschehen auseinandersetzen.

□ In ihren Erzählungen über den Prozeß und den Tod Jesu geht es darum nicht um protokollartige Berichte, sondern um die *Deutung* dieses Geschehens: Als der Sohn des Lebendigen Gottes lebte Jesus ganz und gar aus der Liebe Gottes zu den Menschen und war darin »gehorsam bis zum Tod, ja bis zum Tod am Kreuz« *(Phil 2,8)*. Die Glaubenserfahrung Israels verhalf der Urkirche dazu, den *Sinn* des Weges Jesu zu verstehen: Der Gerechte, der radikal für den Willen Gottes eintritt und die Liebe Gottes allen Menschen bekundet, muß leiden. Die Menschen wollen seine radikale Güte und Liebe nicht akzeptieren: Weil sie nur in sich selbst befangen sind, an egoistischen Wünschen hängen und nicht füreinander einstehen wollen. Jesus ließ durch sein Tun und seine Botschaft alle Menschen die Liebe seines Vaters erfahren, besonders diejenigen, die keinen Menschen hatten. Dafür wurde er aber von der führenden Schicht des jüdischen Volkes abgelehnt. Deshalb mußte er damit rechnen, daß er das Schicksal des Propheten erleidet und aus der Welt und der Gesellschaft ausgeschlossen wird. Trotzdem hielt er bis in den Tod hinein an diesem Leben *für* die Menschen fest. »Er liebte die Seinen in der Welt, und er liebte sie bis ans Ende« *(Joh 13,1)*. Wir würden seine Liebe heute auch nicht verstehen, wenn er nicht bis in den Tod mit uns gegangen wäre. Es liegt an uns, daß dieser Tod notwendig war.

□ Leiden, Tod und Auferstehung Jesu wurden der Urkirche noch durch ein anderes Vorbild aus dem Alten Testament verständlich: Jesu Tod ist stellvertretender Sühnetod für die Vielen, von dem die Gottesknecht-Lieder erzählen *(Jes 42; 49; 50; 53)*. Jesus ist der Gottesknecht: Er tritt ganz und gar für die Liebe Gottes unter den Menschen ein und Gott steht ganz auf seiner Seite. Sein Tod macht auf die eindringlichste Weise deutlich und besiegelt es, daß Gott nichts anderes will, als die Menschen zu lieben und sich mit ihnen zu versöhnen. Der Gottesknecht vertritt die ganze Menschheit vor Gott, weil er alle unsere Schuld und Sünde auf seine Rechnung nimmt. Gott verzichtet darauf, jedem einzelnen von uns die Schuld anzurechnen, weil Jesus freiwillig bis in den Tod hinein alles Leid, alle Last und Sünden der Menschen auf sich nimmt (»Christus ist schon zu der Zeit, als wir noch schwach und gottlos waren, für uns gestorben« *Röm 5,6*). Durch den Tod des Einen, der uns alle vertritt, ist die Gemeinschaft Gottes mit allen Menschen unabänderlich hergestellt: Durch Jesus Christus hat sich Gott mit uns versöhnt. Bis in den Tod hinein kommt die Liebe Gottes uns zuvor – ohne unser Verdienst. »Da wir mit Gott versöhnt wurden durch den Tod seines Sohnes, als wir noch Feinde waren, werden wir erst recht, nachdem wir versöhnt sind, gerettet werden durch sein Leben« *(Röm 5,10)*. Das ist an dem Tod Jesu für uns wichtig und unentbehrlich. Darin liegt der Grund unserer Hoffnung.

Als Christ leben heißt daher: Von der Liebe sich ergreifen lassen und mitgehen, wohin sie uns zieht. Da wir die Versöhnung durch Christus erfahren haben, ist auch uns der Dienst der Versöhnung aufgetragen *(2 Kor 5,18)*. Ansatzpunkt und Weg sind uns im Gottesknecht Jesus Christus vorgezeichnet.

4 *Alle Menschen sind Geschwister*

2. Doch die einen haben Hunger und die andern Hochgenuß,
und die spüren nicht den Hunger, denn sie haben Überfluß.

3. Doch die einen haben Kleidung und die andern nicht ein Kleid.
Wundert's da, wenn diese andern hüllen sich in ihren Neid?

4. Doch die einen haben Häuser und die andern nicht ein Dach;
und sie schlafen unter Brücken und verbringen dort die Nacht.

5. Doch der eine lebt in Schmerzen und der andre freudevoll,
und der sieht nicht mal die Trauer, denn der Rausch, der macht ihn toll.

6. Doch die einen sind in Freiheit und die andern sperrt man ein.
Weil sie ihre Meinung sagten, dürfen sie nicht frei mehr sein.

7. Doch die einen haben Freunde und die andern sind allein:
weil sie nicht ins Schema passen, werden sie stets einsam sein.

8. Beim Gericht da wirst du fragen: Hast du mich denn nicht gesehn
hungrig, schmerzvoll, unter Brücken, einsam, nackt, im Dunkeln stehn?

Text: Tüshaus, in Anlehnung an B. Brecht *Melodie: Sœr Sourire*

5 *Das Programm des Zeitgeistes*

Verraten sind die Armen,
denn sie haben nichts einzubringen.

Verraten sind die Leidtragenden,
denn sie sind ausgeschlossen aus der Gesellschaft.

Verraten sind die Sanftmütigen,
denn sie werden an die Wand gedrückt werden.

Verraten sind, die hungern
und dürsten nach der Gerechtigkeit,
denn Macht geht vor Recht
und Geld regiert die Welt.

Verraten sind die Barmherzigen,
denn Undank ist der Welt Lohn.

Verraten sind, die reinen Herzens sind,
denn sie werden übers Ohr gehauen.

Verraten sind die Friedfertigen,
denn sie werden zwischen die Fronten geraten.

Verraten sind,
die um der Gerechtigkeit willen
verfolgt werden,
denn am Ende ist doch alles umsonst.

Heinz Zahrnt

6 *Das Programm des Reiches Gottes*

Selig, die arm sind vor Gott,
denn ihnen gehört das Himmelreich.

Selig die Trauernden,
denn sie werden getröstet werden.

Selig, die keine Gewalt anwenden,
denn sie werden das Land erben.

Selig, die hungern und dürsten
nach der Gerechtigkeit,
denn sie werden satt werden.

Selig die Barmherzigen,
denn sie werden Erbarmen finden.

Selig, die ein reines Herz haben,
denn sie werden Gott schauen.

Selig, die Frieden stiften,
denn sie werden Söhne Gottes genannt werden.

Selig, die um der Gerechtigkeit willen
verfolgt werden,
denn ihnen gehört das Himmelreich.

Mt 5,3–10

7 *Ja, wenn ich erstmal groß bin*

Ja, wenn ich erstmal groß bin,
möcht ich 'nen Garten haben,
mit Bäumen und mit Nestern drin,
für Spatzen, Amseln, Raben.

Ja, wenn ich erstmal groß bin,
lern ich Trompete blasen
und lade mir zum Tanzen ein
die Füchse und die Hasen.

Ja, wenn ich erstmal groß bin,
will ich ein Haus mir bauen,
darin wird niemand angebrüllt,
und wird auch keins verhauen.

Ja, wenn ich erstmal groß bin,
da werde ich ein Schneider.
Und wer nichts anzuziehen hat,
dem schenke ich die Kleider.

Ja, wenn ich erstmal groß bin,
werd ich im Flugzeug reisen
zu allen Menschen ringsherum,
zu Schwarzen, Gelben, Weißen.

Ja, wenn ich erstmal groß bin,
will ich ein Bäcker werden,
damit es keinen Hunger mehr,
soll geben hier auf Erden.

Ja, wenn ich erstmal groß bin,
wird auch kein Blut mehr fließen,
denn ich verbiete in der Welt
die Kriege und das Schießen.

Ja, wenn ich erstmal groß bin,
fahr ich mit hundert Sachen
zu allen, die da traurig sind,
damit sie wieder lachen.

Rudolf Otto Wiemer

8 *Versöhnung und Frieden*

Jesus redete von Gott und er handelte als der Sohn Gottes unter den Menschen. An ihm erkennen wir, was Gott will. Im Mittelpunkt steht seine Botschaft von der Versöhnung und vom Frieden – und er handelte auch so. Daß zwischen Gott und den Menschen und zwischen den verschiedenen Menschen wieder Gemeinschaft hergestellt wird – darauf kam es Jesus entscheidend an:

- Darum hielt er nicht daran fest, wie Gott zu sein, sondern er entäußerte sich und wurde den Menschen gleich *(Phil 2,6f.)*.
- Darum setzte er sich mit den Menschen zusammen, mit denen ein frommer Jude keine Gemeinschaft haben wollte *(Mk 2,15–17)*.
- Darum nahm er die Sünder auf und setzte sich mit ihnen an einen Tisch *(Lk 15,2)*.
- Darum verurteilte er nicht die Menschen, die vom Willen Gottes abgewichen waren, sondern rief sie durch die Sündenvergebung in die Gemeinschaft mit Gott *(Lk 7,36–50; Joh 8,1–11)*.
- Darum befreite er Menschen von der Herrschaft gottfremder Mächte und schenkte ihnen das Heil Gottes *(Mt 11,27f.)*.
- Darum verkündete er gerade denen, die von ihren Mitmenschen wenig geschätzt wurden, den Armen und Unmündigen, das Wort Gottes *(Mt 11,2–6.25)*.
- Darum suchte er stets im Gebet die Gemeinschaft mit dem Vater.
- Darum sind für ihn gerade diejenigen, die ihre Feinde lieben, Söhne Gottes *(Mt 5,43–47)*.
- Darum wird im Essen, zu dem Jesus die Menschen einlädt, die Gemeinschaft des Reiches Gottes erfahren *(Joh 6,1–15)*.
- Darum ist für Jesus das Mahl zum Zeichen der Versöhnung und der Gemeinschaft mit Gott und den Menschen untereinander geworden *(Lk 14,15–24; 15,11–32)*.

Mahl, Freundschaft, Zuwendung, die Jesus den Menschen schenkt, sind der Beginn der Herrschaft Gottes, in der die Menschen in Einheit und Frieden leben.

9 *Bilder für Christus*

Ich bin die Auferstehung
und das Leben.
Wer an mich glaubt, wird leben,
auch wenn er stirbt.

Joh 11,25

Ich bin der Weinstock,
ihr seid die Rebzweige.

Joh 15,5

Ich bin das Licht der Welt.

Joh 8,12

Ich bin der gute Hirt.
Der gute Hirt gibt sein
Leben für die Schafe.

Joh 10,11

Ich bin das Brot des Lebens.

Joh 6,35

10 *Jesus wohnt in unsrer Straße*

Jesus wohnt in unsrer Straße,
ist ein alter Mann.
Gestern bin ich ihm begegnet,
und er kam mir sehr allein vor,
und er sah mich an.
  Und er sagte: Wer weiß denn schon,
  daß ich in dieser Straße wohn,
  gleich um die Ecke?

Jesus wohnt in unsrer Straße,
hat keine Beine mehr.
Gestern bin ich ihm begegnet,
und er saß in seinem Rollstuhl,
rollte vor mir her.
  Und er sagte: Wer weiß denn schon,
  daß ich in dieser Straße wohn,
  gleich um die Ecke?

Jesus wohnt in unsrer Straße,
ist 'ne kranke Frau.
Gestern bin ich ihr begegnet,
und es zitterten die Hände,
und ihr Haar war grau.
  Und sie sagte: Wer weiß denn schon,
  daß ich in dieser Straße wohn,
  gleich um die Ecke?

Jesus wohnt in unsrer Straße,
ist ein Schlüsselkind.
Gestern bin ich ihm begegnet,
und es stand am Zaun und weinte,
eiskalt war der Wind.
  Und es sagte: Wer weiß denn schon,
  daß ich in dieser Straße wohn,
  gleich um die Ecke?

Jesus wohnt in unsrer Straße,
im Barackenhaus.
Gestern bin ich ihm begegnet,
sah fast wie ein Gastarbeiter,
ja, so sah er aus.
Und er sagte: Wer weiß denn schon,
daß ich in dieser Straße wohn,
gleich um die Ecke?

Jesus wohnt in unsrer Straße,
man hat ihn gefaßt.
Gestern bin ich ihm begegnet,
und da wurde er entlassen
nach zwei Jahren Knast.
Und er sagte: Wer weiß denn schon,
daß ich in dieser Straße wohn,
gleich um die Ecke?

Jesus wohnt in unsrer Straße,
wohnt da ganz am End.
Gestern bin ich ihm begegnet,
und er fragte: Du, wie kommt es,
daß mich keiner kennt?
Und ich sagte: Wer weiß denn schon,
daß du in dieser Straße wohnst,
gleich um die Ecke?

Rudolf Otto Wiemer

11 *Ein Symbol, das zu denken gibt*

Das Johannes-Evangelium erzählt eine Geschichte vom Paschamahl Jesu mit seinen Jüngern, in der sich der Sinn von Jesu Leben und Tod verdichtet: Das Mahl hat begonnen. Da erhebt sich Jesus. Er legt sein Obergewand ab und umgürtet sich mit einem Leinentuch. Dann gießt er Wasser in eine Schüssel und beginnt, die Füße seiner Jünger zu waschen und mit dem Leinentuch abzutrocknen *(vgl. Joh 13,4–5).*

Die Fußwaschung Jesu ist ein Symbol, das uns zu denken gibt.

Schon vorher zeigt Johannes den Zusammenhang auf, in den die Fußwaschung Jesu gehört: »Er liebte die Seinen in der Welt, und er liebte sie bis ans Ende« *(Joh 13,1).* Jesus ist den Menschen, die auf ihn hören, zugetan, er kennt sie, er trägt Sorge für sie. Für diese Liebe gibt es keine Grenze, sie reicht bis in den Tod, ja über den Tod hinaus, weil es die unübertreffliche Liebe des Vaters ist *(»Der Vater, der in mir ist, tut seine Werke.« Joh 14,10).* Die Gemeinschaft mit dem Vater, von dem er sich getragen weiß, macht ihn frei für seine grenzenlose Hingabe an uns.
Worin zeigt sich diese Liebe? Das Symbol der Fußwaschung gibt uns die Antwort: Jesus ist alles daran gelegen, sich zum Diener für alle zu machen. Er verzichtet auf Macht und Ansehen; dadurch wird er frei von Prestigebedürfnis und Rollenerwartungen. In dieser Freiheit ist es ihm möglich, auch die niedrigste Arbeit im Dienst für andere zu übernehmen. Er identifiziert sich so mit denen, die kein Ansehen haben. Seine Selbsterniedrigung hat mit einem Minderwertigkeitskomplex nichts zu tun; sie ist notwendig der anderen wegen. Jesus steht in enger Gemeinschaft mit Gott, aber er verliert durch diesen Dienst nichts an seiner Hoheit. Im Gegenteil, er veranschaulicht und konkretisiert erst, worin die Hoheit besteht: In der äußersten Hingabe für die Menschen. Jesu Dienst an seinen Jüngern bedeutet Anteil geben am Heil.
Petrus wehrt sich dagegen, diesen Dienst an sich vollziehen zu lassen. Er versteht den Sinn des Füßewaschens nicht. Von seinem Meister hatte er wohl ganz andere Vorstellungen, jedenfalls nicht, daß er ihm die Füße wäscht. Das ergeht wohl vielen so, daß sie sich Jesu Liebe anders vorstellen. »Du wirst es aber später erkennen« *(Joh 13,7).* Jesus verweist damit auf das Ereignis, das er mit der Fußwaschung symbolisch abbildet: Seine letzte Hingabe für die Seinigen am Kreuz.

Der Weigerung des Petrus tritt Jesus entgegen: »Wenn ich dich nicht wasche, hast du keine Gemeinschaft mit mir« *(Joh 13,8)*. Damit verdeutlicht er: Sein Tun ist ein Dienst der gemeinschaftsstiftenden Liebe, den er an den Menschen leistet. Das Waschen deutet auf den Strom von Blut und Wasser hin, der aus der geöffneten Seite des Gekreuzigten floß *(vgl. Joh 19,34)*. In diesem Waschen wird seine Hingabe in den Tod und die Heilswirkung seines Todes abgebildet. »Und das Blut Jesu, seines Sohnes, macht uns von aller Sünde frei« *(1 Joh 1,7)*. Nur durch sein Sterben gibt es überhaupt Gemeinschaft mit dem Leben Jesu. Daran hat nur der nicht teil, der sich selbst davon ausschließt, wie Judas durch seinen Verrat. Weil er die Seinigen bis zum äußersten liebte, wird für sie seine Hingabe am Kreuz wirksam. Denen, die den Heilstod Jesu für sich annehmen, wird auch sein Leben zuteil, das ihm der Vater schenkt. Denn Fußwaschung und Tod gehören zu der »Stunde«, in der Jesus aus dieser Welt hinübergeht zum Vater *(Joh 13,1)*.

Jesus macht mit der Fußwaschung auch klar, worin das wahre Gottesverhältnis besteht: in der liebenden Selbsthingabe für andere. Denn Gott liebt nur der, der seinen Bruder liebt. »Denn wer seinen Bruder, den er sieht, nicht liebt, kann Gott nicht lieben, den er nicht sieht« *(1 Joh 4,20)*.

Jesus belehrt darum die Jünger noch weiter über den Sinn der Fußwaschung und zeigt ihnen einen Weg für ihr Leben: »Als er ihnen die Füße gewaschen, sein Oberkleid angelegt und sich wieder zu Tisch gesetzt hatte, sagte er zu ihnen: Begreift ihr, was ich an euch getan habe? Ihr nennt mich Meister und Herr, und ihr habt recht; denn ich bin es. Wenn ich, der Meister und Herr, euch die Füße gewaschen habe, müßt auch ihr einander die Füße waschen. Ein Beispiel habe ich euch gegeben, damit auch ihr tut, wie ich an euch getan habe« *(Joh 13,12–15)*.

Jesus ist die maßgebende Autorität *(Meister und Herr)* der Christen. Wir sind nur Christen, wenn wir das praktizieren, was Jesus uns vorgelebt hat: Mit Jesus rückhaltlos füreinander dasein. Darin besteht die Freiheit des Christen.

Die Fußwaschung gibt zu denken:

- *Haben wir Zeit füreinander oder stellen wir jedesmal die eigenen Interessen über alles?*
- *Hören wir einander zu oder hören wir nur in uns selbst hinein?*
- *Sprechen wir miteinander oder schweigen wir, um nicht in die Angelegenheiten anderer hineingezogen zu werden?*

12 *Hilfreiches Chaos*

Im Januar 1979 brach über Norddeutschland eine unerwartete Katastrophe herein: in langanhaltenden Schneefällen wurden Straßen, Autos, Häuser von hohen Schneemassen zugedeckt. Dörfer und Siedlungen wurden von der Außenwelt abgeschnitten. Bis von der Außenwelt geholfen werden konnte, mußten die Menschen eine Zeitlang sich selbst freischaufeln. Die öffentlichen Medien berichteten sehr ausführlich über das Chaos, das über diese Gegend hereingebrochen war. Den Reportern fiel aber auch eines auf, was sie sonst im Alltag selten erleben: Menschen, die sich nur flüchtig oder gar nicht kannten, kamen miteinander in engen Kontakt, halfen einander mit den nötigen Dingen aus und machten sich gemeinsam an das Wegräumen der Schneemassen. Sie wurden Kameraden und Freunde, die sich einander viel zu sagen haben.
Warum lernen die Menschen erst das Teilen, das Anteilgeben und Anteilnehmen, wenn es ihnen selbst nicht mehr gut geht?

13 *Das Abendmahl Jesu mit seinen Jüngern*

Jesus suchte die Gemeinschaft mit den Menschen; denn Versöhnung und Miteinandersein ist das, was Gott will. Diese grundlegende Wirklichkeit fand am deutlichsten ihren konkreten Ausdruck im gemeinsamen Essen, in der Gemeinschaft beim Mahl. Miteinander essen bedeutet: zusammengehören, miteinander vertraut werden und ein gemeinsames Leben haben. Es geschieht mehr als Nahrungsaufnahme und innerliche Stärkung – wenn wir um den Tisch herum einander angehören. Darum war Jesus sehr häufig mit den Jüngern, Freunden und Sündern beim gemeinsamen Essen beisammen, hielt mit ihnen Mahl. Das Mahl wurde zum Zeichen seiner Botschaft. In besonders eindringlicher Weise geschah dies beim letzten Mahl Jesu mit den Jüngern vor seinem Kreuzestod. Im Abendmahl, in der

Mahlgemeinschaft mit dem auferstandenen Christus und in den Mahlen während seines öffentlichen Wirkens hat die Eucharistie ihren Grund und ihren Sinn. Bei Markus, Matthäus, Lukas und Paulus gibt es verschiedene Erzählungen über das letzte Mahl Jesu. Wir betrachten zunächst die Markus-Erzählung *(Mk 14,22–25)*, weil sie wahrscheinlich die älteste ist, dann klären wir noch andere wichtige Überlieferungen.

Während des Mahls nahm Jesus das Brot und sprach den Lobpreis; dann brach er das Brot, reichte es ihnen und sagte: Nehmt, das ist mein Leib.

Markus erzählt von einem Mahl Jesu mit den Zwölf: Es ist ein Mahl mit Freunden oder das jüdische Paschamahl. Die Erinnerung an das Pascha und die Befreiung aus der ägyptischen Knechtschaft bestimmt sicherlich den Sinn dieses Mahls: Im Mahl sind miteinander verbunden, die sich von Gott gerettet und getragen wissen. Jesus ist sich sicher, daß die führenden Leute ihn beseitigen wollen. Für ihn, der für Versöhnung und Liebe lebte, wird in dieser Situation aus dem Mahl mehr als Erinnerung. Jesus verbindet das Mahl als Zeichen der Gemeinschaft mit seinem Tod: Er macht mit seinem Wort das gebrochene und ausgeteilte Brot zum Zeichen seiner selbst. Er teilt das Brot aus und sagt: Das bin ich selbst. Dieses Brot nehmen heißt: An Christus Anteil nehmen, mit dem Christus verbunden werden, der in den Tod geht. Das gesegnete, gebrochene und ausgeteilte Brot vertritt ihn, der leibhaftig unter den Jüngern ist. Jesus selbst aß nicht vom Brot.

Dann nahm er den Kelch, sprach das Dankgebet, reichte ihn den Jüngern, und sie tranken alle daraus.

Das Mahl geht weiter mit dem Trinken des Weines. Die Erzählung steht hier schon ganz unter dem Eindruck der Eucharistiefeier der christlichen Gemeinde. Im Ritus des Paschamahls ist es der dritte Becher, den Jesus seinen Jüngern zum Abschluß reichte. Markus erzählt aber von der christlichen Mahlfeier her: Das Trinken aus dem gemeinsamen Becher ist das Geschehen, das bei Jesus selbst seinen Anfang hat.

Und er sagte zu ihnen: Das ist mein Blut, das Blut des Bundes, das für viele vergossen wird.

Jesus deutet dieses Geschehen. Durch sein Wort bestimmt er den Sinn des Trinkens aus dem gemeinsamen Becher neu: Jesus vergießt Blut im Tod, er gibt sein Leben hin. Weil sein ganzes Leben Hingabe war, ist auch sein Tod Hingabe für viele. Jesus stirbt als Knecht Gottes, der mit seinem Tod die Schuld der Menschen auf sich nimmt und dadurch für alle Menschen endgültig Sühne leistet *(vgl. Jes 53,1–12; Nr. 3)*. Jesus gibt sich selbst bis in den Tod hin für die Menschen. An dieser einmaligen Liebesgemeinschaft mit dem ganzen Christus haben alle Anteil, die dieses Mahl feiern. Das Mahl gewährt Gemeinschaft mit dem Herrn, der sich in den Tod dahingibt. Durch Jesus wird ein Bund gestiftet, der besiegelt ist durch seinen Tod. In seiner Liebe werden die Menschen in die Gemeinschaft mit Gott geführt: Es geschieht Erlösung und Heil. Der Bund umfaßt alle Menschen, Juden und Heiden. Das Mahl ist das Zeichen dieses Bundes.

Amen, ich sage euch: Ich werde nicht mehr von der Frucht des Weinstocks trinken bis zu dem Tag, an dem ich von neuem trinke im Reich Gottes.

Es ist das letzte Mahl Jesu mit seinen Jüngern. Aber er blickt über die dunkle Kluft des Todes, der ihm von den Menschen auferlegt wird, hinaus auf den endgültigen Anbruch der Gottesherrschaft. Jesus wirkte als der Prophet des Gottesreiches – durch seinen Tod wird es nicht aufgehalten. Am Ende der Tage (= der menschlichen Geschichte) wird die umfassende Gemeinschaft hergestellt sein, die mit ihm und in dieser Mahlgemeinschaft beginnt. Durch dieses Jesuswort wird die Eucharistie zum Zeichen der Hoffnung und der Gewißheit der Auferstehung – auch für die Jünger: Denn im Brot und Wein bleibt Jesus bis zu seiner Wiederkunft in seiner Gemeinde gegenwärtig.

Matthäus hat die Erzählung in den wesentlichen Zügen von Markus übernommen und besonders an einer Stelle den Sinn der Eucharistie noch näher verdeutlicht. Beim Trinken aus dem Becher erzählt er als Worte Jesu *(Mt 26,26–29):*

Trinkt alle daraus; das ist mein Blut, das für viele vergossen wird zur Vergebung der Sünden.

Sein Tod ist ein Opfer. Seine Hingabe geschah in seinem Leben und sie vollendet sich im Tod als Hingabe des ganzen Lebens. Jesu Sühneopfer bringt Vergebung der Sünden, d. h. Versöhnung der Menschen mit Gott. Durch ihn geschieht wirklich Vergebung. Dieser neue Weg, den die Propheten erhofften, wurde in Jesus Wirklichkeit. Dem eucharistischen Mahl ist die Sündenvergebung als Ziel mitgegeben.

Paulus und *Lukas* überliefern das Befehlswort Jesu *(1 Kor 11,24; Lk 22,19):*

Tut dies zu meinem Gedächtnis!

Das Mahl, das wir feiern, wurde von Jesus mit diesem Sinn gestiftet. Paulus gelten das Mahl und die deutenden Worte als eigene Worte Jesu, die weitergegeben werden sollen. Dieses Mahl – nicht mehr das Paschamahl – soll gefeiert werden bis zur Wiederkunft des Herrn. Der Auftrag Jesu meint nicht bloß ein Mahl zur Erinnerung an das Kreuzesgeschehen. Die Jünger, die das Mahl halten und sich so zum Herrn bekennen, vergegenwärtigen das Kreuzesgeschehen. Im Gedächtnis haben die Feiernden Anteil an der Erlösung und Sündenvergebung, die Jesus erwirkte. Die Eucharistiefeier bewirkt zwischen uns und Gott, was in Kreuz und Auferstehung Jesu geschehen ist. In jeder Eucharistie geschieht die Gemeinschaft, die

Jesus mit seinen Jüngern hatte, und die er selbst erst am Ende wieder mit uns feiern wird.
Nach Ostern wurde das Brotbrechen und das Mahl zu einer Feier, an der die Gemeinde die Anwesenheit des Herrn erkannte.
In den Wandlungsworten der Eucharistiefeier hat die Kirche diese zentralen Aussagen des Neuen Testaments zusammengenommen (vgl. Nr. 30). Die Eucharistie ist die Feier, in der die Gemeinde dem gekreuzigten und auferstandenen Herrn begegnet und in Brot und Wein die Gemeinschaft mit ihm auf dem Weg durch die Zeit erfährt.

14 *Hoffnung*

Wer hofft,
hält zusammen
»in guten und in bösen Tagen«:
Er feiert mit anderen,
ißt mit ihnen,
ist da,
freut sich mit den anderen,
lächelt,
lacht, ermuntert,
hat Zeit
für sich und den Nächsten.

2 Von Gott und Jesus erzählen

Redet leise von Gott.
Behutsam!
Seid still und liebt
den uns zärtlich liebenden Gott, in euren Kindern.

15 *Warum erzählen?*

Was wir hörten und erfuhren,
was uns die Väter erzählten,
das wollen wir unseren Kindern
nicht verbergen,
sondern dem kommenden Geschlecht
erzählen:
die ruhmreichen Taten und die Stärke
des Herrn,
die Wunder, die er getan hat...
damit das kommende Geschlecht
davon erfahre,
die Kinder späterer Zeiten;
sie sollten aufstehen und es weitergeben
an ihre Kinder,
damit sie ihr Vertrauen auf Gott setzen,
die Taten Gottes nicht vergessen.

Ps 78,3–4.6–7d

16 *Mit der Bibel mehr vom Leben verstehen*

Es gibt vielerlei Gründe dafür, daß die Bibel im Leben einer Familie nicht den Platz einnimmt, der ihr gebührt. Neben den allgemeinen Schwierigkeiten der Erziehung halten uns auch persönliche Hemmungen und Einwände gegenüber den biblischen Geschichten davon ab.

• Ganz gewiß richtig ist: wozu Eltern persönlich keinen Zugang haben, das können sie auch nicht an ihre Kinder weitergeben. Die Forderung, die Eltern müßten trotzdem ihre Kinder mit der Bibel vertraut machen, ist unrealistisch: in den Herzen der Kinder kann nur das Wurzeln schlagen und ihre Ahnung bereichern, was ihnen von erfahrenen Menschen mitgeteilt wird. Und *erfahren* sind wir, wenn wir uns auf die Geheimnisse des Lebens und der Welt einlassen und uns mit ihnen vertraut machen. Davon redet auch die Bibel. Ein Erfahrener gibt das weiter, was er in der Bibel kennengelernt hat.
Die Bibel ist kein Buch, das man Kindern halt vorliest, weil es dazugehört – das sollte man auch mit anderen guten Büchern nicht. Zur Bibel gehört ein Erzähler oder Leser, der sich mit Herz und Verstand vom Inhalt der Geschichten ansprechen läßt. Wenn diese Bedingung nicht gegeben ist, können wir weder von ihrem Sinn ergriffen werden noch diesen Sinn an die Kinder vermitteln. Umgekehrt betrachtet: Was uns persönlich an der Bibel wertvoll ist, das sollten wir den Kindern unbedingt auch *selbst erzählen* oder vorlesen.

• Was ist an der Bibel wertvoll? Die Bibel redet nicht von einer anderen Welt, jenseits der Grenze unserer Erfahrung: sie entführt den Leser auch nicht in eine »heile« Welt des Traumes oder der Illusion, in der die Gesetze und Erfahrungen unserer Wirklichkeit keine Gültigkeit mehr haben. Sie verschönt weder die Welt, wo konkrete Tatbestände nüchtern zu registrieren wären, noch übertreibt sie den Schrecken, wo Menschen einen Ausweg und eine Aussicht suchen. Biblische Geschichten erzählen von der Welt der Menschen – nicht von den Tatsachen, sondern von den *Erfahrungen der Menschen,* die sich mit Ereignissen und menschlichen Gegebenheiten verbinden. Alle Geschichten des *Alten* und des *Neuen*

Testaments haben mit konkreten Menschen zu tun; und sie sind von konkreten Menschen in ihrer Sprache verfaßt. Daran können wir festhalten, obwohl wir Ort und Zeit ihres Lebens oft nicht mehr kennen. Die Israeliten und Christen, die sich diese Geschichten selbst zu eigen machten und weitergaben, sind uns Gewähr für ihre Wahrheit: sie haben ihr Leben auf die *Wahrheit* dieser Geschichten gebaut und bieten sie uns an, damit wir das gleiche tun.
Biblische Geschichten erzählen von den tieferen Erfahrungen der Menschen in ihrer Welt und ihrer Geschichte:
- wie Menschen in sie verstrickt sind und befreit werden;
- wie sie umherirren und ihnen ein Weg gewiesen wird;
- wie sie Böses tun und doch Güte erfahren.

Sie erzählen davon, daß Menschen durch alle Beschwerlichkeit des Lebens hindurch in einem tiefen Sinn geborgen sind und ihr Leben – wie immer es auch zuging – sich sinnvoll darin einfügte. Dies hat die Bibel mit anderen Geschichten, die den Menschen wertvoll sind, gemeinsam (z. B. *Volksmärchen*). Sie knüpft an deren Wirklichkeitserfahrung an, aber sie *überbietet* diese auf eine unendliche Weise.

Die Bibel verbindet das menschliche Leben mit dem letzten Grund, aus dem wir Vertrauen in die Welt und unsere Zukunft haben dürfen. Sie redet aus der Sinngewißheit, daß *Gott selbst* als Grund des Lebens, der immer schon ist und sein wird, *unser Leben umgreift* und uns nahe ist. Nicht irgendein unbestimmtes Geschick lenkt das Leben (»es wird schon gutgehen«), sondern Gott selbst steht dafür ein, daß dem menschlichen Leben *ein unzerstörbarer Sinn* offensteht: Gott bleibt seiner Verheißung des Lebens treu. Biblische Geschichten zeigen auf, wie im Glauben an Jahwe und Jesus das Leben der Menschen aus der Verstrickung der Sinnlosigkeit *befreit* und dem *Licht* erfüllter Wirklichkeit in Gott zugeführt wird. Sie zeigen, wie sich das Gesicht der Welt *verwandelt,* wo Menschen aufbrechen und im Glauben an diesen Gott tun, was ihnen aufgegeben ist. Davon reden sie in der Form von Geschichten und Bildern.
Mit der Bibel lernen wir mehr vom Leben verstehen, weil wir es mit dem unendlichen »Vorrat« an Sinn verbunden sehen, den uns Gott bereithält. Mit diesem Sinngefüge sollten wir zuerst uns selbst und dann unsere Kinder vertraut machen, damit in uns und den Kindern das Vertrauen in diese Gewißheit wachsen kann.

• Vielen Menschen wurde die Bibel so nahegebracht, als wäre sie ein Bericht von tatsächlichen Abläufen und beobachtbarem Handeln Gottes. In unserem wissenschaftlichen Zeitalter bleibt dann von der Bibel nicht mehr viel übrig, wenn von den »Tatsachen« der Bibel sich nur wenig erhärten läßt. Die Bibel redet anders von dem, was geschehen ist:

- ☐ *Sie ist ein Zeugnis der Wahrheit, die nicht an der Grenze des Feststellbaren aufhört.*
- ☐ *Sie spricht von einer Wahrheit, für die Menschen in ihrem ganzen Leben einstehen.*
- ☐ *Sie teilt eine Wirklichkeit mit, die die Menschen in der Mitte ihrer Existenz trifft, bewegt und verändert.*

Die Wirklichkeit, von der die Bibel redet, ist nicht eine Welt der menschlichen Sehnsucht, sondern Gottes Wirken mitten in unserer Welt, das die Sehnsucht der Menschen noch übersteigt und erfüllt (z. B. in der Herrlichkeit des Auferstandenen). Davon redet sie in der Sprache der Bilder und Geschichten, die den Menschen etwas bedeuten. Ihre Sprachform könnte man als *Bekenntnis in Geschich-*

ten und Bildern bezeichnen. Wir verstehen darum nicht von der Bibel mehr, wenn wir nach den Tatsachen suchen, sondern nur, wenn wir uns auf dieses Bekenntnis einlassen:

- wenn wir uns von den Geschichten und Bildern ansprechen lassen;
- wenn wir ihre Worte selbst aussprechen: erzählen – vorsagen – beten – singen;
- wenn wir uns in ihre Geschichten verstricken lassen;
- wenn wir in die »Tiefe, Höhe und Breite« ihres Geheimnisses miteinbezogen werden;
- wenn wir unseren Sinn und Verstand an dieser Wahrheit ausrichten.

Diesen letzten Schritt können wir nur nach dem ersten und zweiten tun. Es ist schon viel geschehen, wenn wir die Bedeutung der Geschichten und Bilder nur ahnen. Die Weite ihres Sinnes können wir unser ganzes Leben lang nicht ausschöpfen, denn es ist *die Welt Gottes,* in die hinein uns der Weg der Bibel führt. Aber schon in unserer Ahnung von Gott sind wir auf dem Weg zu Ihm.

17 *Was uns biblische Geschichten zu verstehen geben*

Eine Antwort darauf erfahren wir eigentlich nur, wenn wir uns selbst mit diesen Geschichten befassen. Einige enthält dieses Buch – abgefaßt für Kinder. Eine Auswahl der wichtigsten Bibeltexte für die Kinder bieten folgende Bücher:

- Bibel für die Grundschule. Hrsg. Deutsche Bischofskonferenz, Kösel-Verlag u. a., München 1979
- Die Jesus-Geschichte. Das Neue Testament für Kinder. Echter-Verlag, Würzburg 1972
- Elementarbibel.
  Teil 1: Geschichten von Abraham, Isaak und Jakob
  Teil 2: Geschichten von Mose und Josua
  Teil 3: Geschichten von Königen in Israel
  Teil 4: Geschichten von den Anfängen
  Verlag Ernst Kaufmann/Kösel-Verlag, Lahr/München 1973–1978

Die folgenden Abschnitte aus der Bibel sollten die Kinder unbedingt auch durch die Eltern erfahren. Obwohl wir mit wenigen Worten den Sinn dieser Geschichten nicht ausschöpfen können, möchten wir doch darauf aufmerksam machen, was daran wichtig ist.

Erschaffung der Welt und des Menschen (Gen 1)

Die Erzählung belehrt uns: die Welt ist geordnet, friedvoll und gut, weil sie aus dem Wort Gottes kommt. Damit die Ordnung Gottes und der Friede erhalten bleiben, dazu ist der Mensch als Gottes Ebenbild erschaffen.

Abraham (Gen 12–22)

Ein Mann hört auf das Verheißungswort Gottes und folgt ihm in der Gewißheit des Glaubens. Er gibt Sicherheiten auf, die er sieht und hat, und gewinnt durch viele Unsicherheiten hindurch in seinen Nachkommen Zukunft.

Die Geschichte Josefs (Gen 37; 39–50)

In einfacher Schilderung zeichnet diese Novelle alle Höhen und Tiefen des menschlichen Lebens. Gott bewahrt Josef auch im Leiden. Die Brüder haben sich in Schuld verstrickt, aber in der Prüfung wird die Schuld ans Licht gebracht und ihre Umkehr wird deutlich. Die verborgene Hand Gottes wendet alles zum Guten, zur Versöhnung – durch das Böse hindurch, das die Menschen inszenieren. »Auch da, wo es kein Mensch mehr annehmen konnte, hat Gott alle Fäden in der Hand gehalten« *(Gerhard v. Rad).*

Befreiung aus Ägypten (Ex 3–15)

Gott erweist sich als Befreier und Retter der Menschen, obwohl menschliche Macht und menschliches Unverständnis ihm entgegentreten. Der Glaube an den lebenspendenden und befreienden Gott wird vorgebildet. In Jesus ist er für alle Menschen zugänglich geworden. Wer Gottes Absichten folgt, wird das Leben in Fülle haben, auch wenn dieser Weg für ihn Geduld erfordert und mehr im Vertrauen als im Sehen des Zieles gegangen werden muß.

David vor Goliat (1 Sam 17)

Beherzt und voller Selbstvertrauen tritt ein kleiner, unbedeutender Mann dem stärksten Krieger einer fremden bedrohlichen Macht entgegen und rettet sein Volk. Dies vermag er nicht aus eigener Kraft, sondern weil er die Macht des lebendigen Gottes, der sein Volk zum Heil führt, hinter sich weiß.

David und Jonatan (1 Sam 18–19)

Freunde wollen vieles miteinander gemeinsam haben. In der Gefahr tritt einer für den anderen ein. Und diese Freundschaft bringt auch andere zum Umdenken.

Elija in der Wüste (1 Kön 19)

Ein Mann befindet sich in Lebensgefahr und sieht sich am Ende seiner Kräfte, die er im Dienst für Gott aufbraucht. Im Säuseln des Windes begegnet ihm Gott und verkündet ihm, daß sein Werk weitergeht.

Jesus im Haus des Oberzöllners Zachäus (Lk 19,1–10)

Bei einem Menschen, den seine Mitbürger wegen seines Berufes verachten, will Jesus einkehren. Bei dieser Begegnung ändert er sein Leben. Durch Jesus selbst, der den verlorenen Menschen nachgeht, kommt Heil in unser Leben.

Gleichnis vom barmherzigen Vater (Lk 15,11–24.25–31)

Jesus erzählt von Gott: er ist wie ein Vater, der bereit ist zu verzeihen, wenn wir zu ihm umkehren. Er fordert keine Vorleistung, sondern freut sich über die Heimkehr. Die Geschichte vom älteren Sohn enthält einen neuen Gedanken: auch die anderen im Hause des Vaters sollen mitfeiern, weil die Versöhnung mit einem Verlorenen ein wichtiges Ereignis ist.

Gleichnis vom barmherzigen Samariter (Lk 10,25–37)

Jesus beantwortet mit dieser Geschichte die Frage: »Wer ist mein Nächster?« Mit seiner Antwort zeigt er, wie das Gebot der Nächstenliebe verwirklicht wird. Entscheidend ist, ob wir die Notlage anderer Menschen wahrnehmen und dem anderen so helfen, wie es für ihn nötig ist. Nächster ist der, der meine Hilfe für sein Leben braucht.

Das Mahl der Fünftausend (Mk 6,30–44)

Jesus lädt alle Menschen, die seiner Botschaft zuhören, zur Tischgemeinschaft ein. Als Hausvater sorgt er bei der Tischgemeinschaft für die Menschen, die er als Volk sammelt. Obwohl die Jünger nicht verstehen, schenkt er spontan allen Menschen seine Nahrung zum Leben.

Jesu Leiden und Sterben (Mk 14–15)

Die Stationen des Leidensweges Jesu von der Verschwörung der Gegner bis zur Grablegung machen deutlich, wer Jesus ist und wie sehr die Menschen seine Messiasbotschaft der Liebe mißverstanden: er ist ein Zeugnis der Liebe Gottes, dem er bis in den Tod treu bleibt. Den Kindern können wir den Weg Jesu und das Verhalten der verschiedenen Personen ihm gegenüber abschnittsweise vortragen. Dabei sollte nichts dramatisiert und die Bedeutung seines Todes nicht romantisch eingekleidet werden. Den Kindern soll deutlich werden, daß Jesus den Tod auf sich nehmen mußte, weil die Menschen nicht dem Ruf Gottes zur Umkehr folgen und ihn nicht verstehen wollten. Beim Abendmahl erklärte Jesus, daß er sich selbst in seinem Tod für die Menschen hingibt und die Gemeinschaft zwischen Gott und den Menschen wieder herstellt.

Begegnung mit dem Auferstandenen auf dem Weg nach Emmaus (Lk 24,13–35)

Hoffnungslos enttäuschte Jünger verlassen Jerusalem. Sie verstehen das ganze Geschehen des Todes Jesu nicht. Aber der Auferstandene geht mit ihnen und erklärt ihnen das Wort Gottes. Bei der

Tischgemeinschaft, die er mit ihnen hält, erfahren sie, daß der Herr bei ihnen ist. Ihr Glaube an die Gegenwart des Herrn drängt sie zum Zeugnis für ihn.

Jesus nennt sich den wahren Weinstock (Joh 15,1–5)

Jesus sucht die Gemeinschaft mit allen Menschen. In ihm haben wir Leben und aus ihm kommt die Kraft und das Ziel für unser Leben. Dieses Bildwort Jesu können wir mit den Kindern auf uns anwenden: in der Taufe wird unser Leben zu einem Rebzweig am Weinstock Gottes, weil wir eingegliedert werden in Christi Leben. Wir brauchen Jesus für unser Denken und Handeln, und an unserem Leben wird die Kraft Gottes sichtbar, die uns Jesus schenkt. Der ganze Weinstock, Jesus und wir, sind die Gemeinde Gottes, die Kirche. Im Vertrauen auf den Vater entsteht durch uns eine Welt, wie Gott sie will: daß wir miteinander verbunden sind und füreinander da sind.

Wenn wir unsere Kinder mit diesen Geschichten vertraut machen, tauchen sicher in ihnen Fragen und Gedanken auf – sofort oder auch erst bei späteren Gelegenheiten. Die Kinder brauchen ihre Eltern als

Ratsuchende, wenn sie ihre Erfahrungen einordnen und Zusammenhänge einsehen wollen. Ihren Gedanken können wir deshalb nicht ausweichen, weil sie für das eigene Verständnis der Kinder wichtig sind. Manchmal ist es schwer, eine zutreffende Antwort zu geben. Viel wichtiger, als unbedingt eine ganz richtige Antwort zu geben ist es, den Kindern persönlich *zu erklären, wie wir selbst unser Leben und unsere Erfahrungen mit Gott und Jesus in Verbindung bringen. Denn die Kinder sollen von uns erfahren, wie unser Leben in Gott ein Ziel und eine Richtschnur hat. Die Anmerkungen zu den genannten biblischen Erzählungen könnten dafür eine erste Hilfe sein.*

18 *Wie sollen wir den Kindern Geschichten der Bibel vermitteln?*

Die einfachste Form ist sicher das Vorlesen aus einer Bibel für Kinder. Aber eignen sich die Kinder auf diese Weise die Geschichten so an, daß sie davon erfaßt werden und sich mit Herz und Verstand hineinleben? Wir können davon ausgehen, daß das Erzählen sinnvoller ist als das Vorlesen.

Beim Erzählen spüren wir: Hier teilt ein Mensch etwas mit, was ihn im tiefsten seines Herzens bewegt. Er will andere an seiner Erfahrung teilhaben lassen. Beim Erzählen steckt ein Mensch hinter dem Inhalt der Worte und er wendet sich einem anderen zu.

Das Erzählen ist heute aus der Mode gekommen. Man überläßt es den Massenmedien (*Büchern, Schallplatten, Kassetten, Fernsehen* u. a.), den Kindern Geschichten, Märchen und Erlebnisse zu »erzählen«. Ist das wirklich ein Fortschritt unserer Kultur? Vielleicht sind diese »Erzählungen« sprachlich besser als unsere eigenen Versuche – aber erkaufen wir diesen Vorzug nicht mit einem großen Verlust, nämlich mit dem Verlust der persönlichen Beziehung, die für unsere Kinder so wichtig ist? Erzählen bewirkt mehr als andere Formen der Mitteilung.

Erzählen verwandelt

Davon spricht die folgende Geschichte von *Ursula Wölfel.* Am liebsten würden wir sie Ihnen selbst erzählen, weil Sie dann an sich selbst verspüren würden, was Erzählen bewirkt. Aber wir können nicht überall sein. Ein Ersatz ist möglich: Lesen Sie die Geschichte laut und versuchen Sie, das Gelesene Ihren Kindern zu erzählen!

Die Geschichte vom Feuersalamander

Einmal hat es geregnet, und die Feuersalamander haben in ihren Erdlöchern gesessen und gefroren. Da hat einer von ihnen gesagt: »Tief unten in der Erde ist ein großes Feuer, dorthin will ich!« Die anderen Feuersalamander haben ihn ausgelacht, sie haben gesagt: »Wir wollen lieber auf die Sonne warten.« Aber der eine Feuersalamander ist doch in die Erde gekrochen, an den Baumwurzeln vorbei und immer tiefer. Es war dunkel in der Erde, und der Feuersalamander ist sehr müde geworden. Aber er ist weiter und immer weiter gekrochen, immer tiefer hinunter: an den Wasserquellen unter der Erde vorbei, an den Kohlen in der Erde vorbei, an den Felsen mit den Edelsteinen vorbei. Endlich ist er an das große Feuer gekommen. Das war so heiß, daß die Steine gekocht haben, und es war außen blau und dann grün und dann gelb und dann rot, und in der Mitte war es weiß vor Hitze. Der Feuersalamander hat gestaunt, und er hat sich gewärmt an dem großen Feuer. Dann ist er wieder nach oben gekrochen. Er hat den anderen Feuersalamandern von dem großen Feuer erzählt, und sie haben gar nicht mehr gefroren, wie sie das gehört haben. Er mußte es ihnen immer wieder erzählen, und sie haben dabei den kalten Regen ganz vergessen.

Erzählen ist viel mehr als plaudern

- Ich bin empfindlich für meine Welt, finde mich aber nicht mit dem ab, was ist.
- Ich will aufbrechen, weil es anderswo befreiende Erfahrungen zu machen gibt.
- Ich gebe der Sehnsucht nach einem ganz Anderen nach, während andere einfach nur sitzenbleiben.

- Ich lasse mich nicht beirren von denen, die sich nur dem, was einmal kommen könnte, überlassen.
- Ich versenke mich in den tiefen Grund der Welt und des Lebens.
- Ich gehe auch durch das Dunkel hindurch, das mich in der Tiefe des Nachsinnens umgibt.
- Es kostet Mühe, das Wertvolle in der Welt zu entdecken.
- Es liegt vieles Interessante auf dem Weg, aber was bringt es, sich dabei aufzuhalten?
- Ich werde in der Tiefe überrascht von einer neuen Wirklichkeit voller Kraft, Farbe und Glut.
- Ich staune.
- Ich verweile.
- Ich werde von der neuen Erfahrung angesteckt, aufgeladen.
- Die Wärme und Farbe senkt sich in mich ein.
- Ich muß wieder zurück, weil ich in der Tiefe nicht bleiben kann.
- Ich muß von meiner Erfahrung erzählen, weil ich sie nicht für mich behalten kann.
- Mein Erzählen eröffnet eine neue Wirklichkeit.
- Mein Erzählen läßt die Hörer an meiner Erfahrung teilhaben.
- Mein Erzählen verstrickt die Hörer in die erzählte Geschichte.
- Mein Erzählen verändert die Empfindung von der Welt und die Einstellung zur Umwelt.

Erzählen verwandelt, weil nicht bloß Worte gemacht werden, sondern eine Person den Grund ihres Lebens offenlegt und im Hörer eine neue Welt erweckt. *Wovon Menschen leben, davon müssen sie immer wieder erzählen.*

Die Geschichten von Gott und den Menschen und die Geschichten von Jesus und den Menschen können wir nur erzählen, weil sie von Widerfahrnissen sprechen, in denen Menschen Gottes Wirken erkennen. Menschen werden von Gott und von Jesus ergriffen und wollen diese Erfahrung an andere weitergeben. Das Erzählen als persönliche Mitteilung macht die Erfahrung lebendig. Der Erzähler ist erfüllt von der Geschichte und lebt in ihr. Er bringt sich im Erzählen selbst ein. Das Erzählen schafft eine entspannte Atmosphäre und steigert die innere Aufmerksamkeit. Es verbindet Erzähler und Hörer miteinander. Denn der Hörer nimmt teil an dem Glauben, aus dem der Erzähler lebt. Kinder spüren, daß Eltern ihnen Wichtiges aus ihrem Herzen anvertrauen wollen: Erzählen stiftet Vertrauen.

Erzählte Geschichten regen das Vorstellungsvermögen der Kinder an: Sie füllen die innere Welt aus, weil sie tiefer wirken als andere Mitteilungen. Kinder werden in das Nachsinnen des Erzählers mit einbezogen und versuchen selbst, die Geschichte zu verstehen. Darum brauchen sie einen Partner, der ihren Gedanken zuhört und mit ihnen über die Geschichte nachdenkt. Mit den Geschichten, die wir ihnen erzählen, wachsen die Kinder auf.
Und die »Geschichten« der Bibel sind geeignet, daß sie mit ihnen in unsere Welt hineinwachsen können.
Erzählen gelingt immer und wird immer gelingen. Wir müssen nur ein wenig Mut dazu haben und es »immer wieder« versuchen! Die Worte werden uns schon einfallen, wenn wir mit Herz und Verstand erzählen, und es werden immer bessere Worte und Sätze sein.

19 *Jesus sättigt die Fünftausend*

Jesus zog sich mit den Jüngern in die Nähe der Stadt Betsaida zurück, um allein zu sein. Aber die Leute hörten davon und folgten ihm. Er empfing sie freundlich, redete zu ihnen vom Reich Gottes und heilte alle, die seine Hilfe brauchten. Als der Tag zur Neige ging, kamen die Zwölf zu ihm und sagten: »Schick die Menschen weg, damit sie in die umliegenden Dörfer und Gehöfte gehen, dort Unterkunft finden und etwas zu essen bekommen; denn wir sind hier an einem abgelegenen Ort.« Jesus antwortete: »Gebt ihr ihnen zu essen!« Sie sagten: »Wir haben nicht mehr als fünf Brote und zwei Fische; wir müßten erst weggehen und für alle diese Leute etwas zu essen kaufen.« Es waren ungefähr fünftausend Männer. Da antwortete er seinen Jüngern: »Sagt ihnen, sie sollen sich in Gruppen zu ungefähr fünfzig zusammensetzen.« Die Jünger taten, was er ihnen sagte, und forderten sie auf, sich zu setzen. Jesus nahm die fünf Brote und die zwei Fische, blickte zum Himmel auf, sprach den Lobpreis und brach sie; dann gab er sie den Jüngern, damit sie alles an die Leute austeilten. Alle aßen und wurden satt. Und als man die Brotstücke einsammelte, die sie übriggelassen hatten, waren es zwölf Körbe voll.

Erzählung nach Lk 9,11–17

20 *Jesus von Nazaret*

geboren von der Jungfrau Maria
geliebter Sohn des Vaters im Himmel
verkündet die Ankunft des Reiches Gottes
offenbart das Reich Gottes
in Zeichen und Wundern
gelitten unter Pontius Pilatus
gekreuzigt, gestorben und begraben
auferstanden am dritten Tag

21 *Erfahrungswege der Kinder*

Die Vermittlung des Glaubens und der biblischen Botschaft an die Kinder gelingt nur in der *Begegnung* und im *Zusammensein* mit Personen, die sich für die Kinder Zeit nehmen und ihnen *persönlich* zur Verfügung stehen. Das ist der grundlegende und unersetzbare Wert jeder Katechese. Diese gemeinsame Zeit kann auf verschiedene Weise gestaltet werden; und für die Kinder gibt es viele Wege, wie sie sich mit der Botschaft des Glaubens vertraut machen können. Die Erklärung mit Begriffen und Sätzen ist dabei keineswegs allein ausschlaggebend. Die Wahrheiten des Glaubens können in den Herzen und im Sinn der Kinder wohl eher Wurzel schlagen, wenn sie in ihren kindlichen Fähigkeiten angesprochen werden. Darum werden einige Tätigkeiten vorgestellt, die den Kindern einen *Zugang zur Glaubenserfahrung* ermöglichen. Es ist dabei sowohl an die häusliche Situation der Eltern gedacht als auch an die Kindergruppe.

- Eltern und Kinder hören in äußerer und innerer Ruhe eine biblische Geschichte. Dann verweilen sie in Stille bei den gehörten Worten, solange sie können.
- Während des Erzählens malt der Erwachsene die wichtigste Szene der Geschichte oder den Weg der Hauptperson mit verschiedenen Farben auf einen schwarzen dünnen Plakatkarton. Die Farben werden so gewählt, daß sie wie Symbole die Gedanken der Kinder auf den tieferen Sinn hinlenken *(z. B. Jesus in blauer Farbe, als Zeichen der Wahrheit oder in roter Farbe, als Zeichen der Liebe)*. Die Kinder sitzen im Kreis um den Erzähler und sehen zu, wie das Bild während des Erzählens entsteht.
- Das Erzählen der Geschichte wird begleitet von Geräuschen und Gestik der Kinder *(z. B. Arme hochheben bei der Szene der Freude)*. Markante Szenen können sie auch im Chor nachsprechen.
- Die Kinder können am Anfang einer Geschichte, wenn die Szenerie *(Ort, Personen, Zeit)* vom Erzähler skizziert wird, selbst miterzählen, was sie wissen. Die entscheidenden Abschnitte soll der Erzähler dann selbst vortragen.
- Nach dem Erzählen äußern sich die Kinder in freier Rede darüber, was sie besonders angesprochen hat und was sie darüber denken.
- Die Kinder erzählen die Geschichte so nach, wie sie sie aufgenommen haben. Der Erzähler hilft weiter oder korrigiert, wenn es nötig

ist. Eigene Gedanken der Kinder sollten nur dann korrigiert werden, wenn sie vom Sinn der Geschichte abweichen.

• Der Erzähler sagt in wenigen Sätzen, was an der biblischen Erzählung für ihn persönlich so wichtig ist. Er bleibt auch offen für die Fragen und Gedanken der Kinder und geht mit ihnen dem Sinn der Geschichte nach.

• Die Kinder können die Geschichte der Bibel in einer anderen Geschichte weiterführen *(z. B. Gleichnis vom barmherzigen Vater)* und sie mit ihrem Leben in Verbindung bringen.

• Eine biblische Geschichte kann auch so fortgeführt werden, daß die Kinder an eine wichtige Person einen Brief schreiben *(z. B. an Zachäus)*. Sie teilen dieser Person mit, was sie ihm/ihr sagen möchten.

• Die Kinder spielen die erzählte oder gelesene Geschichte. Der Spielablauf, die Personen und Szenen sollten mit ihnen vorbesprochen werden. Das Spiel selbst wird den Kindern überlassen. Im Gespräch läßt sich dann auch klären, ob die Geschichte richtig erfaßt ist, und wie gut die Spieler die Geschichte getroffen haben. Oftmals finden Kinder eine ganz eigene Weise, die Geschichte wiederzugeben. Diesen Freiraum sollten wir ihnen gewähren.

• Eine Erzählung wird musikalisch ausgestaltet: mit körpereigenen Instrumenten *(Hände, Füße, Lippen)* oder mit einfachen Musikinstrumenten *(Flöten, Xylophon, Metallophon, Holzstäbe, Triangel)*. Man kann hier großartige Musikspiele gestalten. Aber auch das einfache Spiel regt die Beteiligung der Kinder an.

• Wenn der Erzähler nicht selbst die Szene malt, können die Kinder die Szene bildlich gestalten. Sie malen die Personen oder reißen die Figuren aus Papier aus und kleben sie zu einer Szene zusammen. Man kann die Kinder auch eine Bildgeschichte *(z. B. von der Passion)* anfertigen lassen. Dem freien Spiel dieses künstlerischen Schaffens sollen möglichst wenig Grenzen gesetzt werden. Die Kinder sehen ihre Bilder gemeinsam an und stellen ihr Bild mit eigenen Worten vor. Dabei können viele ungenaue Vorstellungen geklärt und der Inhalt der Geschichte weiter ausgedeutet werden.

• Die Kinder bauen ein Figurenspiel: die auftretenden Personen werden aus Karton ausgeschnitten, ausgemalt und dem Ablauf der Geschichte folgend in eine Szene eingeführt oder verschoben bzw. weggenommen.

• Bei konkreten Darstellungen *(Bilder, Figuren, Spiel usw.)* ist darauf zu achten, daß die Vorgänge, die die Bibel nicht schildert, auch nicht konkret veranschaulicht werden *(z. B. wie Jesus Bartimäus die Augen öffnet)*.

• Die Kinder betrachten vor der Erzählung gute Bilder, in denen eine zu erzählende Szene dargestellt ist. Sie folgen mit ihren Augen still und aufmerksam den Farben und Formen des Bildes. Sie äußern ihre Beobachtungen ohne starke Lenkung durch den Erzieher.

• Die Gedanken der Geschichte und des Gesprächs werden in ein freies Gebet gefaßt, zu dem alle Kinder etwas beitragen können.

• Die Kinder singen einfache Lieder, die sich auf die Grundgedanken der Gottesbotschaft beziehen. Viele Vorschläge enthält schon das Gotteslob.

• Die Eltern beten mit den Kindern am Morgen und am Abend; besonders wichtig für die Erfahrung der Kinder ist das Tischgebet: Gott danken für die Nahrung, von der wir leben; denn sie ist seine Gabe für die Menschen.

• Die Kinder lernen mit ihren Eltern und Erziehern die Gemeinde kennen: sie besuchen zusammen den Gottesdienst, beten und singen mit; sie begleiten sie zu den Veranstaltungen, die die Gemeinde für die Kinder durchführt; sie unterstützen die Mitarbeit in der Gemeinde beim Gottesdienst oder anderen Gemeindeaktivitäten;

sie zeigen den Kindern die Kirche, den Friedhof, das Gemeindehaus und erklären die Einrichtungen und Gegenstände in der Kirche. Der praktischen Phantasie sind keine Grenzen gesetzt. Kinder gewinnen Zugang zur Glaubenserfahrung, wenn sie mit allen ihren Sinnen und Fähigkeiten den Inhalt der Botschaft erfahren und ihre Erfahrung ausdrücken können:

Sehen und betrachten
Zuhören und stille sein
Erzählen und sich aussprechen
Mit Händen und Füßen etwas ausdrücken und verharren

22 *Ein Erlebnis mit Nicole*

Eines Tages kam Susanne etwas verändert aus der Schule. Mutter spürte schon, daß etwas vorgegangen war. Es dauerte auch nicht lange, da sagt-e sie:
»Mutti! Vielleicht gibt es gar keinen Gott, die Menschen haben sich das bloß ausgedacht. Es hat ihn ja noch niemand gesehen.«
»Wie kommst du denn darauf?«
»Nicole hat das heute in der Schule gesagt. Aber kann sie nicht vielleicht recht haben?«
»Wir unterhalten uns nachher noch darüber. Ich muß jetzt erst schnell das Essen fertigmachen.«
Susanne wußte, daß sie mit dem »Nachher« auch Wort hielt.
Am Nachmittag hatte Mutter ein paar Besorgungen zu machen, und Susanne begleitete sie. Es war ein herrlicher Frühlingstag. »Du hast heute mittag gesagt, die Menschen hätten sich das mit Gott vielleicht nur ausgedacht«, begann Mutter das Gespräch, »es hätte ihn ja noch niemand gesehen. – Was meinst du denn, warum die Menschen sich das ausgedacht haben?«
»Vielleicht, weil sie auf vieles keine Antwort wußten. Wir haben aber heute schon mehr erforscht«, antwortete Susanne.
»Du hast recht, daß die Menschen in früheren Jahrhunderten oder Jahrtausenden viel weniger wußten. Da waren sie schnell geneigt, überall Gott oder Götter am Werk zu sehen und als Erklärung zu

benutzen. In der Wissenschaft und Technik sind die Menschen weit vorangekommen. Aber wenn wir fragen, woher kommt das Leben, warum und wozu ist es da, dann sind wir noch genauso schlau oder so unwissend wie früher. Aber nachdenken können wir darüber heute ebenso wie in früheren Jahrhunderten. Wir sehen zum Beispiel diese schöne Welt gerade in den Frühlingstagen. Wir sehen die Blüten, das frische Grün, das neue Leben. Man kann sich nun einfach darauf beschränken und sagen: Das genügt mir! Der Verstand des Menschen ist aber so angelegt, daß er immer weiter fragt: Wo kommt die Natur her? Gibt es jemand, der sie für uns gemacht hat? Das war sicher immer einer der Gründe, der Menschen zum Glauben an Gott geführt hat. Und es ist doch interessant, daß es noch kein Volk, keinen noch so entlegenen Stamm gegeben hat, der nicht an einen Gott glaubte. Sollten sie alle so ganz unrecht haben?«

»Aber beweisen kannst du das nicht«, wandte Susanne ein.

»Nein, beweisen kann ich das nicht. Ich kann nur ahnen, daß durch all die schönen Dinge jemand zu uns spricht. Aber das Gegenteil kann auch niemand beweisen. Das ist sogar eine Annahme, die für mich viel unwahrscheinlicher klingt. Aber wir machen ja noch andere Erfahrungen mit Gott. Schau dir zum Beispiel drüben die Mutter an, die ihr Kind im Arm hält. Wie jede Mutter liebt sie ihr Kind. Ist die Liebe nicht auch eine Kraft, in der der Mensch spürt: Es gibt etwas, was über meine Möglichkeiten hinausreicht? Wie er im Verstand keine Grenzen kennt, sondern immer weiter fragt bis ins Unendliche, so beschränkt er sich auch in der Liebe nicht auf das Nützliche. Er kann sich vielmehr ganz einem anderen hinschenken, so daß er dabei sich selbst und seinen eigenen Vorteil vergißt. In der Liebe überschreitet der Mensch sogar noch die Weiten, die ihm der Verstand schon erschließt. Er erfährt eine übermenschliche Kraft, die er Gott nennt. Und er erfährt, daß man vertrauen kann.«

»Wo ist aber Gott?« fragte Susanne weiter. »Warum kann man ihn denn nicht sehen?«

»Man kann ihn nicht sehen, weil das alles in uns sprengen würde. Unsere Augen, unsere Ohren, all unsere Sinne sind bloß auf die Gegenstände dieser Welt und auf die Menschen eingerichtet. Gott ist aber nicht wie ein Gegenstand, den man irgendwo anschauen kann. Gott ist auch nicht eine Person, wie wir Menschen es sind. Aber an den Dingen dieser Welt und vor allem an den Menschen können wir die ersten Erfahrungen mit Gott machen. Dadurch öffnen wir uns langsam für Gott. Und einmal werden wir ihn auch schauen. Dazu braucht es aber keinen Raum. Auch Gott braucht keinen Raum. Er hat keinen Körper, mit dem er sich von hier nach da bewegen müßte. Er ist frei von Raum und Zeit. Gerade deshalb kann er uns überall nahe sein.«

Am Abend setzte Mutter das Gespräch mit Susanne noch fort. Es war eine sehr klare Nacht. Mutter ging mit Susanne auf den Balkon.

»Schau mal, dieser herrliche Nachthimmel! Wir Menschen sind schon sehr stolz, daß wir es bis zum Mond geschafft haben. Es ist auch eine kaum vorstellbare Leistung, daß der Mensch sich mit einer Rakete von der Erde erheben und die große Entfernung zurücklegen kann. Aber die Entfernung zum Mond ist lächerlich gering im Vergleich zu manchen Sternen. Das Licht legt in der Sekunde 300000 Kilometer zurück. Also in einer Minute: 18 Millionen Kilometer. Nun gibt es aber Sterne, die sind nicht Lichtsekunden oder -minuten, sondern Lichtjahre von uns entfernt. Das Licht braucht also von dort Jahre, um zu uns zu kommen. Vielleicht verstehst du nun, warum viele Forscher gläubige Menschen werden. Sie sagen: Immer, wenn wir eine Frage beantwortet haben, tauchen hundert neue auf. Da wird man immer bescheidener. Man spürt immer mehr, daß wir alle von einem großen Geheimnis umgeben sind. Wir nennen es Gott. Man kann es aber nicht begreifen. Es ist für unseren Verstand nicht faßbar. Man kann es nur erahnen.«

Sie gingen wieder zurück ins Zimmer.

»Aber da gibt es noch etwas ganz Wichtiges, wie wir Gott erkennen, eigentlich sogar das Wichtigste«, meinte Mutter. »Da gibt es die besondere Geschichte des Volkes Israel. Es machte in seinem Leben Erfahrungen mit Gott. Diese Erfahrungen zeigten ihm, daß Gott nicht der ferne Gott ist, sondern der Gott mit uns. Natürlich gab es Menschen, die das nicht glaubten. Das Volk Israel ließ sich aber seine Erfahrungen von niemandem ausreden. Angefangen von den Vorvätern des Volkes, von Abraham über Mose bis hin zu Jesus erlebten sie immer wieder die Führung und Fürsorge Gottes. Und sie bekamen auch den Auftrag, Gott den Menschen in dieser Welt nahezubringen. Sie sollten ein Volk sein, in dem man aus einem ganz anderen Geist miteinander lebte, ganz anders miteinander umging, als das sonst leider oft unter Menschen geschieht. So sollte das Volk Israel für alle wie ein Schaufenster Gottes sein, ein dauernder Hinweis, daß Gott uns Menschen nahe ist. Und alle Menschen sollten sich dadurch anregen lassen zu mehr Gerechtigkeit, Friede und Liebe. Dann kam Jesus und zeigte uns, wie gut Gott ist, wie sehr er uns liebt. Er ist für

uns die hellste, deutlichste Gotteserfahrung. Und wieder wollte er ein Gottesvolk haben, durch das alle Menschen seine Liebe erfahren sollten. Die Kirche, jede Gemeinde, sollte dieses Volk Gottes sein. Durch uns sollen alle erfahren, wie lieb Gott uns hat und daß es mit Gott viel besser geht auf dieser Welt, damit sie es auch mit ihm versuchen. Es hängt also auch von uns ab, ob andere zu Gott finden.«
Susanne war jedenfalls an diesem Tag deutlich geworden: Nicole hatte es sich vielleicht doch ein wenig zu leicht gemacht, als sie sagte, daß es keinen Gott gibt, weil ihn noch keiner gesehen hat.

Heinz-Manfred Schulz

23 *Was sollen die Kinder über Gott erfahren?*

1. Gott ist unfaßbar und verborgen

Es ist eine Tendenz unserer Zeit, *alles* erfassen und sichtbar machen zu wollen. Das hilft uns auch in vielen Dingen weiter, z. B. die Röntgenstrahlen oder das Aufzeichnen elektrischer Ströme im Gehirn. Wir engen uns aber selbst ein, wenn wir nur noch das Sichtbare und Greifbare für die eigentliche Wirklichkeit halten. Wir übersehen oder vergessen, daß das menschliche Leben vielfältiger und tiefgründiger ist, als wir es mit unserem Verstand und mit den Sinnen ausmessen können. Das *Leben* wird uns immer *ein Geheimnis* bleiben. Es sieht sogar danach aus, daß der Mensch sich selbst zerstört, wenn er das Geheimnishafte des Lebens bewußt verdrängt. Wir sollten uns vielmehr damit vertraut machen und es annehmen. Auch die Kinder sollten erfahren, daß unser Leben nicht ganz durchschaut werden kann und vieles ein Geheimnis bleibt.
Dann können wir auch begreifen, daß wir Gott nicht mit Worten und Bildern einfangen können, ja daß er alle unsere Vorstellungen sprengt. Das ist ganz ungewohnt, darum wird es als hinderlich empfunden. Das Kind aber braucht *lebendige Bilder*, damit es die Leere des Wortes Gott nicht mit seinen eigenen Phantasien ausfüllt. Ein Kind sieht Gott als menschliche Person. Seine Vorstellung von

Gott kann durchaus mit menschlichen Zügen gezeichnet werden. In ihnen soll aber das Geheimnis des Lebens aufscheinen, das nicht in feststellbaren Ursachen und Wirkungen aufgeht. Nur solche Bilder sind Gott angemessen, in denen noch viel *mehr* aufscheint *als alltägliche Erfahrungen:* das Unbegreifliche, das Wunderbare, das Erhabene, das Betroffenmachende und Ergreifende. Darin läßt sich Gott als lebendig erahnen. In der Ahnung sollte das Denken der Kinder belassen werden. In der Vielfalt und Tiefe dieser Bilder findet das Kind seine persönliche Beziehung zu Gott. Zu solchen *inneren*

Erfahrungen sollten wir die Kinder immer wieder hinführen: über Geschichten, in der Stille, in der Betrachtung, im Feiern. Die Wirklichkeit Gottes ist ganz anders, unsere Bilder und Ahnungen sind keine Abbilder von ihm. »Jetzt schauen wir in einen Spiegel und sehen nur rätselhafte Umrisse, dann aber schauen wir von Angesicht zu Angesicht« *(1 Kor 13,12).* Wenn wir überhaupt diese Haltung in uns bewahren, daß wir die Wirklichkeit und die Menschen nicht durchschauen können, können wir auch das Verborgensein Gottes aushalten.

2. Der begleitende und gütige Gott

In Vorstellungen von einer menschlichen Person spricht auch die Bibel von Gott – aber doch so, daß darin ein unendlicher Raum und eine *unendliche Lebenskraft* spürbar wird. Sie beschreibt nicht konkrete Handlungen Gottes, denn so objektiv kann niemand Gott ergreifen. Im Leben von Menschen gibt es Erfahrungen, wo ihnen die Nähe und das verborgene Wirken Gottes aufgeht. Davon erzählt die Bibel.

In ihren Geschichten läßt sie hervortreten, in welcher Beziehung Gott zu uns steht. Auf diese Weise erfahren wir von der Wirklichkeit Gottes: er nimmt uns an, er begleitet und umsorgt uns, er liebt uns. In dieser Beziehung erfahren wir, wer Gott ist. Abraham, Isaak und Jakob erfahren: Ich gebe euch Heimat und eurem Volk Zukunft, ich bleibe euch in einem ewigen Bund treu. Josef erfährt den Segen des Herrn in allen Phasen seines Lebensweges. Mose erfährt von Gott im Dornbusch: Ich bin mit euch und befreie euch aus der Knechtschaft. David erfährt Gott als Schützer und mächtigen Retter. Im Vergleich mit einem Adler erzählt das Mose-Lied von Schutz und sorgsamer Aufmerksamkeit Gottes für unser Leben:

»Er fand ihn in der Steppe,
in der Wüste, wo wildes Getier heult.
Er hüllte ihn ein, gab auf ihn acht
und hütete ihn wie seinen Augenstern,
wie der Adler, der sein Nest beschützt
und über seinen Jungen schwebt,
der seine Schwingen ausbreitet, ein Junges ergreift
und es flügelschlagend davonträgt.
Der Herr allein hat Jakob geleitet,
kein fremder Gott stand ihm zur Seite.
Er führte ihn auf die Berge des Landes,
er nährte ihn mit den Früchten des Feldes,
er stillte ihn mit Wein aus den Felsen,
mit Öl aus Felsspalten ...« Dtn 32,10–13

Unübersehbar deutlich erfahren wir in Jesus von Nazaret Gott konkret als den, der sich bedingungslos den Menschen zuwendet:

ER steht zu dem hilfesuchenden Gelähmten gegen den Widerstand der Gesetzeslehrer *(Mk 3,1–6)*.

ER steht zu den Kindern gegen den Widerstand der Jünger *(Mk 10,13–16)*.

ER steht zu den Sündern gegen den Widerstand des Pharisäers *(Lk 7,36–50)*.

ER steht zum Betrüger Zachäus gegen den Widerstand der Menge *(Lk 19,1–10)*.

ER steht auch zum einfachen Dienst an den Menschen gegen den Widerstand von Petrus *(Joh 13,1–20)*.
Wichtig an diesen Geschichten ist, wie sich die Güte Jesu konkret von unseren Erwartungen und Denkweisen unterscheidet. Den Kindern sollten wir mit den Geschichten des Alten und Neuen Testaments den *begleitenden, bergenden, gütigen Gott zeigen, damit ihr Herz davon brennt.* Die Erfahrung der Geborgenheit wird sich bei ihnen tief einsenken, wenn wir ihnen dieses Gefühl auch im Alltag vermitteln.

3. Der unheimliche Gott

»Wie das? Ist nicht genug Unheil um uns? Da muß doch wenigstens das trostreiche Gottesbild der Kinder heil bleiben!« werden viele Leser fragen. Unseren Wunsch nach einer heilen Welt übertragen wir leicht auf unser Gottesbild. Zwischen den guten Gott und die bedrohende Welt rücken weite leere Räume des Gefühls. Und es besteht die Gefahr, daß dieser Gott in unsere Erfahrungen, in Freude und Leid, in das Vertrauliche und das Fremde nicht einbezogen wird. Der »liebe Gott« wird uns nicht im Unglück und im Gefühl der Zerissenheit begleiten, wenn er sich nur in den luftigen Höhen unserer Sehnsucht befindet. Leid, Mißgeschick, Versagen, ja Zorn und Wut, das Unheimliche und Beunruhigende gehören zu unserer Wirklichkeit. Erziehung muß auch darauf vorbereiten und solche Erfahrung verarbeiten. Ein Gott, der wirklich »mit uns ist«, kann auch von diesen Erfahrungen nicht ausgespart werden. Aber an welcher Stelle hat Gott seinen Platz?
Die Bibel redet niemals von einem Gott, der in blinder Wut oder Rache die Menschen niederhält. Aber Gott steckt mitten in den leidvollen Erfahrungen, in denen die innere seelische Kraft des Menschen auf eine Probe gestellt wird. Gott ist auch dort im Spiel, wo sich Menschen in Angespanntsein, Zerrissenheit und Verstrickung *bewähren.* In solchen Situationen geht es darum, ob sich die innere Ausrichtung des Menschen, die ihn als freies Wesen kennzeichnet, bewährt. Es geht darum, wie tief der Glaube an Gott im Herzen des freien Menschen, der sein Leben zu bestehen hat, verankert ist.
Biblische Erzählungen von leidvollen Erfahrungen sprechen von einem Gott, an dem sich der Glaube des Menschen bewähren muß. Sie erzählen nicht von einem grausamen Gott, aber von einem unheimlichen Gott, der den Menschen durch alle Höhen und Tiefen

des Lebens hindurch zur Reife besonnenen und vertrauensvollen Lebens und Handelns für Gott führt.

- *Abraham* steht zu Gott in einer unzumutbaren Zerreißprobe, als von ihm das Opfer seines einzigen Sohnes abverlangt wird *(Gen 22,1–19).*
- Gott bringt seine Macht gegen die ins Spiel, die sich seinem Freiheitswillen entgegensetzen: *Plagen über Ägypten,* als sich Pharao den ausziehenden Israeliten widersetzt *(Ex 7–11).*
- Die *Josefs-Geschichte* zeigt, wie Gott die Menschen durch das Dunkel des Geschicks, durch Bruderhaß und Heimtücke, auch im fremden Land, am Leben erhält und auf die Gemeinschaft der Brüder bedacht ist *(Gen 37–45).*
- *Elija* sucht in seiner Angst und Niedergeschlagenheit Gott; der aber begegnet ihm nicht so, wie Elija es sich einbildet *(1 Kön 19,1–13 a).*
- *Jona,* der lieber vor seiner Wirklichkeit fliehen will, als sich dazu zu bekennen, erfährt in der Verzweiflung, wie sich Gott von ihm abwendet und ihn doch zu seinem Lebenssinn hinführt *(Jona).*

Unsere Kinder sollen von dem tiefen Geflecht des Sich-Verirrens und des Leids erfahren, das zu unserem Leben gehört. Dies gehört auch in unsere Beziehung zu Gott. Darum sollten sie auch solche Geschichten hören. Es dürfte sich von selbst verstehen, daß hier größte *Behutsamkeit* angebracht ist, damit aus dem unheimlichen Gott kein grausamer Gott wird und aus der Bewährung keine Schreckensvision.

4. Der lebendige und lebenschaffende Gott

Bei Kindern erregt alles Interesse und Anteilnahme, was lebt und sich bewegt. Hunde, Katzen, Schildkröten, Hamster sind willkommene Lebensgefährten, weil Kinder an ihrem Spiel Gefallen finden, ihre schöne Gestalt bewundern, sie zutraulich finden und an ihnen ein Stück Leben verfolgen können. In der Schule lernen sie die Dinge und Vorgänge der Natur *(Pflanzen, Tiere, Wetter, Mensch)* genau beobachten und beschreiben. Wo aber hat die geordnete Welt ihren Anfang und ihr Ende? Manchmal fragen Kinder danach *(»Warum ist das so?«).* Andere Kinder fragen nicht und hören doch gut zu, wenn wir ihnen vom Anfang des Lebens im Wort Gottes erzählen *(Gen 1).* Wir bringen uns selbst in Verlegenheit, wenn wir die Natur auf ein »Machen« Gottes zurückführen. Die Kinderfrage, wie Gott die Tiere

und Pflanzen »macht«, zielt im Grunde nicht auf den genauen Ablauf des Geschehens – so kommt die Frage nur im Verstand der Erwachsenen an. Sie kommt eher aus der *Sehnsucht nach dem Geborgensein seines Lebens* auch in der Zukunft. Das Kind sehnt sich nach einer Ordnung, in der es leben kann und alles Lebendige eine gute Zukunft hat. Wir sollten nüchtern mit den Kindern beobachten, wie sich alles ineinander fügt im großen Kreislauf des Lebens und Sterbens, und ihnen die Augen für die Zusammenhänge öffnen. »Schon die Erfahrung einer nicht erklärbaren, geheimnishaften Ordnung, eines größeren Zusammenhangs, dem wir zugeordnet sind, weckt in uns eine Haltung der Ehrfurcht und Dankbarkeit« *(Otto Betz)*. Auf dem Hintergrund dieser Erfahrungen können wir den Kindern sagen, daß Gott dieses Leben so gewollt hat, wie es gefügt ist. Zum Leben der Menschen und Tiere können wir Zutrauen haben, weil Gott dieses Leben geschenkt hat. Aus der Liebe des lebendigen Gottes kommt das Leben und seine Ordnung *(»Und Gott sah, daß es gut war.«)*. Das Wirken Gottes an den Menschen und an der Natur wird in der Bibel vorwiegend *in Bildern der Liebe* zu ihrem Leben geschildert: Gott ist wie ein Arzt *(Ex 15,26)*, wie ein Adler zu seinen Jungen *(Dtn 32,9–11)*, wie ein Hirte *(Ps 23)*, wie ein rechtschaffener König *(Ps 99)*, wie eine Mutter *(Jes 66,13)*, wie ein barmherziger Vater *(Lk 15,11–31)*.
Auf die Liebe und die Hoffnung, die dem Leben von Gott mitgegeben ist, können wir uns einrichten. Und dem Menschen ist der Auftrag gegeben, sein Leben so einzurichten, daß Liebe, Freude und Sorge für die geordnete Welt darin zu finden sind. Vom Anfang des Lebens in Gott und von der Sorge der Menschen für das Leben sollen die Kinder in gleicher Weise erfahren.

5. Der herausrufende und befreiende Gott

Kinder sind offen für neue Begegnungen und Beziehungen. Sie weiten ständig ihren Horizont, ohne die gewachsene Bindung aufgeben zu wollen. Sie wissen sich ständig im Aufbruch aus dem, was ihnen vertraut ist, in die unbekannte Zukunft hinein. Sie *wollen* erwachsen werden, ohne zu wissen, was das für sie bedeutet. Erwachsensein ist für sie etwas Verheißungsvolles. Eltern können nichts Besseres für ihre Kinder tun, als dem Entdecken, Aufspüren, Aufbrechen zu Neuem, Impulse zu geben und die Kinder dabei zu begleiten – ohne Angst und ohne Gleichgültigkeit. Märchen erzählen von Menschen, die aufbrechen, weil ein verheißungsvolles Ziel ihren Mut antreibt. Sie kommen darum dem Kind entgegen und stützen seinen Prozeß des Aufbrechens und Suchens.

Der *Glaube an Gott* ist auch ein solcher *Suchprozeß:* über sich hinaus bewegt sich der Mensch auf das Leben Gottes zu und findet darin sein eigenes Leben. Die Bibel spricht darum von einem Gott, der die Menschen *herausruft* aus dem Gewohnten und Selbstverständlichen. Daß wir nicht verkrusten, daß wir uns nicht in den bequemen Sessel setzen, daß wir die Dinge nicht laufen lassen – das ist ein Hauptthema der Bibel, wenn sie von Gott und den Menschen spricht. Abraham wird gerufen, sein Land und seine Sippe aufzugeben und in das Unbekannte hinauszuziehen. Es ist ein wagemutiger Schritt für ihn. Aber am Anfang steht auch eine Verheißung Gottes: »Zieh weg ... in das Land, das ich dir zeigen werde« *(Gen 12,1)*. Mose und die Israeliten werden aus der Knechtschaft Ägyptens herausgerufen. Gott will ihre Freiheit. Zu diesem befreienden Gott gehört auch, daß er den betreut, der das Wagnis des Aufbruchs auf sich nimmt, z. B. die Israeliten in der Wüste.

Die *Eucharistie* ist die Speise für die, die sich von Gott herausrufen lassen und sich auf den Weg machen. In ihr begegnen wir Christus: Er ist der Weg, die Wahrheit und das Leben. Wir werden von Christus herausgerufen, um seine Liebe zu erfahren. Wir werden von ihm befreit, um ungehindert von Taktik und Angst die Liebe weiterzugeben. Im Sakrament setzt sich das fort, was Jesu irdisches Wirken ausmachte: Er war unterwegs zu den Menschen, frei von Gewohnheiten, Gesetzesvorschriften und äußeren Bedenken, um sie die Liebe des Vaters erfahren zu lassen. Besonders im Lukas-Evangelium wird das Aufbrechen und Unterwegssein zum Grundthema der Jesus-Erzählungen: von der Geburtsgeschichte, über den Reisebericht bis zu den Emmaus-Jüngern.

Die Kinder bekommen eine Richtung in ihrem Freiheitsstreben, wenn sie an den Eltern selbst das *Aufbrechen* und *Suchen* erleben. Die Erzählungen von Gott, der herausruft und befreit, ja sich selbst mit uns auf den Weg macht, ermutigen die Kinder; sie stärken ihre Hoffnung, auf dem Weg des Lebens nicht allein zu sein.

24 *Das Gottesbild kann schief und verzerrt werden*

Das Kind wächst, und damit verändern sich auch seine Vorstellungen von Gott. Eltern brauchen darum wachsame Augen und Ohren, damit sie diesen Prozeß auf einen guten Weg hinlenken können. Mit ihren Worten können sie die Vorstellungen der Kinder prägen. Darum ist auch Sorgfalt in der Wahl der Worte angebracht. Die folgenden Gedanken wollen auf mögliche Fehlentwicklungen beim Kind aufmerksam machen.

»Gott ist allgegenwärtig, er sieht und hört alles«

Dieser Satz spricht *eigentlich* davon, daß wir uns in Gott geborgen fühlen können: *Gott weiß um uns,* wie auch immer es um uns steht, und er umfaßt uns von allen Seiten (Ps 139). Bei Kindern kann dieser Satz aber ganz anders klingen: Angst bricht auf, weil es nichts mehr gibt, wohin sie sich zurückziehen können. Denn Gott entdeckt alle Fehler und nimmt sie übel. Kinder nehmen dies so, wenn sie sich ständig von den Eltern kontrolliert fühlen und immer nur ihr Fehlverhalten getadelt (»geschimpft«) wird. Sie verlängern ihre Erfahrung auf Gott hin – erst recht, wenn Eltern ausdrücklich Gott für die Aufgabe der Kontrolle einspannen *(»Gott sieht alles, auch wenn ich nicht da bin.«).*

Das Problem liegt nicht am Glaubenssatz, sondern daran, daß für das Kind Erwachsenwerden immer als Kontrolliert- und Verbessertwerden, ja gar als »Geschimpft-Bekommen« erlebt wird. Könnten wir nicht oft den kontrollierenden und schimpfenden Umgang mit dem Kind ersetzen:
- indem wir nur zeigen, wie es besser geht,
- dem Kind die Zusammenhänge erklären,
- mit ihm etwas ausprobieren,
- ihm Mut machen?

Weder die Eltern noch Gott werden dann zu unberechenbaren, drohenden Wesen, weil sie vorrangig und überwiegend als Helfer und Überwinder von Hinderlichem und Unbekanntem erfahren werden. Gott sieht auch unsere Sünden, aber er hört nicht auf, uns zu lieben; er will uns von Unwissenheit und Angst befreien.

»Gott straft die Menschen für ihre Sünden«

An diesen Satz ließe sich eine Unzahl von Geschichten religiöser Fehlentwicklung anhängen. *Kinder* sind mit dem Sinn dieses Satzes restlos *überfordert*. In ihrer Denkweise sind alle Dinge irgendwie beseelt wie die Eltern und von einer Macht gesteuert; die realistische Betrachtung der Welt wächst erst allmählich. Lohn und Strafe, die sie von ihren Eltern und Erziehern als Antwort auf Gehorsam und Ungehorsam erfahren, gehören für sie auch zur »Mechanik« natürlicher Vorgänge. Für ihre Vorstellungswelt gibt es eine »innere Gerechtigkeit«, in die alle Dinge einbezogen sind. Und wenn das Kind ungehorsam war, und Angst vor Strafe seine Gefühle bestimmt, werden auch einfache natürliche Vorgänge als Strafe empfunden, die Gott dem ungehorsamen Kind auferlegt. »*Weil ich etwas angestellt habe, hat mich der liebe Gott bestraft.*«
Diese Sehweise sitzt deshalb tief, weil das Kind von Vorgängen betroffen ist, die es noch nicht versteht. Manchmal verstärken Eltern die Tendenz mit Worten wie: »Da hat dich der liebe Gott gestraft.« Damit setzen sie Gott als Erziehermacht ein und verstärken die Angst vor einem strafenden Gott. Kinder haben von Natur aus viel Angst. Religiöse Erziehung sollte darum gerade die *Gegenkräfte* wecken: *Zutrauen* in die Gemeinschaft mit Gott und *Freude* über die Nähe Gottes. Gott hält uns nicht ständig unsere Untaten vor Augen, sondern zeigt uns einen Weg in die Zukunft und schenkt Kraft für die Zukunft. Das Verständnis für das Strafen Gottes setzt eine gereifte Glaubenshaltung voraus und ist ohne den Blick auf das Kreuz Christi nicht sinnvoll. Den Kindern sollten wir auch ihre vereinfachte Sehweise bewußt machen.

Überbetonung der Sünde als Ungehorsam

Ein Kind will seine Kräfte entfalten und ausspielen – dabei gerät manches daneben. Ist es dann immer un-gehorsam? Wenn wir das Fehlverhalten der Kinder nur als Ungehorsam gegen Gebote ansehen, engen wir sie sehr ein. Im Verhältnis zu Gott könnte sich diese enge Sicht fortsetzen, wenn wir in der Sünde nur den Ungehorsam gegen die Gebote Gottes sehen. Die Gebote Gottes rücken in die Nähe der menschlichen Gebote, und das ganze Leben wird so mit Geboten zugestellt. Im Gefühl, all diesen Geboten nicht zu entsprechen und immer wieder eines zu übertreten, werden Kinder verschüchtert oder oberflächlich.

Nicht das abstrakte Gebot ist das wichtigste, sondern wie ich zu Gott, zu den Mitmenschen und zu mir selbst wirklich stehe. Wir sollten uns eher mit den Kindern darauf *besinnen, wie wir diese Beziehungen gestaltet haben und wie es eigentlich sein könnte.* Damit helfen wir dem Kind auch, sich selbst zu bejahen und seine Möglichkeiten des konkreten Handelns kennenzulernen. Jesu Auftrag zur Gottes- und Nächstenliebe kommt nicht aus Geboten, sondern aus einer persönlichen Zuwendung und Treue zum Vater, zu den Mitmenschen und zu sich selbst.

»Gott kann alles und macht alles«

Es kommt dem Denken der drei- bis achtjährigen sehr entgegen, wenn wir ihnen erklären, wie gut der liebe Gott das Leben der Vögel und Bienen und den Wechsel in der Natur geordnet hat. Wir regen damit ihr Staunen und ihr Verwundertsein an. Und die Beziehung zum »Allmächtigen Gott« vermittelt auch ein Gefühl der Geborgenheit. Aber wir verstärken auch die Neigung der Kinder, für alles und jedes Ursache und Zweck zu benennen, und alles auf das Wirken Gottes zurückzuführen: Gott kümmert sich um alles, und er bringt alles fertig. Gott wird zum grandiosen Weltmechaniker. Dies kann sich leicht mit der Vorstellung verbinden: Gott habe die Welt nach unserem Wunsch einzurichten und uns alle Mühe abzunehmen; wir würden von Gott beschenkt und von ihm geführt. Gott wird einfach in den Dienst des Kindes gestellt *(z. B. Kreuz unter dem Bett als Hilfe im Dunkel der Nacht).*

In dieser Sehnsucht werden Zwecke und Wünsche vermischt. Der Glaube an den Schöpfer wird einseitig und das spontane Interesse für tatsächliche Vorgänge beeinträchtigt. Die wohlgeordnete Schöpfung hat ihren Sinn im Auftrag an uns: ebenso wie Gott für eine geordnete, friedvolle Welt zu sorgen, statt Gewalt und Wirrwarr herrschen zu lassen. Eltern sollten ihren Kindern von diesem Schöpfergott erzählen und gleichzeitig mit ihnen den Vorgängen in der Natur, den wunderbaren und den belastenden, der Geburt und dem Tod nachspüren.

Gott als Phantasiegestalt

Die alltägliche Erfahrung mit nahestehenden Personen senkt sich tief in das Gemüt des Kindes ein *(z. B. mit den Eltern, Großeltern),* sie füllt ihre Phantasie aus. So kann es kommen, daß das Kind die tiefsten *Wünsche* (oder Ängste) auch auf Gott *überträgt,* den wir nicht sehen.

Aus der Phantasie heraus bekommt der unsichtbare Gott Züge einer menschlichen Gestalt, an die sich tiefgehende Gefühle und Phantasien heften. Es besteht die Gefahr, daß diese menschlichen Züge beim Kind einrasten und seine Gottesbeziehung beherrschen *(Über-Vater, Über-Mutter)*.

Dem entgehen wir nicht dadurch, daß wir gar nichts über Gott sagen. Denn das Kind füllt das Wort Gott auch ohne unser Zutun mit seiner Phantasie aus. Wir haben nur die Möglichkeit, eine sinnvolle, tragfähige Beziehung zu Gott zusammen mit dem Kind aufzubauen. Seine Phantasien bedächtig korrigieren, ist nur das eine. Ein anderes sind Gebete mit dem Kind, in denen wir Gott danken für alle Erlebnisse des Tages, ihn loben für die Schönheit und Größe der Schöpfung, und unsere Freuden, Sorgen und Ängste vor Gott aussprechen. Für das Kind ist daran entscheidend die Erfahrung, daß seine *Eltern* (und Großeltern) *selbst sich zu Gott hinwenden* und sich dem unsichtbaren Gott anvertrauen. Dazu gehört auch, daß sie ein Ohr haben für die Gefühle des Kindes. Die wichtigste Form der Gottesbeziehung ist die Stille vor Gott, in die wir auch die Kinder mit hineinnehmen (solange sie können). Sie sollen in ihrer inneren Erfahrung wachsen, damit sich auch die andere, nicht-sinnliche Seite des Menschen entwickeln kann. Der Mensch begegnet Gott in seinem Herzen.

»Jesus mußte am Kreuz sterben, weil wir Gott beleidigt haben«

Es muß eine arge Belastung für das Kind bedeuten, zu erfahren, es habe Gott so sehr beleidigt, daß Jesus so grausam am Kreuz umkommen mußte, um wieder Gemeinschaft zwischen Gott und uns herzustellen. Das Kind wird dies von sich wegschieben – und damit den Glauben an die Erlösung –, weil es sich gar nicht für so schlecht halten kann. Oder das Schuldgefühl wächst über die Maßen an.

Ein Gott aber, der mit Verachtung auf die »schlechten« Menschen schaut, ist kein christlicher Gott. Wenn wir die Erlösung wie einen Rechtsausgleich zwischen Gott und Mensch darstellen, verzerren wir die Perspektiven und können die unheimlichen, ja grausamen Züge am Gottesbild verstärken. Jesus Christus hat uns erlöst, weil er uns liebt. Er war ganz und gar unser Freund und Bruder, uns gleich, bis in den Tod, um die Menschen wieder mit Gott zu versöhnen. Wir sollen aufbrechen zu Gott hin. Sein grauenhaftes Sterben am Kreuz haben ihm die Menschen bereitet, die seine Botschaft der Liebe ablehnen. Jesus Christus ist dem Tod nicht ausgewichen, weil er uns auch im Tod noch liebt: er ist so *»für uns«* gestorben. Gott hat ihn auferweckt, weil er Jesus und uns über den Tod hinaus liebt. Im Glauben an den gekreuzigten und auferstandenen Jesus Christus werden wir frei von allem, was uns von der Liebe Gottes abhält *(vgl. Nr. 3)*. Mit seiner Erlösung ruft Jesus uns dazu auf, ihm in der Liebe und im Dienst für Gott und die Menschen zu folgen. Das wird bei jedem anders aussehen.

»Wir Christen sind besser dran, weil wir von Gott erwählt sind«

Das Kind will anerkannt und bestätigt werden. Darin wird ihm sehr geholfen, wenn es erfährt: *auch Gott hat dich angenommen und erwählt, so wie du bist.* Es ist ein wichtiger Inhalt des christlichen Glaubens, daß jeder Getaufte als einmaliger und unaustauschbarer Mensch von Gott anerkannt und auserwählt ist *(vgl. Jes 43,1; 49,16)*. In der Taufe ist jeder auf seine besondere Weise in die Nachfolge Jesu gerufen.

Aber dieser Glaubensinhalt kann in einseitiger Weise überzogen und damit *verzerrt* werden. Manchmal wird daraus ein *Elite-Bewußtsein* abgeleitet: »Wir sind vor den Ungetauften bevorzugt. Wir können uns absondern von der bösen Welt.« Zwischen den »guten« Christen und den »bösen« Nichtchristen werden rasch Trennungslinien gezogen.

Diese Deutung entspricht aber ganz und gar nicht der biblischen Verkündigung. Die Propheten – unsere Vorbilder – wurden von Gott dazu auserwählt, die Menschen in einen Bund des Friedens, ohne jeden Unterschied von Rang oder Namen, zusammenzuführen. Jesus suchte die Gemeinschaft gerade mit denen, von denen sich andere absonderten *(mit Kranken, einfachen Leuten, Zöllnern)*. Er hatte selbst teil an unserem Schicksal; er diente den Menschen. Auserwählt und berufen sein heißt dann: Gott traut uns zu, daß wir andere Menschen ebenso annehmen und lieben können, wie er uns liebt. Mit der Kraft seines Geistes unterstützt er alle unsere Versuche, Frieden zu stiften und mit den anderen für eine bessere Welt zu sorgen.

Alle, die die Aufgabe der Erziehung haben, müssen ihr Tun immer wieder an der Mitte der Glaubensbotschaft überprüfen. Wir sollten aber auch nicht aus der Angst heraus, wir könnten etwas falsch machen, ganz auf Grundaussagen des Glaubens verzichten. Im Glauben sind wir *immer* auf dem Weg, die Erwachsenen *und* die Kinder. Und vieles, was anders ankam, als wir wollten, kann durchaus später in sinnvolle Bahnen gelenkt werden.

25 *Kinder fragen – wie antworten?*

Manchmal kommen den Erwachsenen die Fragen und Gedanken der Kinder seltsam vor. Weil wir ihre Gedankengänge oft nicht mitvollziehen können, wundern wir uns. Aber dies alles kommt aus den Herzen der Kinder, beschäftigt ihre Gedanken und drängt sie zur Frage. Es gibt bei Kindern keine falschen Fragen, weil sie mit jeder Frage und mit jedem Gedanken *sich vorwärtstasten* wollen in der Fülle der Erfahrungen, und weil sie Klarheit suchen. Es lohnt immer, daß Eltern ihre Reaktion auf solche Äußerungen abwägen.

Wie würden Sie auf folgende Gedanken und Fragen reagieren? Überlegen Sie Ihre Antwort und besprechen Sie sie mit Ihrem Ehepartner, mit anderen Eltern oder mit Freunden!

- Nach der Erzählung des Gleichnisses vom barmherzigen Vater sagt ein 8jähriger Junge: »Wenn ich zu spät nach Hause komme, dann schimpft mich mein Vater.«
- Die Lehrerin erklärt den Kindern, daß wir beim Gebet mit Gott sprechen. Die 9jährige Barbara sagt: »Ich kann mir das gar nicht vorstellen, wie wir mit Gott sprechen. Ich sehe ihn doch gar nicht!«
- Der Vater betet mit dem 4jährigen Marcel. Einmal fragt Marcel: »Papi, kann ich zu dir auch beten?«
- Der 7jährige Jürgen fragt den Lehrer: »Kann man im Himmel auch Fußball spielen?«
- Der 4jährige Marcel gibt sich mit keiner Antwort zufrieden. Er fragt stets weiter: »Warum?«
- Die 9jährige Barbara fragt: »Die Welt ist gut, ja. Aber wieso gibt es so viele Kriege?«
- Vater ist schwer krank. Cathrin, 5 Jahre, sagt: »Och, dann bete ich zum lieben Gott, der hilft und macht Papa gesund.« Die Mutter fragt Cathrin: »Und wenn er nicht hilft?« Cathrin: »Wenn man betet, hilft er doch, oder?«

Kinderfragen sind keine Startzeichen für eine religiöse Belehrung der Eltern, sondern *Aufforderung zu einem Gespräch.* Und sie bleiben es, auch wenn sich die Kinder mit einer einfachen Antwort zufriedengeben.

Das Kind möchte vielleicht nicht hören, was die Eltern wissen, sondern was sie glauben. Und es möchte eigene Erfahrungen mitteilen.

3 Eucharistie – Einladung zum Leben

Es ist einer da: Jesus Christus.
Er kennt unser Fremdsein.
Er erlebt unsere Ängste.
Doch ruft er uns her zu seinem Volk.

26 *Zeichen der Zuneigung und Liebe*

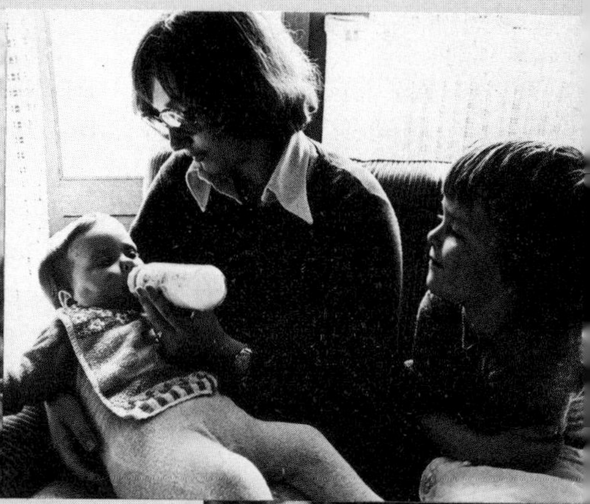

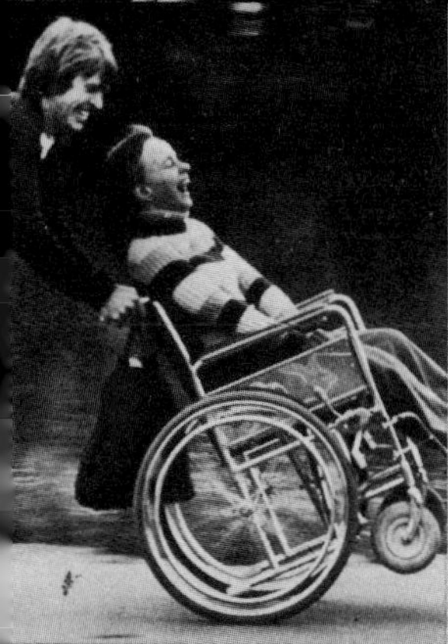

Zuneigung und Liebe
gibt es nur,
wo wir sie sichtbar
und unmittelbar
einander schenken
und erfahren.
Der Körper, die Sinne,
die Handlungen
sind das einzige,
womit wir Zuneigung
und Liebe zeigen und
erfahren. Die Zeichen
der Liebe Jesu Christi
sind Brot und Wein
bei der Feier
der Eucharistie.

27 *Brot in deiner Hand*

An der Jakobstraße in Paris liegt ein Bäckerladen; da kaufen viele hundert Menschen ihr Brot. Der Besitzer ist ein guter Bäcker. Aber nicht nur deshalb kaufen die Leute des Viertels dort gern ihr Brot. Noch mehr zieht sie der alte Bäcker an: der Vater des jungen Bäckers. Meistens ist nämlich der alte Bäcker im Laden und verkauft. Dieser alte Bäcker ist ein spaßiger Kerl. Manche sagen: Er hat einen Tick. Aber nur manche; die meisten sagen: Er ist weise, er ist menschenfreundlich. Einige sagen sogar: Er ist ein Prophet. Aber als ihm das erzählt wurde, knurrte er vor sich hin: »Dummerei ...«

Der alte Bäcker weiß, daß man Brot nicht nur zum Sattessen brauchen kann, und gerade das gefällt den Leuten. Manche erfahren das erst beim Bäcker an der Jakobstraße, zum Beispiel der Autobusfahrer Gerard, der einmal zufällig in den Brotladen an der Jakobstraße kam.

»Sie sehen bedrückt aus«, sagte der alte Bäcker zum Omnibusfahrer.

»Ich habe Angst um meine kleine Tochter«, antwortete der Busfahrer Gerard. »Sie ist gestern aus dem Fenster gefallen, vom zweiten Stock.«

»Wie alt?« fragte der alte Bäcker.

»Vier Jahre«, antwortete Gerard.

Da nahm der alte Bäcker ein Stück vom Brot, das auf dem Ladentisch lag, brach zwei Bissen ab und gab das eine Stück dem Busfahrer Gerard. »Essen Sie mit mir«, sagte der alte Bäcker zu Gerard, »ich will an Sie und Ihre kleine Tochter denken.«

Der Busfahrer Gerard hatte so etwas noch nie erlebt, aber er verstand sofort, was der alte Bäcker meinte, als er ihm das Brot in die Hand gab. Und sie aßen beide ihr Brotstück und schwiegen und dachten an das Kind im Krankenhaus.

Zuerst war der Busfahrer Gerard mit dem alten Bäcker allein. Dann kam eine Frau herein. Sie hatte auf dem nahen Markt zwei Tüten Milch geholt und wollte nun eben noch Brot kaufen. Bevor sie ihren Wunsch sagen konnte, gab ihr der alte Bäcker ein kleines Stück Weißbrot in die Hand und sagte: »Kommen Sie, essen Sie mit uns: Die Tochter dieses Herrn liegt schwer verletzt im Krankenhaus – sie ist aus dem Fenster gestürzt. Vier Jahre ist das Kind. Der Vater soll

wissen, daß wir ihn nicht allein lassen.« Und die Frau nahm das Stückchen Brot und aß mit den beiden.
So war das oft in dem Brotladen, in dem der alte Bäcker die Kunden bediente. Aber es passierte auch anderes, über das sich die Leute noch mehr wunderten. Da gab es zum Beispiel einmal die Geschichte mit Gaston:
An einem frühen Morgen wurde die Ladentür aufgerissen und ein großer Kerl stürzte herein. Er lief vor jemandem fort; das sah man sofort. Und da kam ihm der offene Bäckerladen gerade recht. Er stürzte also herein, schlug die Tür hastig hinter sich zu und schob von innen den Riegel vor.
»Was tun denn Sie da?« fragte der alte Bäcker. »Die Kunden wollen zu mir herein, um Brot zu kaufen. Machen Sie die Tür sofort wieder auf.«
Der junge Mann war ganz außer Atem. Und da erschien vor dem Laden auch schon ein Mann wie ein Schwergewichtsboxer, in der Hand eine Eisenstange. Als er im Laden den jungen Kerl sah, wollte er auch hinein. Aber die Tür war verriegelt.
»Er will mich erschlagen«, keuchte der junge Mann.
»Wer? Der?« fragte der Bäcker.
»Mein Vater«, schrie der Junge, und er zitterte am ganzen Leibe. »Er will mich erschlagen. Er ist jähzornig. Er ist auf neunzig!«
»Das laß mich nur machen«, antwortete der alte Bäcker, ging zur Tür, schob den Riegel zurück und rief dem schweren Mann zu: »Guten Morgen, Gaston! Am frühen Morgen regst du dich schon so auf? Das ist ungesund. So kannst du nicht lange leben. Komm herein, Gaston. Aber benimm dich. Laß den Jungen in Ruh! In meinem Laden wird kein Mensch umgebracht.«
Der Mann mit der Eisenstange trat ein. Seinen Sohn schaute er gar nicht an. Und er war viel zu erregt, um dem Bäcker antworten zu können. Er wischte sich mit der Hand über die feuchte Stirn und schloß die Augen. Da hörte er den Bäcker sagen: »Komm, Gaston, iß ein Stück Brot; das beruhigt. Und iß es zusammen mit deinem Sohn; das versöhnt. Ich will auch ein Stück Brot essen, um euch bei der Versöhnung zu helfen.« Dabei gab er jedem ein Stück Weißbrot. Und Gaston nahm das Brot, auch sein Sohn nahm das Brot. Und als sie davon aßen, sahen sie einander an, und der alte Bäcker lächelte beiden zu. Als sie das Brot gegessen hatten, sagte Gaston: »Komm, Junge, wir müssen an die Arbeit.«

H. A. Mertens

28 *Begegnung mit dem Auferstandenen*

Am gleichen Tag waren zwei von den Jüngern auf dem Weg in ein Dorf namens Emmaus, das sechzig Stadien von Jerusalem entfernt ist. Sie sprachen miteinander über all das, was sich ereignet hatte. Und während sie miteinander redeten und sich besprachen, kam Jesus dazu und ging mit ihnen. Doch sie waren wie mit Blindheit geschlagen, so daß sie ihn nicht erkannten. Er fragte sie: Was sind das für Dinge, über die ihr auf dem Weg miteinander redet? Da blieben sie traurig stehen, und der eine von ihnen, der Kleopas hieß, antwortete ihm: Bist du der einzige in Jerusalem, der nicht gehört hat, was sich in diesen Tagen dort ereignete? Er fragte sie: Was denn? Sie antworteten ihm: Das mit Jesus aus Nazaret; er war ein Prophet und hat vor Gott und allem Volk Großes getan und gesagt. Doch unsere Hohenpriester und Führer haben ihn zum Tod verurteilt und ans Kreuz schlagen lassen. Wir aber hofften, daß er es sei, der Israel retten wird. Und heute ist schon der dritte Tag, seit das geschehen ist. Einige der Frauen aus unserem Kreis haben uns allerdings in große Aufregung versetzt. Sie waren in der Frühe beim Grab, fanden aber seinen Leichnam nicht. Als sie zurückkamen, erzählten sie, ihnen seien Engel erschienen und hätten gesagt, daß er lebe. Einige von uns gingen dann zum Grab und fanden es so, wie die Frauen gesagt hatten; ihn selbst aber sahen sie nicht.

Da sagte er zu ihnen: Begreift ihr denn nicht? Wie schwer fällt es euch, alles zu glauben, was die Propheten gesagt haben! Mußte nicht der Messias all das erleiden, um so in seine Herrlichkeit zu gelangen? Und ausgehend von Mose und allen Propheten legte Jesus ihnen dar, was in der ganzen Schrift über ihn geschrieben steht.

So erreichten sie das Dorf, zu dem sie unterwegs waren. Jesus tat, als wolle er weitergehen, aber sie baten ihn dringend: Bleib bei uns; es will Abend werden, und der Tag hat sich schon geneigt. Da ging er mit ihnen hinein, um bei ihnen zu bleiben. Und als er sich mit ihnen zum Essen niedergesetzt hatte, nahm er das Brot, sprach den Segen, brach es und gab es ihnen. Da gingen ihnen die Augen auf, und sie erkannten ihn; dann war er nicht mehr zu sehen. Und sie sagten zueinander: Brannte uns nicht das Herz, als er unterwegs mit uns redete und uns den Sinn der Schrift erklärte?

Noch in derselben Stunde brachen sie auf und kehrten nach

Jerusalem zurück. Sie fanden die Elf und die anderen Jünger versammelt. Diese sagten: Der Herr ist wirklich auferstanden und ist dem Simon erschienen. Da erzählten auch sie, was sie unterwegs erlebt und wie sie ihn erkannt hatten, als er das Brot brach.

Erzählung nach Lk 24,13–35

Ostern: Grund der Eucharistie

- Jesus der Christus, der Lebendige, Erhöhte, er ist der *Mahlherr*, er ist der Handelnde, er teilt aus.
- Die ganze Feier des Mahles, des Brotbrechens ist sein Tun, das *ganze Geschehen* lebt von seiner Gegenwart und ist Zeichen seiner Gegenwart. Nicht nur die Speise selbst, sondern das Zurüsten, das Anbieten und Austeilen, also nicht nur die Gaben, sondern das ganze Mahl ist Zeichen seiner Gegenwart.
- Dieses Mahl, Brotbrechen genannt am Anfang, später dann meistens Eucharistie, dieses Mahl ist sein eigentliches *Erkennungszeichen.* Hier teilt er den Essenden sein Leben aus, seinen Leib, d. h. sich selbst, seine Liebe, seine neue und endgültige Lebendigkeit.
- »Doch auf einmal war er *nicht* mehr *zu sehen*«. Auf schlichte Weise ist hier die typische Verhülltheit des Geschehens ausgedrückt, die schmerzliche, aber wesentliche Erfahrung, daß dieses äußere Zeichen nur dem seine innere Wirklichkeit eröffnet, der sich die inneren Augen öffnen läßt, der mit den Augen des Herzens, des Glaubens an Jesus Christus dieses Brotbrechen anschaut.
- »Brannte nicht das Herz in uns«, sagen die Jünger, »als er unterwegs mit uns redete und uns den Sinn der Schrift erklärte?« Nur für das geöffnete, brennende Herz, das bereite Auge des Glaubens, so gibt Lukas die Erfahrungen der ersten Christen wieder, läßt sich mit diesen schlichten, andeutenden und zugleich verhüllenden Zeichen, dem Austeilen von Brot und Kelch, die Gewißheit seiner lebendigen Gegenwart gewinnen.

Wer von Jesu Handeln beim letzten Mahl *weiß* und an seine Auferweckung und an seine Lebendigkeit *glaubt,* für den sind diese Mahlriten mehr als ein Zeichen einer bloß menschlichen Verbundenheit der Feiernden, für den werden sie zum Ausdruck der Gewißheit seiner, d. h. Jesu Christi Gegenwart.

Theodor Schneider

In der Eucharistie ist der Gekreuzigte und Auferstandene Christus gegenwärtig

29 *Das Paschamahl der Juden*

Neulich hatte ich in Jerusalem ein großes Erlebnis. Ich konnte in einer jüdischen Familie das Paschafest miterleben, wie es fromme Juden nach uralten Bräuchen feiern. Das Fest erinnert sie daran, daß Gott ihre Vorfahren aus der Sklaverei Ägyptens befreit hat.
Schon die Tage vor dem Fest waren aufregend. Das ganze Haus wurde auf den Kopf gestellt. Die Hausfrau reinigte alle Zimmer und Schränke. Vor allem die Küche und das Eßgeschirr. Nichts »Gesäuertes« durfte bleiben. Alles, was gegoren war oder mit Hefe oder Sauerteig zubereitet war, wurde entfernt. Kein Brotkrümel blieb.
»Warum ist das so?« fragte ich. »Weil wir das Fest der Ungesäuerten Brote feiern. Es erinnert uns daran, daß der Auszug aus Ägypten sehr rasch erfolgen mußte. Darum konnten unsere Vorfahren nur noch ein Brot backen, das keinen langen Gärungsprozeß braucht – eben das ungesäuerte Brot.« In der Festwoche aßen wir als Brot tatsächlich nur »Mazzen«, trockene, knackige ungesäuerte Scheiben, die so ähnlich wie Knäckebrot schmecken.
Höhepunkt der Festwoche war das Paschamahl am Sederabend. Ich wollte wissen, was diese beiden Worte bedeuten. Bereitwillig erklärte man sie mir. »Pascha« kommt von einem uralten, nicht mehr gebräuchlichen Wort, das »überspringen« und »verschonen« heißt. War es nicht Gottes Engel, der die Häuser der Israeliten in Ägypten »übersprang« und »verschonte« und nur die Wohnungen der Ägypter schlug? »Seder« heißt im Hebräischen »Ordnung«. Weil die ganze Feier nach einer bestimmten Ordnung abläuft, nennt man sie auch »Seder«. Aber trotz der Ordnung – ich fand, daß alles sehr gelockert und zwanglos verlief.
Als es dunkel war, nahm die ganze Familie an einem großen Tisch Platz. Einige Gäste waren auch noch geladen, denn es sollen wenigstens zehn Leute sein, die sich zur Feier versammeln. Die brennenden Kerzen, das blitzblanke Silberbesteck und das gute Porzellan verliehen dem Tisch festliche Pracht. Da gab es Wein und Mazzen, aber auch noch andere Speisen, deren Sinn ich mir erst erklären lassen mußte. So z. B. ein Bitterkraut, das die Familie an die bittere Knechtschaft in Ägypten erinnert. Ein rotes Fruchtmus, zubereitet aus Äpfeln, Nüssen und Rotwein, ließ sie an die

Ziegelsteine denken, die ihre Ahnen in harter Zwangsarbeit für den Pharao herstellen mußten. Und das Salzwasser? Es war für sie ein Symbol der Tränen, die damals vergossen wurden. So hatte alles auf dem Tisch seinen Sinn. Die wichtigste Speise der Feier aber war das Lamm. »Es erinnert uns daran, daß unsere Vorfahren in der Nacht, als sie aus Ägypten zogen, ein Lamm schlachteten, sein Blut an die Türpfosten strichen und das Fleisch in Eile verzehrten. Das Blut des Lammes hat uns vor der Macht des Todes geschützt.«

Das Festmahl begann mit einem Brauch, der zeigt, daß auch die Kinder an der ganzen Feier beteiligt sind. Als etwas Stille eingetreten war, wandte sich der jüngste Sohn der Familie an den Vater und fragte ihn: »Was bedeutet dies alles?« Da begann der Vater von den Taten Gottes in der Vergangenheit zu erzählen: »Sklaven sind wir gewesen dem Pharao in Ägypten. Da führte uns Jahwe, unser Gott, mit starker Hand und ausgestrecktem Arm von dort hinaus. Und hätte der Heilige – gesegnet sei er – unsere Väter nicht aus Ägypten hinausgeführt, so wären auch wir, unsere Kinder und Kindeskinder dem Pharao in Ägypten dienstbar geblieben. Darum ist es nicht nur für unsere Väter, sondern auch für uns selbst recht, und wenn wir auch noch so weise und erfahren wären, vom Auszug aus Ägypten zu erzählen ...«

Über diesen Text mußte ich noch den ganzen Abend nachdenken. In ihm war etwas gesagt, was nicht so leicht einzusehen war und mich doch überzeugte. Die Juden feiern hier ein Mahl, das sie nicht nur an die Vergangenheit erinnert. Es ist für sie ein Mahl, das sie selbst freimacht. Darum war auch der weitere Verlauf des Mahles froh und heiter. Alle freuten sich an den Speisen, als wären sie durch das Essen frei. Sie tranken mehrmals einen Becher Wein, aßen das Fleisch des Lammes, Mazzen und Fruchtmus, zwischendurch beteten und sangen sie Psalmen, die heiligen Lieder ihres Volkes. Nur ein Becher wurde nicht geleert. Er war für den Propheten Elija, den Vorläufer des Messias, bestimmt. Er hätte ja an diesem Abend kommen können und dann sollte es ihm an nichts fehlen. Aber vielleicht – so hoffen alle – kommt er im nächsten Jahr.

Werner Trutwin

30 *Brot und Wein beim Mahl*

Miteinander essen:
Brot und Wein sind Frucht der Erde
und menschlicher Arbeit. –
Die Speisen stärken den Körper
und beleben die Kräfte. –
Freundschaft lebt vom Miteinander. –
Gastlichkeit heißt Offensein
für andere. –
Zuneigung nimmt den Mitmenschen
so an, wie er ist.

In der Tischgemeinschaft der Kirche wird der gekreuzigte und auferstandene Christus gegenwärtig.

Eucharistie

Die Kraft des Heiligen Geistes verwandelt die Gaben und das Geschehen:
»Am Abend, an dem er ausgeliefert wurde und sich aus
freiem Willen dem Leiden unterwarf,
nahm er das Brot und sagte Dank, brach es,
reichte es seinen Jüngern und sprach:
Nehmet und esset alle davon: Das ist mein Leib,
der für euch hingegeben wird.
Ebenso nahm er nach dem Mahl den Kelch, dankte
wiederum, reichte ihn seinen Jüngern und sprach:
Nehmet und trinket alle daraus: Das ist der Kelch des Neuen und ewigen Bundes, mein Blut, das für euch und für alle vergossen wird, zur Vergebung der Sünden. Tut dies zu meinem Gedächtnis.«

Miteinander Eucharistie feiern:
In Brot und Wein empfangen wir
den Leib und das Blut Christi.
Sie sind Speise für das ewige Leben.
Die feiernde Gemeinde wird
zum Leib Christi.
Sie ist beauftragt, die empfangene
Liebe weiterzugeben.

31 *Wandlung*

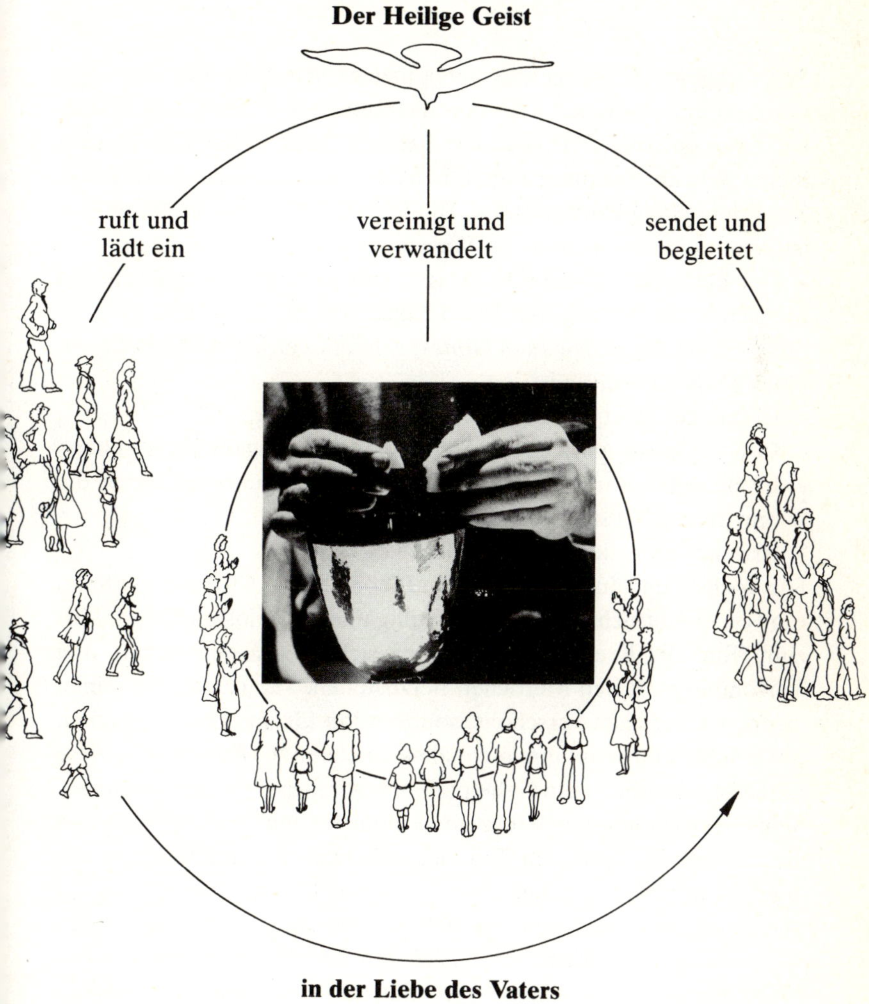
Der Heilige Geist
ruft und lädt ein
vereinigt und verwandelt
sendet und begleitet
in der Liebe des Vaters

32 *Mit Christus vereint durch Brot und Wein*

Wir sind gewohnt, einfach zu sagen: in der Eucharistie empfangen wir mit Brot und Wein den Leib und das Blut Christi. Als Kinder haben wir es so gelernt. Und geändert hat sich daran in der Kirche auch nichts. Wie aber ist dies zu verstehen? Es ist nützlich, sich über diesen Zusammenhang klarzuwerden. Ein geradliniger Weg der Gedanken ist nicht möglich; wir müssen Verschiedenes zusammen sehen.

• Der christliche Glaube hat das Handeln Gottes an und mit den Menschen als Anfang und Grundlage. Von der Liebe und Zuwendung Gottes *(= Heilswirken Gottes)* geht alles aus, was für das Leben eines Christen wichtig ist:

– Er gab der Welt und den Menschen das Leben.
– Er begleitet sie in Liebe und Sorge, obwohl sie eigene Wege gehen.
– Er befreit die unterdrückten Israeliten und führt sie durch die unwirtliche Wüste in das Land ihrer Zukunft.
– Er zeigt ihnen den Weg des Guten.

Die höchste und äußerste Form der Liebe ist Jesus Christus, der Sohn Gottes: er gibt sich selbst hin, freiwillig und in restlosem Einsatz. Bis zum Tod am Kreuz erniedrigte er sich, um Gemeinschaft und Versöhnung mit den Menschen herzustellen. »Er (Gott) hat seinen eigenen Sohn nicht verschont, sondern ihn für uns alle hingegeben – wie sollte er uns mit ihm nicht alles schenken?« *(Röm 8,32)*. Diese Liebe ist unendlich – ein Geheimnis, das wir nicht ergründen können. Seine Hinrichtung am Kreuz zeigt zunächst nur, daß Jesus uns im Tode gleich ist. Daß sein Tod viel mehr zum Ausdruck bringt, das versteht nur, wer sich auf Gott und Jesus Christus einläßt, an ihn glaubt. Jesus stand sein ganzes Leben lang in der liebenden Verbindung mit seinem Vater *(vgl. Joh 14,11)*. Er sprach von der Liebe des Vaters und war dazu gesandt, den Menschen diese Liebe zu schenken. Wenn Menschen auf Gott ihr Vertrauen setzen, erfahren sie durch Jesus die Liebe Gottes, z.B. der Hauptmann von Kafarnaum *(vgl. Lk 7,1–10)*. In seiner Hingabe am Kreuz kommt die unendliche Liebe Gottes am ehesten zum Ausdruck – es ist uns von Jesus selbst gesagt beim letzten Mahl mit den Jüngern.

• Jesus deutet den Jüngern seinen nahen Tod beim Paschamahl. Es

war das Mahl, bei dem die Israeliten die Befreiung durch Gott aus der Knechtschaft Ägyptens feiern (vgl. Nr. 29). Für Jesus war es das Abschiedsmahl: sein naher Tod kommt so in enge Verbindung mit dem Geschehen der Befreiung aus Ägypten. Das Pascha *Jesu* geht durch seinen Tod hindurch in die endgültige Herrlichkeit des Vaters. Durch seine Worte verbindet Jesus selbst das Paschamahl mit dem Kreuzesgeschehen: was den Israeliten beim Pascha von Gott geschenkt wurde, das erfahren jetzt alle Menschen durch Jesu Tod. Brot und Wein bei der Feier des Paschamahles erinnern darum nicht nur an die Liebe des Vaters, für die Christus lebte; sie werden mit der Hingabe Christi im Kreuzestod selbst in eins gesetzt. So geschieht die endgültige Befreiung von Schuld und Tod und die Versöhnung mit der Welt, auf die Gottes Liebe ausgerichtet ist.
»Und er nahm Brot, sprach das Dankgebet, brach das Brot und reichte es ihnen mit den Worten: das ist mein Leib, der *für euch hingegeben* wird. Tut dies zu meinem Gedächtnis! Ebenso nahm er nach dem Mahl den Kelch und sagte: dieser Kelch ist *der Neue Bund* in meinem Blut, das für euch vergossen wird« *(Lk 22,19–20)*. In Brot und Wein gibt Jesus seinen Jüngern Anteil an seiner Hingabe im Tod. Brot und Wein vergegenwärtigen nach den Worten Jesu seine Hingabe und Liebe zu den Menschen.
Paulus legt die Bedeutung dieses Geschehens weiter aus: »Denn so oft ihr von diesem Brot eßt und aus diesem Kelch trinkt, verkündet ihr den Tod des Herrn, bis er kommt« *(1 Kor 11,26)*. Auch Paulus glaubt daran und mit ihm die ganze Kirche: dieses Brot und dieser Kelch des Segens gibt Anteil am Leben und Tod Jesu, in dem er die Menschen liebte und mit Gott versöhnte *(vgl. 1 Kor 10,16f.; Röm 5, 6–11)*. Das sichtbare Zeichen für die Hingabe Jesu Christi ist das Mahl der Eucharistie: Er selbst gibt sich hin als Speise, und wir nehmen ihn selbst in Brot und Wein dankbar an als Geschenk der Liebe Gottes. Das Brotbrechen und Austeilen des Kelches beim Mahl war für die Jünger auch das wichtigste Zeichen für die Gegenwart des auferstandenen und erhöhten Christus. Besonders eindrucksvoll erzählt davon Lukas: die Emmaus-Jünger erkannten ihn beim Brotbrechen *(Lk 24,13–35)*.
• Brot und Wein sind die Zeichen, die uns mit Christus verbinden. Sie teilen das Leben Christi mit, weil sich darin Christus selbst den Menschen schenkt. Diese besondere Weise der Vereinigung mit ihm hat er selbst gewollt. Er nimmt mit diesem Zeichen wieder Bezug auf die Befreiung in der Wüste, als die Israeliten durch das Manna vor

dem Tod bewahrt wurden. Christus gibt in ähnlicher Weise in diesem Brot sich selbst als Lebensspeise für die Menschen, ja noch mehr: *seine* Speise gibt ewiges Leben, weil er den Tod überwunden hat. »Ich bin das Brot des Lebens. Eure Väter haben in der Wüste das Manna gegessen und sind gestorben. So aber ist es mit dem Brot, das vom Himmel herabkommt: wenn jemand davon ißt, wird er nicht sterben. Ich bin das lebendige Brot, das vom Himmel herabgekommen ist. Wer von diesem Brot ißt, wird in Ewigkeit leben. Das Brot, das ich geben werde, ist mein Fleisch, (ich gebe es hin) für das Leben der Welt« *(Joh 6,48–51)*. In diesem Brot verbinden wir uns mit der Person Jesu, die sich uns hingibt. Durch sein Wort und durch den Glauben an sein Wort wird es zum Zeichen für sein ewiges Leben.

• Daß Christus für die Menschen sich hingegeben hat und sie dadurch mit Gott versöhnte, das erfährt die Gemeinschaft der Glaubenden in der Feier der Eucharistie, die Christus selbst aufgetragen hat. »Tut dies zu meinem Gedächtnis!« Es geht nicht nur um die Erinnerung an ein vergangenes Geschehen – so würden wir zu wenig daran Anteil haben. Jesus will sich selbst den Menschen in Brot und Wein geben. Wenn die Glaubenden dieses Mahl Christi feiern, erfahren sie darum selbst die Liebe Gottes. Denn Eucharistie verbindet uns in Brot und Wein mit der Hingabe Jesu am Kreuz. »Die Eucharistie öffnet das Kreuzesopfer, den sich am Kreuz Opfernden auf uns hin« *(T. Schneider)*. Das Kreuzesopfer Christi wird nicht ergänzt oder ersetzt, sondern es wird in der Eucharistie vergegenwärtigt und denen zugewandt, die den Kreuzestod Jesu feiern.

Der Opfertod soll nicht vergessen oder nur auf wenige bezogen werden. Alle (die Vielen) können daran teilhaben, weil Jesus selbst in der Eucharistie gegenwärtig ist. Er ist unsichtbar gegenwärtig in den Gestalten von Brot und Wein bis zum Ende der Zeit, da er selbst wiederkommt. Darum ist die Eucharistie auch das Mahl und die Nahrung der Kirche auf ihrem Weg durch die Zeit, in der Erwartung des wiederkommenden Christus. Er selbst ist mitten unter ihnen und hält diese Gemeinschaft zusammen (vgl. Nr. 28), aber die Vollendung steht noch aus. Darum betet die Gemeinde im Hochgebet:

»Deinen Tod, o Herr, verkünden wir
und Deine Auferstehung preisen wir,
bis Du kommst in Herrlichkeit.«

33 *Bilder der Eucharistie*

34 *Eucharistie: Verdankt sein und danken*

Eucharistie ist verwoben mit dem ganzen Leben: sie ist keine abstrakte, menschenfremde Sache. Ihr Sinn spricht grundlegende Erfahrungen menschlichen Lebens an und weist über sie hinaus auf das Leben Jesu Christi.

Gott wendet sich den Menschen zu

In Gott bin ich geborgen. – Ich bin akzeptiert, anerkannt. – Wir sind nicht allein, uns selbst überlassen. – Wir gehören zu Gott, der uns liebt. – Es gibt eine Orientierung: in uns muß das Böse nicht weiterwachsen.

Jesus Christus ist immer gegenwärtig

Es ist einer da, an den ich mich wenden kann. Er steht treu zu uns. – Er hält nicht Distanz zu uns, er verbindet sich mit uns. – Unsere Zeit ist auch seine Zeit. – Nichts muß verlorengehen, was gut ist. – Mit ihm kann es in der Zukunft besser werden.

Brot und Wein sind Zeichen seiner Gegenwart

Aus Früchten der Natur erhalten wir die unentbehrliche Nahrung: Kräfte werden erneuert, Leben wird möglich. – In dem, was uns erhält und belebt, begegnet uns Christus. – So wertvoll sind die Gaben der Natur: sie führen uns auch in das Leben Gottes hinein – durch sein Wort.

Eucharistie: verdankt sein und danken

Von Gott kommt das Leben; Christus führt uns über den Tod hinaus. Ihm verdanken wir den Grund des Lebens und der Hoffnung. – Ihm danken heißt, dem Leben Gottes zustimmen, Gott die Liebe zurückgeben, die von ihm kommt.

Jesus Christus hat sein Leben hingegeben für uns

Es ist einer da, der für mich eintritt. – Ich verliere mich nicht in der unendlichen Weite meiner Schuld. Mit ihm ist stets ein neuer Anfang möglich. – Niemand kann allein leben – er gibt uns Anteil an seinem Leben. – Menschen leiden, aber Zuwendung befreit aus der Verstrickung des Leids.

Jesus hält Mahl mit uns

Wir bleiben nicht einzelne. Wir sind aufgenommen in eine Gemeinschaft: sie wächst stets an, und wir wachsen in eine unendliche Gemeinschaft hinein. – Wir verlieren uns nicht im Gestrüpp, weil er uns sucht und an seinen Tisch ruft. – Von der Gemeinschaft mit ihm sind wir getragen und miteinander verknüpft: wir gehören zusammen.

Eucharistie schenkt die Gnade Gottes: Zuversicht und Hoffnung

Neue Akzente kommen in unser Leben: statt Absonderung – Gemeinschaft; statt Verdrossenheit – Freude; statt Verzweiflung – Hoffnung; statt Macht und Größe – Aufmerksamkeit für das Kleine; statt Unruhe und Zwänge – Stille und Offenheit.
Es gilt nicht nur für uns: der weite Horizont der Liebe Gottes öffnet sich für jeden Menschen. – Wir können neue Wege gehen, um das Unheil zu überwinden. – Wir können weitergeben, was er uns schenkt.

35 *Selber sein wie Brot*

Das Weizenkorn muß sterben,
sonst bleibt es ja allein;
der eine lebt vom andern,
für sich kann keiner sein.
  Geheimnis des Glaubens:
  Im Tod ist das Leben!

So gab der Herr sein Leben,
verschenkte sich wie Brot.
Wer dieses Brot genommen,
verkündet seinen Tod.
  Geheimnis des Glaubens:
  Im Tod ist das Leben!

Wer dies Geheimnis feiert,
soll selber sein wie Brot;
So läßt er sich verzehren
von aller Menschennot.
  Geheimnis des Glaubens:
  Im Tod ist das Leben!

Als Brot für viele Menschen
hat uns der Herr erwählt,
wir leben füreinander,
denn nur die Liebe zählt.
  Geheimnis des Glaubens:
  Im Tod ist das Leben!

Lothar Zenetti

36 *Kommunion*

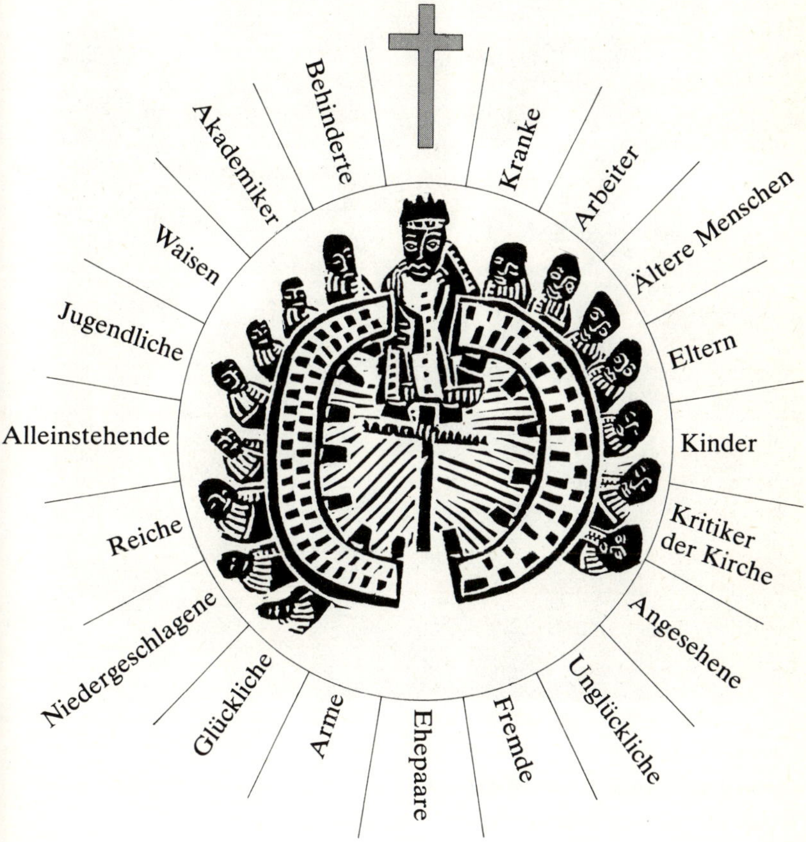

Versammelt und geeint

37 Einladung zum Fest

Dies ist ein Fest auf dem Weg!
Weggefährten feiern ein Fest der Freundschaft.
Wir treffen uns, wir versammeln uns,
um uns gegenseitig Mut zu machen oder ein wenig Freude zu geben.
Weil wir uns gegenseitig brauchen,
weil wir festen Schrittes weitergehen wollen auf unserem Weg,
feiern wir ein Fest der Begegnung.
Jeder ist eingeladen und wir erwarten,
daß jeder sehr einladend ist.
Jeder soll feiern und jeder wird gefeiert.
Jeder einzelne ist so wichtig,
als würde das Fest für ihn allein gefeiert.

Deshalb muß jeder ganz dasein.
Ganz gegenwärtig muß er sein, mit Leib und Seele und Geist.
Jeder muß ein Feiernder sein.
Aber kein Zerstreuter, kein Gelangweilter, kein Humorloser,
aber auch kein Ausgelassener, vor allem kein Konsumierender.
Jeder bringt etwas mit. Vor allem sich selbst.
Nur dann nehmen wir etwas mit von einem Fest. Vor allem sich selbst.
Mit all unseren Sinnen müssen wir an diesem Fest beteiligt sein.
Nur so wird das Fest gelingen.
Mit den Augen –
wenn jeder den anderen sieht, braucht keiner aufzufallen.
Mit den Ohren –
wenn jeder den anderen hört, braucht keiner unruhig zu werden.
Mit den Händen –
wenn jeder etwas zum Fest beiträgt, werden alle getragen.
Mit den Füßen –
wir sollen uns aus-stehen, ver-stehen und miteinander gut um-gehen.
Mit der Nase –
wir sollen uns riechen können.
Mit dem Mund –
die Menschen sollen uns schmecken,
ein geschmackvolles Fest soll es werden.
Mit allen Sinnen müssen wir dasein, dann wird es ein sinnvolles Fest.
Auf dem Fest können wir singen, spielen,
Gottesdienst feiern, essen und trinken.
Aber alles hat seine Zeit.
Auf einem Fest verwandelt sich die Zeit,
verwandelt sich der Raum,
verwandeln sich die Menschen.
Was trennt, fällt weg,
keine Mauern mehr, keine Gräben.
Alle sitzen beisammen wie Freunde.
Vielleicht spüren wir etwas davon:
Wir sind nämlich dazu da, in dieser Welt,
um zu feiern, das Leben zu feiern.
Und die Erde ist unser Festplatz.
Wir müssen ausprobieren, ob der Satz stimmt:
Unser Leben sei ein Fest.
Probieren wir es, machen wir mit;
alle sind eingeladen.

38 *Eucharistiefeier*

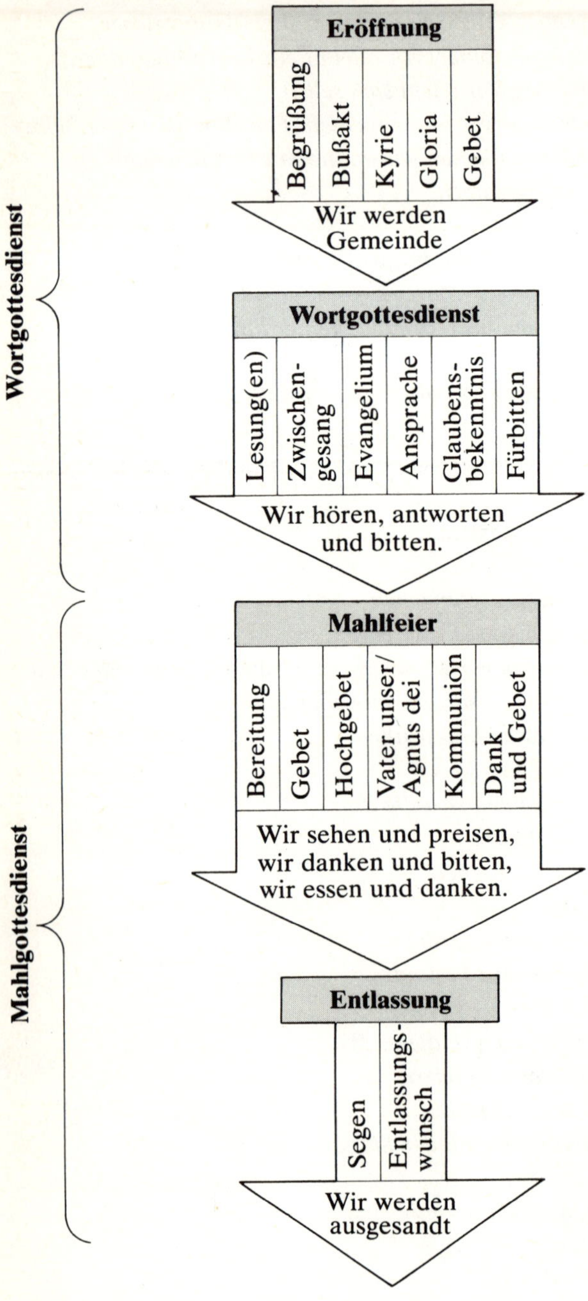

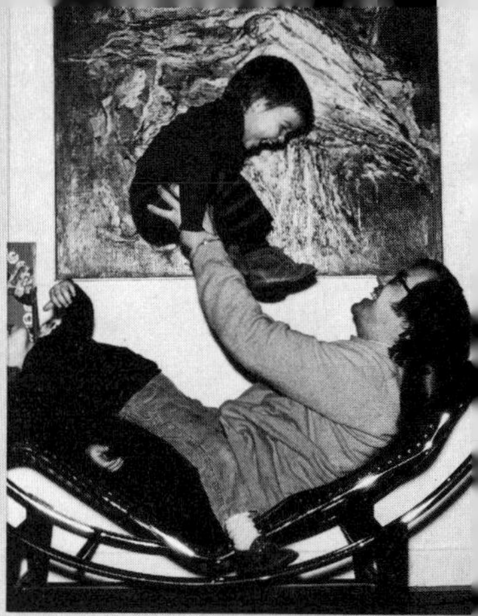

39 *Ihr seid gesandt*

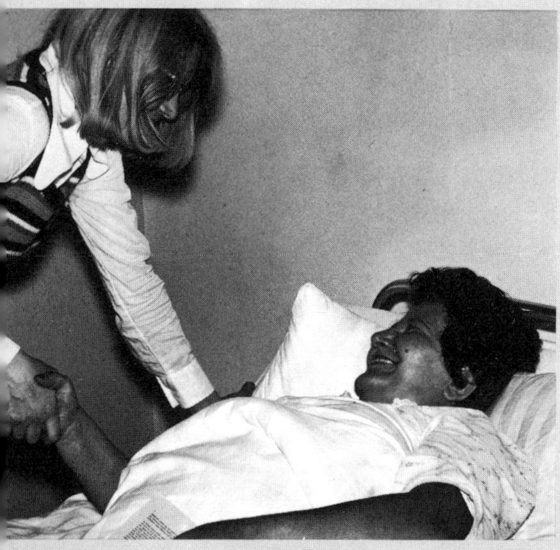

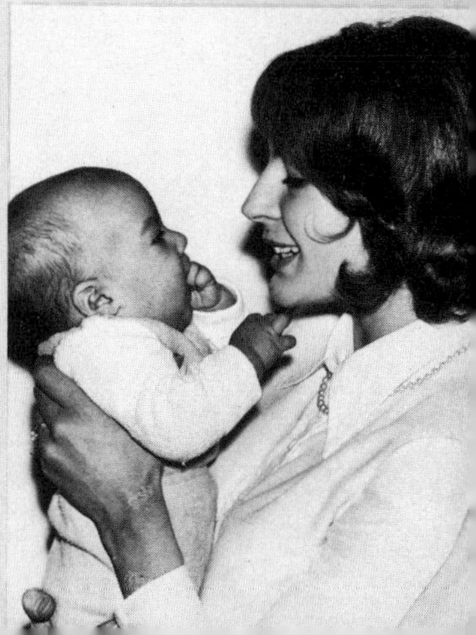

40 *Zeugnis geben*

Unsere Ohren,
die dein Wort hörten,
sollen von nun an
für die Stimme des Streites
und des Unfriedens
verschlossen sein.

Unsere Zungen,
die dein Lob gesungen haben,
sollen von nun an die Wahrheit bezeugen.

Unsere Hände und Füße
sollen dir von nun an zur Verfügung stehen,
daß sie segnen
und deinen Frieden
in die Welt tragen.

Unser ganzes Leben
mit Geist, Seele und Leib
soll in der Einheit mit deiner Liebe sein.

Ehre sei dir, Herr Jesus.

Jesus-Bruderschaft

41 *Mission*

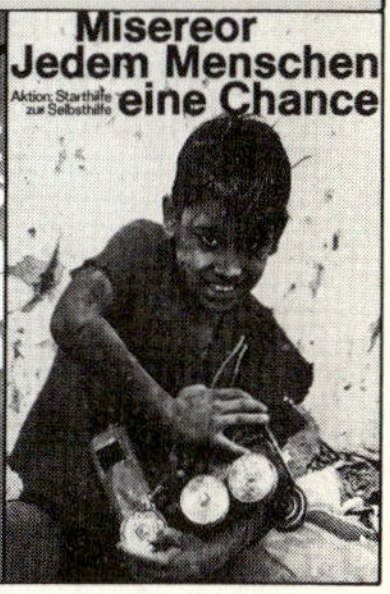

– Das Brot des Lebens teilen
– Das Wort des Herrn verkünden
– Den Frieden Gottes weitergeben

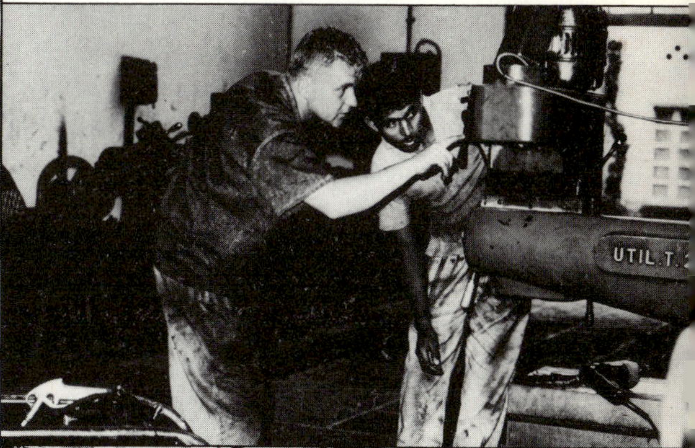

42 *Katholisch – Evangelisch*

Viele Kinder wachsen in einer Familie auf, in der ein Elternteil der katholischen Kirche angehört, der andere einer evangelischen Kirche. Dies bringt bei der Hinführung der Kinder zur Eucharistie manche Probleme mit sich. Denn Kirchengemeinschaft und Eucharistie hängen nach katholischer Auffassung unauflöslich zusammen. »Mehr als frühere Generationen empfinden wir heute die Spaltung der Kirche Christi als Widerspruch gegen das Vermächtnis des Herrn. Dieses Ärgernis wird besonders schmerzlich bewußt bei der Trennung im Abendmahl... Auseinandergebrochene Eucharistiegemeinschaft bedeutet zerbrochene Einheit der Kirche, und Spaltungen innerhalb der Kirche machen unfähig zur gemeinsamen Feier des Abendmahls« *(Gemeinsame Synode der Bistümer in der Bundesrepublik Deutschland).*
Alle Probleme können hier nicht geklärt werden, aber die wichtigsten Auffassungen der katholischen Kirche in der Frage der Teilnahme der Eucharistie sollen kurz dargestellt werden.
Die »gegenseitige Eucharistiegemeinschaft trifft für die kirchlichen Gemeinschaften reformatorischen Ursprungs zum gegenwärtigen Zeitpunkt nicht zu. Ihren Mitgliedern ist die Teilnahme an den Sakramenten der katholischen Kirche deshalb nach dem Ökumenischen Direktorium (Nr. 55) in der Regel untersagt. Weil aber die Taufe hingeordnet ist ›auf die vollständige Einfügung in die eucharistische Gemeinschaft‹ und weil ›die Sakramente sowohl Zeichen der Einheit wie auch Quellen der Gnade sind‹, ›kann die Kirche wegen ausreichender Gründe den Zutritt zu diesen Sakramenten einem getrennten Bruder gestatten‹. Solche Gründe können nach dem Ökumenischen Direktorium in ›Todesgefahr oder in schwerer Not (Verfolgung, Gefängnis)‹ gegeben sein. ›In anderen dringenden Notfällen soll der Ortsoberhirte oder die Bischofskonferenz entscheiden‹ (Nr. 55). In der Instruktion des Sekretariates für die Einheit der Christen vom 1. 6. 1972 wird dies erläutert: ›Fälle dieser Art bleiben nicht auf Situationen von Unterdrückung und Gefahr beschränkt. Es kann sich um Christen handeln, die sich in schwerer geistlicher Not befinden und keine Möglichkeit haben, sich an ihre eigenen Gemeinschaften zu wenden. Als Beispiel diene die Diaspora‹ (Nr. 6)«.

Diese Auffassung liegt darin begründet, daß die Eucharistie Fundament und Kernpunkt der kirchlichen Gemeinschaft ist. »Volle Eucharistiegemeinschaft ist nur möglich bei voller Kirchengemeinschaft; denn die Einheit der Kirche und die *Communio von Leib und Blut Christi* bedingen und tragen sich gegenseitig. Zwar gibt es ›viele und bedeutende Elemente oder Güter, aus denen insgesamt die Kirche erbaut wird und ihr Leben gewinnt, die auch außerhalb der sichtbaren Grenzen der katholischen Kirche existieren können‹, aber trotz des gemeinsamen Glaubens an Jesus Christus und trotz der einen Taufe bestehen, besonders bezüglich des Wesens der Kirche und ihrer Vollmacht, auch zum Teil bezüglich der Eucharistie selbst, noch trennende Unterschiede zwischen den Konfessionen, die eine Eucharistiegemeinschaft nicht gestatten. Es würde der Eindruck einer Einheit entstehen, die in grundlegenden Fragen des Glaubens und der kirchlichen Gemeinschaft so noch nicht besteht.«

Wie beurteilt die katholische Kirche die Teilnahme von Katholiken am evangelischen Abendmahl?

»Die Taufe begründet zwar ein ›sakramentales Band der Einheit‹ zwischen allen Getauften, das ›auf die vollständige Einfügung in die eucharistische Gemeinschaft‹ hinzielt, aber ›die volle Einheit‹ mit den reformatorischen Kirchen ist nicht vorhanden. Auch sie bekennen ›bei der Gedächtnisfeier des Todes und der Auferstehung des Herrn im heiligen Abendmahl, daß hier die lebendige Gemeinschaft mit Christus bezeichnet werde, und sie erwarten seine glorreiche Wiederkunft‹; jedoch ist wegen des abweichenden Glaubensverständnisses, vornehmlich in bezug auf das Amt und das Weihesakrament, ›die ursprüngliche und vollständige Wirklichkeit des eucharistischen Mysteriums nicht gewahrt‹. Zudem sind die Auffassungen über die Bedeutung des Abendmahls in den reformatorischen Kirchen noch unterschiedlich. Die Synode kann deshalb zum gegenwärtigen Zeitpunkt die Teilnahme eines katholischen Christen am evangelischen Abendmahl nicht gutheißen.

Es kann jedoch nicht ausgeschlossen werden, daß ein katholischer Christ – seinem persönlichen Gewissensspruch folgend – in seiner besonderen Lage Gründe zu erkennen glaubt, die ihm seine Teilnahme am evangelischen Abendmahl innerlich notwendig erscheinen lassen. Dabei sollte er bedenken, daß eine solche Teilnahme dem inneren Zusammenhang von Eucharistie und Kirchengemeinschaft, besonders im Hinblick auf das Amtsverständnis, nicht entspricht. Bei der Entscheidung, vor die er sich gestellt sieht, darf er weder das Beheimatetsein in der eigenen Kirche gefährden, noch darf seine Entscheidung der Verleugnung des eigenen Glaubens und der eigenen Kirche gleichkommen oder anderen eine solche Deutung nahelegen« *(Gemeinsame Synode der Bistümer in der Bundesrepublik Deutschland)*.

Es ist immer gut, die konkrete Situation in einer Familie mit dem zuständigen Pfarrer genau zu klären. Das Gespräch hilft zum Verständnis der jeweiligen Standpunkte und vermag auch Anstöße zu überlegtem Handeln im Geiste Christi zu geben. Die verständnisvolle Teilnahme des evangelischen Elternteils am Fest der Erstkommunion wird dem Kind helfen, seinen eigenen Weg des Glaubens zu finden.

43 *Unser Kirchenjahr*

Die Folge christlicher Feste im Jahreslauf nennt man »Kirchenjahr«. Alle diese Feste erinnern an ein Ereignis der Begegnung Gottes mit den Menschen: Weihnachten, Karfreitag, Ostern, Himmelfahrt, Pfingsten, Sonntage – sie entfalten im Gottesdienst, was Gott durch Jesus Christus für die Menschen getan hat.

Dabei geht es nicht nur darum, daß wir uns an ein Ereignis aus dem Leben Jesu in Gedächtnisfeiern erinnern, sondern das gesamte Heilswerk Christi soll unter je einem anderen Akzent in seiner Gemeinde lebendig erhalten und gegenwärtig gemacht werden. Jesus Christus steht am Anfang der neutestamentlichen Gemeinde: sie versteht sich selbst im Vollzug der Feier seiner Geheimnisse als Volk Gottes auf dem Weg zu ihm. Er ist das Ziel, denn seine Verherrlichung beim Vater ist der entscheidende Hintergrund für seine bleibende und ständige Gegenwart. Der auferstandene und verklärte Christus selbst ist der in seiner Gemeinde fortlebende, fortwirkende und forterlösende Herr. Durch die Versammlung um ihren vom Kreuzestod auferweckten Herrn wandert die christliche Gemeinde im Rhythmus von acht Tagen gleichsam von Raststelle zu Raststelle ihrem ewigen Ziel zu. Die großen Feste sind die besonderen Höhepunkte dieses Weges. Der Wortgottesdienst und die Eucharistiefeier sind jeden Sonntag jeweils von einem bestimmten Festgeheimnis getragen. Jede Gottesdienstfeier holt das Geschehene neu ein und in unsere Gegenwart hinein und drängt gleichzeitig in die Zukunft, auf den Festtag hin, an dem Christus wiederkommt, um das Heil zu vollenden. Das ganze Gefüge der Geheimnisse unserer Erlösung entfaltet sich so im Nacheinander der Festtage des Jahreskreises.

Das Kirchenjahr beginnt jeweils am 1. Adventssonntag. Es gliedert sich in zwei Festkreise, den *Weihnachtsfestkreis* und den *Osterfestkreis*. Dazwischen stehen die »*Sonntage im Jahreskreis*«.

• Der Weihnachtsfestkreis

In der frühen Kirche gab es außer der sonntäglichen »Feier des Brotbrechens« und der Jahresfeier von Christi Tod und Auferstehung kein anderes Fest. Doch setzte sich mit der Zeit die Tendenz durch, verschiedene Inhalte des Heilsgeschehens in Christusfeiern zu begehen. So ist es nicht verwunderlich, daß auch der Beginn des Christusereignisses, seine Menschwerdung und Geburt, in einem eigenen Fest gefeiert wird. Da zu Beginn des 4. Jahrhunderts das Geburtsdatum Jesu nicht mehr festzustellen war, haben die Christen am Tag der Wintersonnenwende, dem 25. Dezember, dem heidnischen Fest des »*Unbesiegten Sonnengottes*« Jesus Christus als die wahre Sonne der Gerechtigkeit und als das Licht der Welt entgegengesetzt.

Zu dem Weihnachtsfestkreis gehört auch die Adventszeit. Sie hat einen doppelten Charakter: einerseits ist sie als Vorbereitungszeit auf die Feier des weihnachtlichen Hochfestes mit dem Gedächtnis an das erste Kommen des Gottessohnes in diese Welt zu verstehen, andererseits lenkt sie den Blick auf die Erwartung der zweiten Ankunft Christi am Ende der Zeiten. Die Adventszeit erstreckt sich bis zum 24. Dezember morgens und die eigentliche Weihnachtszeit vom 24. Dezember abends bis zum Samstag nach dem Fest »*Erscheinung des Herrn*« (6. Januar).

• Der Osterfestkreis

Das Jahresgedächtnis des Todes und der Auferstehung Christi, das wir Osterfest nennen, scheint schon sehr früh Eingang in den

Festkalender der christlichen Gemeinde gefunden zu haben. Dies ist verständlich allein aus der Tatsache, daß Ostern das Urdatum des christlichen Glaubens und die Mitte und der Höhepunkt des Kirchenjahres ist.

Die Datierung ist aus dem jüdischen Zeit- und Festkalender abgeleitet, dessen Monate jeweils mit dem Neumondtag begannen. Der erste Monat nach Frühlingsbeginn hieß Nisan. Am Vollmondtag dieses Monats, dem 14. Nisan, feierten die Juden ihr höchstes Fest, das Pascha, zur Erinnerung an die Errettung aus der ägyptischen Knechtschaft. Mit großer Wahrscheinlichkeit fiel auf einen solchen 14. Nisan, dem Vortag (Freitag) des Paschafestes (Samstag), die Kreuzigung Jesu und auf den folgenden Sonntag, den 16. Nisan, seine Auferweckung von den Toten. Auch dem Osterfest ist eine Vorbereitungszeit, die *»österliche Bußzeit«* oder Fastenzeit, vorgeschaltet. Sie reicht vom Aschermittwoch *(7. Mittwoch vor Ostern)* bis zum Mittwoch der Karwoche. Die eigentliche Osterzeit beginnt am Gründonnerstag und endet am 8. Sonntag in der Osterzeit, dem Pfingstsonntag *(griechisch pent. = 50 Tage)*. Am 40. Tag nach Ostern, der immer auf einen Donnerstag fällt, begeht die Kirche das Hochfest *»Christi Himmelfahrt«*.

- **Sonntage im Kirchenjahr**

In die Zeit außerhalb der Festkreise fallen 33 bzw. 34 Sonntage. Sie werden *»Sonntage im Jahreskreis«* genannt und gliedern sich in zwei Zeitabschnitte:
- die Sonntage zwischen dem Ende der Weihnachtszeit *(Fest der Taufe Jesu)* und dem Beginn der österlichen Bußzeit *(Aschermittwoch);*
- die Sonntage vom Abschluß der Osterzeit *(1. Sonntag nach Pfingsten = Dreifaltigkeitssonntag)* bis zum Ende des Kirchenjahres.

- **Besondere Herrenfeste**

In der Zeit außerhalb der Festkreise werden jedoch einige Herrenfeste gefeiert. Das *Fest der Taufe des Herrn* fällt stets auf den 1. Sonntag im Jahreskreis, den Sonntag nach dem 6. Januar. Das *Hochfest der heiligsten Dreifaltigkeit* wird am Sonntag nach Pfingsten begangen und der 34. Sonntag im Jahreskreis ist das *Christkönigsfest.* Am Donnerstag nach dem Dreifaltigkeitssonntag wird das *Fronleichnamsfest* gefeiert.

44 *Das Fest Fronleichnam*

Der Glaube an Jesus Christus braucht die Feier der Eucharistie: als Ziel, als Angelpunkt, als Erneuerung des Lebens. Darum ist für die Kirche die Eucharistiefeier am Sonntag so wichtig. Auf dieses Zentrum hin lebt die Kirche: Jesus Christus selbst teilt sich der Gemeinschaft der Gläubigen mit in den Gaben von Brot und Wein. Die Gegenwart in der Gestalt von Brot und Wein gehört zu den wichtigen Glaubenswahrheiten. Sie ist für die Kirche ebenso wichtig wie andere Inhalte ihres Glaubens, wie die Geburt des Gottessohnes, wie sein Tod und seine Auferstehung, wie die Gabe des Heiligen Geistes. Darum ist sie auch dazu gekommen, dieses zentrale Gut des Glaubens in der gleichen Weise während des Kirchenjahres zu feiern wie die anderen Glaubensinhalte (vgl. Nr. 43). Das Fest der Gegenwart des Herrn ist Fronleichnam. Es wird am zweiten Donnerstag nach Pfingsten gefeiert.

Das Fest ist in der Geschichte der Kirche erst später entstanden. Es ist ein weiterer Schritt der Kirche, ihre Glaubensgeheimnisse in konkreten Feiern zu entfalten. Sein Name stammt aus der Entstehungszeit: *»Fron«* bedeutete damals *nicht »Zwangsarbeit«,* sondern *»Herr«,* und *»Leichnam«* war das Wort für *»Leib«,* nicht nur für den toten Körper. *Fronleichnam heißt also »Leib des Herrn«.* Über die Entstehung des Festes gibt es folgende Geschichte:

In einem Kloster in der Nähe von Lüttich lebte schon einige Jahre nach dem Tod ihrer Eltern das Mädchen Johanna. Sie wurde dort versorgt und erzogen. Mit vierzehn Jahren wurde sie als Novizin in die Ordensgemeinschaft aufgenommen. Das geistliche Leben war für sie von Kindheit an selbstverständlich. Durch die tägliche Meßfeier wurde für sie die Erfahrung, daß der Herr mitten unter uns ist, sehr bedeutsam. 1209 als sie sechzehn Jahre alt war, hatte sie in der Kirche ein seltsames Erlebnis: Sie sah einen Vollmond mit einem schwarzen Fleck. Sie wurde davon sehr gefesselt, und immer wieder sah sie dieses Bild vor sich. Sie dachte darüber nach, was dies bedeuten solle. Allmählich wurde ihr bewußt: der Mond ist das Zeichen für das Kirchenjahr, und darin fehlt ein Fest, das den Glanz des Mondes vervollständigen würde, ein Fest von der Gegenwart des Herrn in Brot und Wein. Sie behielt alles noch für sich. Erst 1230, als sie zur Oberin des Klosters gewählt wurde, erzählte sie von ihrem Geheim-

nis. Aber sie fand keinen Beifall. Trotzdem blieb sie bei ihrer Meinung. Aber das Leben wurde ihr schwer gemacht. Deshalb floh sie und suchte eine neue Bleibe. Von anderen Klöstern wurde sie abgewiesen, bis sie sich mit ihren Begleiterinnen in einer Klause bei der Kirche von Fosses in Belgien niederlassen konnte. Die Idee des Fronleichnamsfestes aber hatte sich schon verbreitet. 1246 wurde in der Kirche St. Martin in Lüttich das erste Fronleichnamsfest gefeiert. Auch andere Diözesen im Westen von Deutschland übernahmen das Fest. 1258 wurde sie schwer krank; sie konnte nichts mehr schlucken. Aber sie weigerte sich, die Hostie nur anschauen zu wollen, als man dies ihr als Ersatz anbot. Erst an ihrem Sterbetag, am 5. April 1258 willigte sie darin ein.
Jakob von Troyer, Erzdiakon von Lüttich, wußte um die Vorgänge und die Bedeutung dieses Festes. Als er zum Papst mit Namen Urban IV. gewählt worden war, führte er 1264 das Fronleichnamsfest für die ganze Kirche ein. Aus den Gebeten und Gesängen, die berühmte Theologen für dieses Fest verfaßten, fanden die Texte von *Thomas v. Aquin* den größten Anklang. Seine Lieder sind auch heute noch für unser Fest Fronleichnam vorgesehen *(Gotteslob Nr. 541/542; 543/544; 545/546).*

45 *In die Kirche hineinwachsen*

In eine Familie wird ein Kind hineingeboren, dort wird es versorgt und erzogen und eines Tages wächst es aus dem Kreis der Familie hinaus, um seinen eigenständigen Platz in der Gesellschaft einzunehmen. Die Kirche als Gemeinschaft der Glaubenden hat ein anderes Ziel. Darum ist auch der Weg zu ihr und das Leben in ihr anders als die Zugehörigkeit zur Familie.
Sinn und Ziel der Kirche:

- Das Wort Gottes soll in aller Welt verkündet werden *(Mt 28,19; Eph 3,10).*
- Die Glaubenden werden in das eigene Bild Christi verwandelt durch den Geist des Herrn *(Kor 3,18).*

- Die Menschen werden im Geist zu einer Wohnung Gottes erbaut *(Eph 2,22)*.
- Gott soll verherrlicht werden in in allen Generationen, für ewige Zeiten *(Eph* 3,21).

Die Kirche ist auf dem Weg zu Gott: Christus ist in ihrer Mitte, aber die Gemeinschaft der Menschen ist noch nicht das vollendete Reich Gottes.

Wie die Kirche auf dem Weg ist, so ist auch das Leben und der Glaube des einzelnen Christen ein ständiges Hineinwachsen in Christus. In den Sakramenten verbinden wir unser Leben mit dem Leib Christi und übernehmen für uns selbst die Aufgabe, die Christus seiner Kirche zugedacht hat – getragen und geführt vom Geist Gottes. Dies ist ein Prozeß, der in den verschiedenen Situationen und Erfahrungsbereichen des Lebens jeweils neu Gestalt annimmt und den Menschen in eine engere Lebensgemeinschaft mit Christus treten läßt. »Das gesamte Leben des Christen soll so (durch die Sakramente) in und mit der Gemeinschaft der Gläubigen wirksames Zeichen der Nähe und erlösenden Gegenwart Gottes mitten unter uns werden« *(Gemeinsame Synode, Schwerpunkte heutiger Sakramentenpastoral A)*.

Womit wird der Anfang gemacht? Wie wird die Grundlage gelegt?

Das Kind wächst heran und reift; es versteht immer mehr von der Welt, der Kreis der Menschen, dem es sich verbunden fühlt, erweitert sich ständig. Seine Fähigkeiten und Kräfte entfalten sich, so daß es zunehmend selbständige Aufgaben in der Gemeinschaft übernehmen kann. Entsprechend seinem Wachsen und Reifen kann und soll es auch stufenweise in die Gemeinschaft der Kirche eingegliedert werden. Dies geschieht in den Sakramenten der Taufe, der Eucharistie und der Firmung, die das Kind in verschiedenen Altersstufen empfängt.

- **Die Taufe des Kindes**

Beim Eintritt ins Leben wird durch die Taufe das ganze Leben in die Wirklichkeit der Liebe Gottes hineingestellt. Bei der Taufe von Säuglingen wird besonders deutlich: nicht wir sind es, die aus eigener Kraft das Heil erlangen, sondern Gott tut den ersten und entscheidenden Schritt in der Liebe, die allem zuvorkommt. Was die Eltern selbst empfangen haben, das soll auch ihrem Kind zuteil werden: sie erbitten die Taufe für ihr Kind. Es soll ganz und gar der großen

Gemeinschaft des Volkes Gottes angehören. Daraus folgt für sie selbst die Aufgabe und Verantwortung, als erste den Glauben an Jesus Christus zu vermitteln. Die christliche Familie ist für das Kind die erste kirchliche Gemeinschaft, gleichsam eine Hauskirche (vgl. Nr. 110). Der Pate des Kindes unterstützt die Eltern darin. In der engen Familienbeziehung kann der Glaube auch als Grundlage seines Lebens wachsen (vgl. Nr. 113). Mit der Familie gliedert sich das Kind auch zunehmend in die christliche Gemeinde ein.

- **Die Eucharistie**

Im Laufe der Jahre wächst das Kind in einen sich vergrößernden Kreis von persönlichen Beziehungen hinein: von der Familie über die Verwandten und Bekannten, über das Spiel mit anderen Kindern und die Gruppe im Kindergarten, bis zur Schulklasse. Es wächst das Bedürfnis und die Fähigkeit, sich mit vielen anderen zusammenzutun. Dann ist es an der Zeit, das Kind auch an der Eucharistiegemeinschaft voll teilnehmen zu lassen, in der die Menschen durch die Liebe Jesu Christi zum Volk Gottes vereinigt werden. Damit erreicht das Kind eine weitere Stufe der Eingliederung in die Kirche. Die Aufnahme in die Tischgemeinschaft ist aber nur dann sinnvoll, wenn das Kind das Geschehen der Eucharistie von jedem anderen Mahl unterscheiden kann bzw. wenn es den Leib des Herrn unterscheiden kann von gewöhnlicher Speise. Die Hinführung zur Eucharistie geschieht in Zusammenarbeit von Pfarrgemeinde und Familie: durch

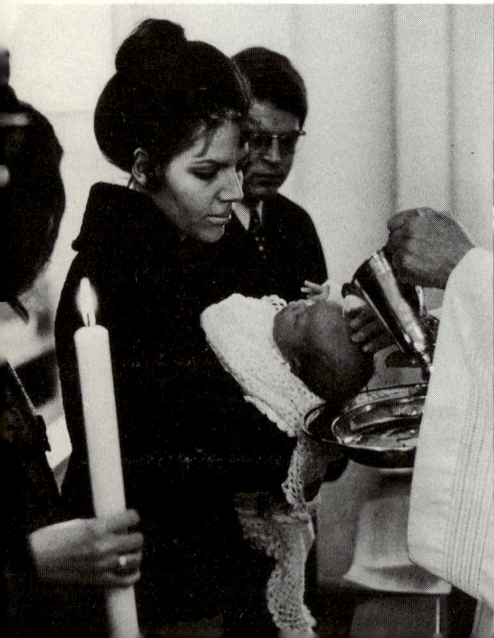

die Eltern und Katecheten der Gemeinde soll es nicht nur das nötige Wissen über Jesus Christus und die Eucharistie erwerben, sondern auch in das Leben der Kirche selbst eingeführt werden (vgl. Nr. 50).

- **Die Firmung**

Die Taufe war für das Kind der Beginn des persönlichen Weges mit Gott. Sie findet dann ihre Vollendung, wenn wir auch »den Glauben als wahre Zeugen Christi in Wort und Tat zugleich zu verbreiten und zu verteidigen« vermögen (*II. Vatikanisches Konzil*). Die Firmung schließt das Geschehen der Taufe ab: aus eigener Entscheidung bejaht der Heranwachsende den Glauben und legt dafür Zeugnis ab nach dem Maß der eigenen Fähigkeiten. »Der Heilige Geist macht den Gefirmten in neuer Weise Christus ähnlich und verpflichtet ihn, zu leben wie Christus. Er erhält sakramental Anteil an der Sendung der Kirche zur Weiterführung des Werkes Christi. Er wird bestärkt zum Bekenntnis des Glaubens an Christus, zur Mitarbeit am Aufbau der Kirche als Gemeinschaft und zum Dienst am Heil der Welt« *(Gemeinsame Synode, Schwerpunkte heutiger Sakramentenpastoral B 1.2.3)*. Auch auf diesem Stück seines Weges braucht der junge Mensch Eltern, Erzieher und Paten, die ihn behutsam begleiten.
Der Gefirmte arbeitet daran mit, daß die Kirche unter den Menschen lebendig bleibt und sich auf viele Menschen ausdehnt. Die Aufgabe der Kirche wird zu seiner eigenen: Gott soll verherrlicht werden in allen Generationen, für ewige Zeiten *(Eph 3,21)*.

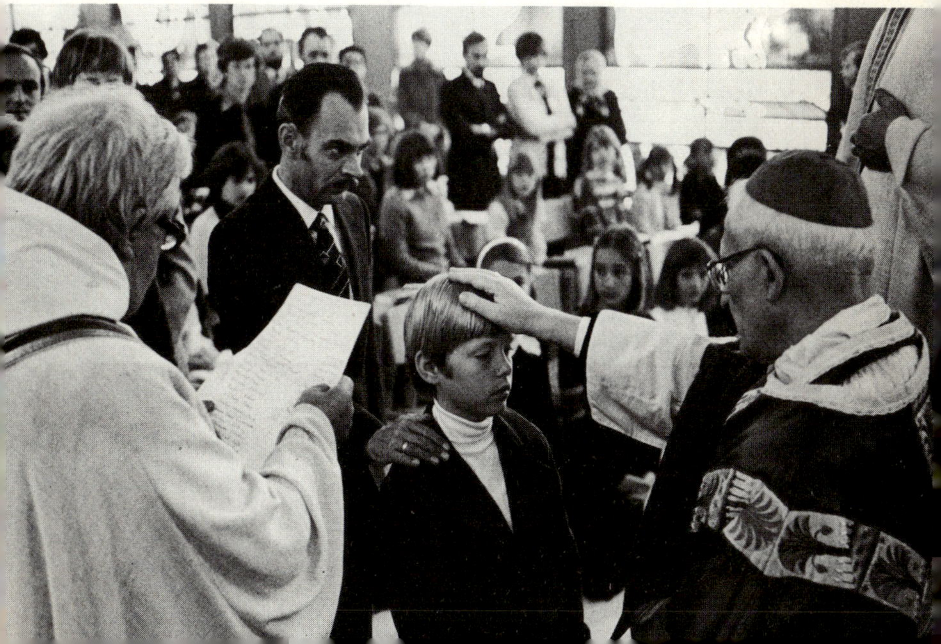

46 *Was beabsichtigt die Hinführung zur Eucharistie?*

Im 8. oder 9. Lebensjahr ist die Zeit gekommen, das Kind ganz und gar an der Gemeinschaft der Eucharistie teilnehmen zu lassen. Es kann jetzt durch die Kommunion weiter in diese Gemeinschaft eingeführt werden; es kann selbst auch das Geschenk der Eucharistie sein ganzes Leben lang erfahren. Das Sakrament der Eucharistie ist das ganze Leben hindurch Mittelpunkt des christlichen Glaubens. Die Erstkommunion ist nur der Anfang seiner Zugehörigkeit zur Eucharistiegemeinschaft. Darum geht es bei der Vorbereitung auf die Erstkommunion nicht um eine einmalige Sache (wie bei der Taufe, Firmung, Ehe und Weihe), sondern um ein durchgreifendes Thema und um das ganze christliche Leben.
In allen Bereichen ist es üblich, sich auf neue Dinge eingehend vorzubereiten. Dies gilt auch für die Sakramente. Darum muß man sich überlegen, welche Ziele die Hinführung der Kinder *(=Katechese)* zur Eucharistie sich setzen sollte, und wie die Kinder am besten in diese neue Erfahrung hineinfinden können. Es geht um den erweiterten Horizont des Glaubens, um die neuen Seiten des christlichen Lebens und um die Eingliederung der Kinder in die Gemeinschaft der Christen. Darum kann sich die Katechese nicht in der Erklärung der Meßfeier und der Zeichen der Eucharistie erschöpfen. Die Kernpunkte der Eucharistiekatechese sollen kurz skizziert werden:

- **Menschliches Miteinander gelingt nur, wenn wir füreinander da sind**

- In der Familie erfahren wir das Miteinander am tiefsten: man hat vieles gemeinsam, jeder hat eine eigene Aufgabe und eigene Rechte; Gott hat einen Platz in der Familie.
- Freundschaft heißt: aufeinander hören, den anderen anerkennen; mit dem Freund haben wir vieles gemeinsam, zusammenhalten im Geben und Nehmen (vgl. Nr. 61), wieder zueinanderfinden.
- Kinder helfen einander.
- Gott will Freundschaft mit den Menschen: Jesus wendet sich den Menschen zu.

- **Teilen, Teilnehmen, Anteil geben als Ausdruck der Liebe Gottes und als Grundform der Liebe erfahren**

- Der Sinn des Schenkens;
- Die Speisung der Fünftausend *(Mk 6,30–44);*
- Brot heißt Leben: Christus teilt sein Leben im Brot mit;
- Die Menschen sind eingeladen zum Festmahl des Gottesreiches *(Mt 22,1–14);*
- Getauft sein heißt teilhaben an Tod und Auferstehung Christi; mit Christus verbunden sein als Sinn des Gleichnisses vom Weinstock (vgl. Nr. 17);
- Jesus dient den Menschen durch sein Leben und seinen Tod: seine Jünger erfahren diesen Dienst in der Fußwaschung (vgl. Nr. 11);
- Kreuz und Auferstehung Jesu sind der Grund dafür, daß unser ganzes Leben in die Liebe Gottes einbezogen ist.

- **Den Nächsten wahrnehmen und zur Versöhnung bereit sein**

- Erfahren, wo Menschen einander brauchen;
- Erfahren, wie man dem anderen wehtut, wenn man sich ihm entzieht;
- Versöhnung – wie geschieht das?
- Jesus steht immer in der Verbindung mit seinem Vater;
- Der barmherzige Vater *(Lk 15):* Vertrauen in Gott – Versöhnung – Fest der Versöhnung.

- **Christen feiern das Geschenk des Lebens und der Gemeinschaft mit Christus**

- Menschen feiern Feste, weil sie etwas Wichtiges erfahren haben, und legen viel Wert auf ein schönes Fest: Wie kann ein Fest gelingen?
- Die Israeliten feiern ihre Rettung aus der Knechtschaft *(Pascha,* vgl. Nr. 29);
- Jesus feiert mit den Jüngern das Abschiedsmahl (vgl. Nr. 13);
- Jesus gibt den Auftrag zur Feier des neuen Pascha-Mahles;
- Im Brotbrechen ist Jesus selbst gegenwärtig (vgl. Nr. 28 u. 32);
- Die Christen feiern die Gemeinschaft mit Gott (vgl. Nr. 34 u. 36).

- **Die Eucharistiefeier als Feier Gottes mit den Menschen mitbegehen**

– Die Familie gehört zur Pfarrgemeinde, weil sie mit den anderen Christen in Jesus Christus verbunden ist;
– Das Leben der Pfarrgemeinde kennenlernen *(Gottesdienstraum, Bräuche, Feste, Gruppen):* wie wir daran teilhaben können;
– Wir feiern miteinander Eucharistie *(Aufbau der Messe);*
– Jesus ruft uns zum Vater.

- **Eucharistie feiern bedeutet: die empfangene Liebe weitergeben**

– Jesus Christus ist für alle da, besonders für die, die niemanden haben;
– Wir sind dazu beauftragt, anderen Menschen Freude zu schenken und für sie dazusein (vgl. Nr. 39 u. 41);
– Beispiele christlicher Nächstenliebe;
– Mission bedeutet Sorge für die Gemeinschaft aller Menschen in Christus; wie können wir mitmachen?

In der Katechese sollen die Kinder nicht nur über wichtige Inhalte belehrt werden:
Sie sollen in einer Gruppe als christliche Gemeinde im Kleinen einbezogen werden, am Leben der Pfarrgemeinde teilnehmen und einiges dazu beitragen können *(Gottesdienstgestaltung, Tauffeier, Feste u. a.).*
Sie sollen anschaulich die Botschaft Jesu und das christliche Leben erfahren.
Sie sollen in den Gruppen wichtige Formen christlichen Lebens mitvollziehen: einander vertrauen, miteinander spielen, singen, beten, feiern, in Bildern und Geschichten sich versenken u. a. (vgl. Nr. 51).
Die Kinder können sich gut in die Eucharistie hineinfinden, wenn sie die Verbindung von Familie und Gemeinde an vielen Stellen unmittelbar erfahren (vgl. Nr. 126).

47 *Erfahrung mit lernbehinderten Kindern*

Die Kinder, die ich zur Erstkommunion vorbereitete, hatten wenig Zugang zur Messe. Lesungen und Gesänge verstanden sie offenbar nicht. Die Gemeinde war für sie fremd. Was mich nachdenklich machte, ist, wie sie auf drei Wegen zu einem ihnen eigenen Verständnis kamen:

☐ Das erste waren Besuche in der leeren Kirche. Bild für Bild wurde intensiv und begeistert aufgenommen, der Tabernakel und Altar bestaunt – erste Ansätze zum Vertrautwerden.

☐ Das zweite waren Hinweise auf wenige markante Geschehnisse: das Hochheben der Schale und des Kelches, das Vaterunser, das Hochheben der Hostie, die Austeilung. Hier ließ sich Aufmerksamkeit fesseln (»Paßt auf, wenn das kommt, und gebt mir ein Zeichen!«) und Sinn andeuten.

☐ Das dritte war das freie und persönliche Beten der kleinen Runde unserer Gruppe. Die Kinder vergaßen das nie und kannten immer viele Menschen, für die sie bitten wollten. Als der Pfarrer uns einmal in der Gruppe besuchte, sagte ein Kind zu ihm: »Jetzt beten wir, Herr Pfarrer. Wenn Sie auch einmal wollen, jetzt ist Gelegenheit!«

Gefion Forderer

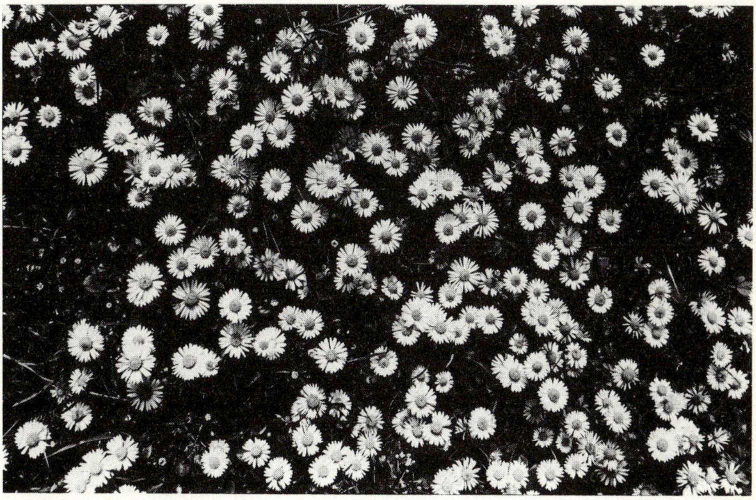

48 *Laßt uns miteinander*

49 *Hinführung zu den Sakramenten in der Gemeinde*

• **Im Pfarrgemeinderat**

– *Berufung einer Arbeitsgruppe;*
– *Information über geeignete Materialien, Katechesen, Medien;*
– *Besprechung der Ziele und Inhalte des Erstkommunion- und Bußkurses;*

- *Abstecken eines Rahmenplanes der Vorbereitung;*
- *Erstellung von Leitlinien über Aufbau und Schwerpunkte des Kurses;*
- *Klärung organisatorischer Fragen;*
- *Gewinnung von Mitarbeitern für die Vorbereitung;*
- *Information der Gemeinde über die Buß- und Erstkommunionvorbereitung;*
- *Gespräch mit den Erstkommunionkindern, ihren Eltern und den Katecheten.*

• **In der Arbeitsgruppe: Seelsorger, Kursleiter, Katecheten**

- *Einteilung der Gruppen;*
- *Kontakt- und Glaubensgespräche untereinander;*
- *Festlegung eines »Kursfahrplanes« (Gesamtzahl der Runden, Wocheneinteilung nach dem Kalender);*
- *Erarbeitung und Besprechung der Katechesen;*
- *Austausch der Erfahrungen mit den Gruppen, Nachbereitung der zurückliegenden Katechesen;*
- *Terminierung der Elternabende, Festlegung ihrer Thematik und Inhalte;*
- *Erstellen von »Elternbriefen« und Informationen;*
- *Planung von besonderen Aktionen der Gruppen;*
- *Terminierung, Erarbeitung und Gestaltung von begleitenden Wortgottesdiensten und Eucharistiefeiern;*
- *Durchführung einer Wochenendfreizeit oder einer Tagesfahrt;*
- *Ideensammlung für eine kindgemäße Gestaltung des Erstkommuniontages (in der Kirche und zu Hause);*
- *Zeit für Hausbesuche und Gespräche mit den Eltern.*

• **In den Erstkommuniongruppen**

- *Mitgestaltung von Wort-, Tauf-, Kinder- bzw. Familiengottesdiensten;*
- *Besuch der sonntäglichen Eucharistiefeiern in der Gemeinde;*
- *Beteiligung an Aktionen;*
- *Regelmäßiger Besuch der Katechesestunden;*
- *Teilnahme an einem Bußgottesdienst und am Empfang des Bußsakramentes;*

- *Vorbereitung von Feiern und Festen für die eigene Gruppe und die Eltern;*
- *Gestaltung des Erstkommuniontages planen.*

- **Im Kontakt mit den Eltern**

- *Informationen über ihre Verantwortung und Aufgaben während der Vorbereitungszeit;*
- *Klärung religiöser Fragen* (z. B. mit Hilfe dieses Buches);
- *Teilnahme an Elternabenden;*
- *Kenntnis über die Inhalte des Vorbereitungskurses;*
- *Gespräche mit Katecheten und Seelsorgern;*
- *Empfang des Bußsakramentes und der Eucharistie.*

50 *Kindergruppe und Pfarrgemeinde*

Eucharistievorbereitung und Erstkommunion gehören zu dem Vorgang der Eingliederung in die Kirche. Dies kann den Kindern und der ganzen Gemeinde deutlicher bewußt werden, wenn durch bestimmte Aktionen ihre gegenseitige Verbindung sichtbar hergestellt wird. Dazu dienen folgende Vorschläge:

- *einen Wortgottesdienst für alle Erstkommunionkinder vorbereiten (Bußakt, Lesung, Spiel zum Evangelium, Fürbitten, Lieder u. a.);*
- *Gemeindegottesdienste mitgestalten;*
- *eine Tauffeier vorbereiten und mitgestalten;*
- *ein Fest mit Gottesdienst und anschließendem Beisammensein für die Eltern und Geschwister planen;*
- *Einrichtungen der Gemeinde (Kindergarten, Altentagesstätte, Krankenhaus, Waisenhaus, Behindertenkindergarten, Altersheim) kennenlernen;*
- *Misereor-Aktion durchführen helfen (Verkaufen von Tee, Kaffee und kunstgewerblichen Gegenständen aus Entwicklungsländern);*
- *Fastnachtsparty veranstalten;*
- *Advents- oder Nikolausfeier gestalten;*

- *zu Weihnachten Geschenkpäckchen für alleinstehende und kranke Leute der Gemeinde arrangieren und Grußkarten schreiben;*
- *Besorgungen machen für ältere Leute;*
- *einen Ausflug planen.*

51 In der Kindergruppe macht es Spaß...

- wenn den Kindern Geschichten von den Erfahrungen der Israeliten und von Jesus erzählt werden *(z. B. Pascha-Mahl, Brotvermehrung);*
- wenn die Kinder einzeln oder miteinander eine Szene oder Erfahrung malen oder ein Figurenspiel ausschneiden oder dies auf andere Weise künstlerisch gestalten;
- wenn sie Geschichten hören, die von gelingenden oder mißlingenden Beziehungen von Menschen erzählen;
- wenn sie vom Leben und Handeln anderer Menschen erfahren *(z. B. Hl. Elisabeth, Hl. Stephanus, Hl. Johannes Bosco);*
- wenn sie ihre Gedanken in einer Geschichte austauschen können;
- wenn sie von eigenen Erlebnissen erzählen können;
- wenn sie im Spiel eine Geschichte darstellen oder eine Situation spielend durcharbeiten *(z. B. in der Gruppe sind alle miteinander verbunden; wie wir Freunde werden);*
- wenn sie eine angefangene Geschichte *(z. B. von einem Streit)* zu Ende spielen;
- wenn sie sich spielend in die Situation eines anderen Menschen einfühlen können *(z. B. blind sein; belogen werden);*
- wenn sie sich in gegensätzliche Situationen ihres eigenen Lebens hineindenken können *(z. B. Alleinsein oder einen anderen Menschen bei sich haben);*
- wenn sie Bilder betrachten und ihre Gedanken daran anschließen können;
- wenn sie einmal Stille erfahren oder Vorgängen in der Natur lauschen können *(z. B. Vogelzwitschern, Herzschlag);*
- wenn sie etwas lernen, indem sie es selbst erfahren *(z. B. Teilen);*

- wenn sie Regeln und Verbote nicht vorgesetzt bekommen, sondern selbst sinnvolle Regeln ausfindig machen können;
- wenn sie Lieder einüben, immer wieder singen und mit einfachen Instrumenten den Gesang begleiten können;
- wenn sie mit Händen etwas anfassen oder anfertigen können *(z. B. Taufgeräte, Osterkerze);*
- wenn sie ein Fest vorbereiten und feiern können *(z. B. Geburtstag Jesu);*
- wenn sie selbst Gebete und Fürbitten formulieren können;
- wenn sie ihre Arbeiten in das Gemeindeleben einbringen können *(z. B. im Gottesdienst, bei einem Basar);*
- wenn sie für die Eltern ein kleines Geschenk anfertigen können *(z. B. kleines Nikolaus-Geschenk);*
- wenn auch (zwischendurch) lustige Spiele gemacht werden;
- wenn sich der Gruppenleiter für das einzelne Kind persönlich interessiert.

52 *Das Fest der Erstkommunion*

Ein Kommunionkind sagt: »Meinen Eltern macht meine Erstkommunion große Sorgen. Sie haben die wichtigsten Fragen zu lösen: Wieviele Personen kommen zum Essen? In welcher Gaststätte bringen wir sie unter?«
Wie wichtig sind solche Dinge?
Jedes Fest hat seine Bräuche. In jeder Gegend gibt es andere Traditionen. In jedem Falle lohnt es sich darüber nachzudenken, wie der Tag der Erstkommunion zu einem Fest werden kann. Und er soll wirklich ein Fest sein! Weil manchmal die äußere Form den Sinn verstellte, wollten viele die Feier in der Familie vereinfachen. Aber diesen Schluß muß man nicht notwendigerweise ziehen. Kirchliche und häusliche Feier können eine Einheit sein, wenn beide auf den Sinn des Festes abgestellt sind, auf die Eingliederung des Kindes in die Eucharistie-Gemeinschaft der Kirche.
Das Kind ist in dieser Zeit noch stark in die Familie eingebunden, aber die Eltern und Paten führen das Kind zur Eucharistie der Pfarrgemeinde – darum ist das Fest der Erstkommunion ein Fest der Familie.

Die Kirche nimmt das Kind in die größere Gemeinschaft der Eucharistie auf, in der Menschen jeder Herkunft und jeden Alters in Christus vereint sind – darum ist das Fest der Erstkommunion ein Fest der Kirche.

Die Eucharistie, die dem Tag das Gepräge gibt, muß auch in der äußeren Gestaltung als das entscheidende Moment durchscheinen. Kann unter dieser Voraussetzung nicht auch die Familienfeier besonders festlichen Charakter haben? Jede Familie wird sich selbst prüfen müssen, wie sie es halten kann. Ein Zuviel an Aufwand (Essen, Kleidung, Schmuck der Wohnung, Geschenke) kann hier wie anderswo den besonderen Charakter des Festes verändern. Mit einer gar zu nüchternen Feier werden wir vielleicht uns selbst nicht gerecht. Denn Feiern heißt: von Kopf bis Fuß dabeisein, alle Sinne werden angesprochen, ohne daß wir uns in den geweckten Empfindungen verlieren. Das festliche Mahl der Familie wird sicher dazugehören: im eucharistischen Mahl sind wir mit Christus vereint. – Diese Gemeinschaft setzt sich fort im Miteinander-Essen (Agape) und in der Gastfreundschaft der Familie. Nicht die großartige Form oder der Pomp unterstreicht und vertieft den Festcharakter, sondern der Geist, in dem wir feiern, schenken und beisammen sind.

- Ein netter Blumenstrauß kann mehr wert sein als das Festmahl im Nobelhotel.
- Ein frohes Gesicht schafft mehr Atmosphäre als die Zahl der Torten.
- Der ruhige Ablauf des Tages wirkt nachhaltiger als die Größe und Anzahl der Geschenke.
- Nicht die Zahl der geladenen Gäste betont den Wert des Festes, sondern das versöhnliche und besinnliche Beisammensein von Menschen, die sich verbunden fühlen.

Im Mittelpunkt steht sicherlich das Kommunionkind, aber man sollte auch spüren, daß eine Familie getaufter Christen feiert, die auch im häuslichen Bereich Gott einen Platz zuweist: im Gebet, im Zeichen der Taufkerze, mit Gesten des Segnens, mit religiösen Bildern u. a.

Auch die Pfarrgemeinde wird um eine gefällige Gestaltung dieses Tages besorgt sein. Der Schmuck der Kirche, festliche Musik *(Chor, Instrumentalgruppen),* die Form der Liturgie machen deutlich: der Tag der Erstkommunion ist auch ein Festtag der ganzen Gemeinde. Die Gemeinschaft derer, die in den Gestalten von Brot und Wein an Christus Anteil haben, wird größer. Gegenüber den jungen Menschen wird sich erneut ihre Offenheit und Bereitwilligkeit bewähren müssen. Denn die Eucharistie ist nicht nur eine Gabe, sondern verpflichtet uns auch gegenseitig. Weil Kinder und nicht selbständige Erwachsene in die Eucharistie-Gemeinschaft aufgenommen werden, ist es sinnvoll, auch deren Familien einzubeziehen. Dadurch kann die enge Verbundenheit der ganzen Gemeinde mit den einzelnen Familien deutlicher hervortreten: Hauskirche und Pfarrgemeinde sind aufeinander bezogen, weil die Kinder beiden zur religiösen Erziehung anvertraut sind und dazu einander brauchen (vgl. Nr. 126).

53 *Erstkommunion in der Familie*

Barbara wurde vom Pfarrer zur Erstkommunion eingeladen. Ihre Eltern hatten sie oft in den Sonntagsgottesdienst mitgenommen und zu Hause mit ihr gebetet und von Gott erzählt. Sie meinten, Barbara könnte jetzt mit Sinn und Verstand auch die Kommunion empfangen. Deshalb meldeten sie ihr Kind an. Eine Gruppe von 8 Kindern kam jede Woche von September bis April zu den Katechesen, Gottesdiensten und anderen gemeinsamen Unternehmungen zusammen. Schon zu Weihnachten wurde in der Familie überlegt, wie das Fest der Erstkommunion gelingen könnte. Barbara war von Anfang an daran beteiligt – denn es ist *ihre* Erstkommunion. Die ganze Familie stellte sich auf das Fest ein: die Eltern wissen, daß sie durch ihr religiöses Leben dem Kind viel helfen für seinen Glauben. Barbara verspürt immer mehr, daß die Erstkommunion ein wichtiger Schritt in ihrem Leben ist. Während der Fastenzeit bereitete sich die Familie auf verschiedene Weise auf Ostern vor: durch den Besuch des Bußgottesdienstes, die Beichte, Fasten und Verzichten. Für das Fastenopfer Misereor wurde ein eigener Geldkasten bereitgestellt, den in diesem Jahr Barbara betreute. Sie forderte jede Woche einen Zins von DM 5.– ein.

Auch an die äußere Form des Festes wurde rechtzeitig gedacht. Mit einem netten Brief wurden die Gäste eingeladen *(Paten, Onkel, Tanten, Neffen und Freundin)*. Ein weißes Kleid wurde ausgesucht, weil sie auch so gekleidet sein will wie die ersten Christen, die bis zum Weißen Sonntag als Katechumenen das weiße Kleid trugen. Kerzenschmuck und Bücher wurden besorgt. Ihre Freundin bekam sogar einen Rosenkranz. Die Eltern suchten einen geeigneten Gastraum, stellten die Speisen zusammen und überlegten mit ihr den Schmuck der Wohnung und des Gastzimmers. Schon am Palmsonntag war alles fertig: das Fest hätte beginnen können. Karwoche und Ostern feierte die Familie mit der Pfarrgemeinde. Danach gab es noch einige schöne Ferientage. Nun kam der weiße Sonntag.

Die Familie steigt um halb sieben Uhr aus den Federn. Das Ankleiden und Frühstücken geht zügig über die Bühne, weil am Tag vorher schon alles vorbereitet war. Um acht Uhr kommen die ersten Gäste. Sie werden von Barbara besonders herzlich begrüßt. Es ist diesmal sogar eine Tante gekommen, die sie erst einmal gesehen hat. Es ist natürlich besonders interessant, neue Gäste kennenzulernen. Um halb neun Uhr geht die ganze Familie mit ihren Gästen zur Kirche. Die Kinder treffen sich in einem besonderen Raum des Gemeindehauses. In der Kirche finden sich außer den Gästen der Familie noch viele Mitglieder der Gemeinde ein. Es gibt Platzschwierigkeiten, aber man hat vorgesorgt: für die Kinder und ihre Eltern gibt es eigene Bänke. Für den Gottesdienst hat die Gemeinde allerhand aufgeboten: Herrlicher Blumenschmuck, viele brennende Kerzen, eine große Schar Ministranten, ein Chor, eine Kinderschola und eine Bläsergruppe umrahmen den Gottesdienst. Die Feier ist großartig. Alle fühlen sich einbezogen. Barbaras Vater trägt mit zwei anderen Eltern die Fürbitten vor. Ihr Bruder singt in der Schola mit. Nach dem Gottesdienst ist noch etwas Zeit für die ersten Kontakte der Verwandten und Freunde, die sich schon einige Monate nicht mehr gesehen haben oder sich noch gar nicht kennen. Ein kleines Getränk gehört auch dazu. Und Barbara kann die ersten Geschenke in Empfang nehmen und schon einmal hineinschauen. Onkel Gerhard schenkt ihr das Kinderbuch »Telat sucht den Regenbogen«; Tante Elisabeth gibt ihr Geld für das Sparbuch und von Opa bekommt sie ein wertvolles Poesiealbum. Es ist noch Zeit für ein Spiel mit Birgit und ihrem Bruder, während die Eltern und Verwandten noch allerhand miteinander zu reden haben. Um zwölf Uhr ist das Festmahl. Neben Barbaras Platz steht die brennende Taufkerze und auf einem Seitentisch die Kommunionkerze. Barbara trägt das Tischgebet vor und der Vater wünscht allen einen »guten Appetit«. Heute gibt es natürlich etwas Besonderes, aber das wird nicht verraten. Nach der Suppe packen zwei Neffen ihre Flöten aus. Sie haben einige Frühlingslieder eingeübt und spielen sie jetzt vor. Tante Hildegard erzählt dann von ihrer Erstkommunion. Sie findet, es wäre heute genauso schön wie damals. Die Gäste sind geschickt angeordnet, so ist das Essen begleitet von munteren Gesprächen und von Lachen. Am Schluß spielt noch der Vater einige Lieder am Klavier, auf der Geige von Barbaras Bruder begleitet. Das Essen dauert heute etwas länger als sonst. Es ist gut, sich Zeit dafür zu lassen.

Erst gegen zwei Uhr machen sich alle auf, um sich beim Spaziergang in kleinen Gruppen ein wenig die Füße zu vertreten. Um halb vier Uhr ist der Kaffee angesetzt. Natürlich gibt es für Barbara eine Schokoladentorte. Sie mag sie so gern. Nach dem Kaffee ist es Zeit für die Schlußandacht: alle Gäste gehen mit Barbara zur Kirche. Für den Wortgottesdienst haben die Kinder selbst etwas vorbereitet: zwei Lieder werden von einer Kindergruppe vorgetragen, eine Flötengruppe spielt einen Choral und zwei Buben sprechen die Gebete. Am Schluß dankt der Pfarrer allen, die sich um die Kinder bemüht haben: den Gruppenleitern, Eltern, Paten und der ganzen Gemeinde. Danach haben die Kinder noch Zeit für Spiele in der Wohnung, bis die Verwandten wieder nach Hause fahren. Der Tag klingt aus ohne Hektik. Am Abend kommt die Familie nochmals zusammen zum Gebet: »Wir danken dir, guter Gott, für den Tag, für das Geschenk deiner Liebe und für die Freude, die wir erleben durften. Wir bitten dich: schenke deine Gnade auch denen, die noch nicht den Weg zu dir gefunden haben.«

Vielleicht kann ein Erstkommuniontag so in der Familie gelingen. Aber es gibt noch viele andere Möglichkeiten für eine schöne Feier.

54 *Gebet*

Herr, erwecke Deine Kirche und fange bei mir an.
Herr, baue Deine Gemeinde und fange bei mir an.
Herr, laß Frieden und Gotteserkenntnis überall auf Erden kommen und fange bei mir an.
Herr, bringe Deine Liebe und Wahrheit zu allen Menschen und fange bei mir an.

4 Kinder erziehen

Betrachten wir doch das Leben unseres Kindes
nicht von der Sünde her und von möglicher Verfehlung,
sondern von den vielen Malen,
wo es freiwillig und spontan gut ist.

Marielene Leist

55 *Eltern achten auf die Bedürfnisse der Kinder*

Geltung und Anerkennung erfahren

einen ständigen Ansprechpartner haben

zu anderen gehören und beteiligt sein

seine Gefühle und Interessen ausdrücken

neugierig sein, fragen, erkunden

Sinn des Lebens erfahren und verstehen

56 *Erziehen*

Es wurde noch nie so viel über das Erziehen nachgedacht und geschrieben wie in den letzten zwanzig Jahren. Jeder muß den Eindruck bekommen: Erziehen ist ein besonderes Fach, das man gelernt haben muß; es gehört viel Sachverstand dazu. Dieser »Fortschritt« hat zwei bemerkenswerte Folgen:

– Die geborenen Erzieher, die Eltern, wurden verunsichert: sie mußten sich als Dilettanten vorkommen, die es lieber lassen sollten – und viele haben es gelassen.
– Die Kinder wurden zu Objekten der fördernden Bildungsplanung, von jüngsten Jahren an: der Umgang mit Kindern wird von Fernzielen des Erwachsenseins gelenkt. Kindsein ist *nur* Vorbereiten auf das eigentliche Menschsein als vollwertige Kraft der Gesellschaft; es hat wenig Eigenwert.

Dahinter steht eine Hektik, die nicht bei der Gegenwart bleiben will, sondern alles auf ferne Ziele und Zwecke des Tüchtigen, des Erfolgreichen, des Größeren hin bezieht. Im weiten Blick auf die Zukunft geht das verloren, was Kindsein ausmacht:

– sich ins zweckfreie Spiel versenken,
– bei einer Sache verweilen,
– sich von Erlebnissen faszinieren lassen,
– seiner Phantasie freien Lauf lassen,
– seine Gefühle ausleben,
– das Glück des Nichtstuns und Träumens empfinden.

Kinder geben sich der Gegenwart hin. Was ist dann Erziehen?

– Beim Kind anwesend sein,
– ihm Zeit schenken,
– an seinem Spielen teilnehmen,
– seine Gefühle annehmen,
– seinen Alltag beachten,
– sein Malen, Singen und Spielen anregen,
– Wege und Ziele für sein Tun aufzeigen.

Erziehen heißt:
sich einfühlen in die Erlebniswelt des Kindes und sein Spielen, Empfinden und Sich-Äußern anerkennen, seine Anlagen anregen und seine Interessen auf naheliegende Ziele hinlenken.

Anmerkung:
Liebe Leserin, lieber Leser! Beim Lesen der folgenden Texte könnten Sie vielleicht das Gefühl bekommen, daß wir Sie besserwisserisch darüber belehren wollen, wie man zu erziehen hat. Sollte dies eintreten, dann geben Ihnen die Autoren, die allesamt Kinder erziehen und dieses Gefühl kennen, folgenden Rat: Legen Sie das Buch auf die Seite! Durchstreifen Sie auf dem Fahrrad mit Ihren Kindern die Umgebung! Oder spielen Sie mit ihnen einige Partien »Mensch ärgere dich nicht«! Oder helfen Sie (wenn es erwünscht ist) beim Drachenbauen! Oder erzählen Sie den Kindern von Ihrem Tag und hören Sie ihnen dann auch zu! Dann tun Sie eines der wesentlichsten Dinge Ihres Lebens – sofern Sie es nicht sowieso schon tun.

57 *Das Herz der Kinder erfinderisch machen*

So wenig der Glaube durch den Verstand erschlossen wird, so wenig wird das Streben nach dem Guten durch die Sprache der Forderungen und Gebote grundgelegt. Was für unser Leben gut ist, das erkennen wir nicht zuerst durch logische Schlüsse des Verstandes. Das Gute ist ein Wissen des Herzens und des Spürsinns, das im täglichen Wachsen und Reifen des Menschen sich entfaltet. Der Verstand, der das konkret notwendige Tun erschließt, stützt sich auf die Gründe des Herzens, wenn er das eine vorzieht und das andere fallen läßt. Daß sich die Neigungen oder Urgewohnheiten, die das menschliche Leben auszeichnen, ausbilden können, ist die Hauptaufgabe der Erziehung im Kindesalter. Sie entwickeln sich vorwiegend über die *Erfahrung* und das *Nachvollziehen erlebter Handlungen.* Darin wird auch das aufgehoben und weitergegeben, was dem Sinn und Gefühl Ziel und Richtung gibt, aber noch nicht begrifflich und sprachlich entschlüsselt ist. Auf diesem Wege entfaltet sich und wächst allererst das *Wertempfinden* der Kinder. *Gustav Siewerth* meinte darum: Alle Gewissensbildung muß »darauf bedacht sein, das Herz der Kinder erfinderisch zu machen und in ihm die Freude tätiger, schenkender und empfangender Liebe zu erwecken.«

Erfinderisch, schöpferisch sein – das ist eine Sache, die so ähnlich gemeint ist wie das Wort von Augustinus: Liebe und tue, was du willst! Es tut sich hier die unendliche *Vielfalt* menschlichen Lebens auf. Wie könnten wir da genau bestimmen wollen, was gemeint ist? Jeder Versuch, dies genauer oder konkreter zu sagen, bedeutet immer auch eine Einschränkung der Vielfalt. Wenn wir es trotzdem versuchen, dann wäre stets zu bedenken: diese Erfahrungen könnten auch anders aussehen und haben doch auch das Gute im Blick. Nur bleiben wir auch unseren eigenen Vorstellungen gegenüber kritisch genug?

Das Wegweisende entwickelt sich nicht so sehr in den besonderen Entscheidungssituationen als in all den Handlungen, die den *Alltag* ausmachen. Darum sollen diese Wege auch auf der Ebene der Alltagserfahrung dargestellt werden.

Das Herz der Kinder wird erfinderisch durch

die Erfahrung, daß Eltern einen Teil ihrer *Zeit* ausdrücklich dem gemeinsamen Tun und Erleben mit den Kindern *widmen:* im Spiel, im Erzählen und Vorlesen, im Gespräch, im Gestalten des Wohn- und Lebensraumes, in den Sorgen mit der Schule und den Freunden, im Erkunden der Natur u. a.;

die Erfahrung, daß die Eltern den Kindern die *Realität* so vermitteln wie sie ist, sie vor falschen Freunden und Feinden warnen und ihren Glauben an das Leben stärken;

die Erfahrung, daß die Eltern Geduld haben, mit den Kindern *den Umgang mit den Dingen einzuüben,* ruhig und gesammelt zu sprechen und zu erzählen, was im Leben wichtig ist;

die Erfahrung, daß sich die Eltern mit Ruhe und Gelassenheit in die Sorgen, Ängste und Fragen der Kinder *einfühlen* und ihnen Anerkennung zollen;

die Erfahrung, daß die Eltern *sich über das Können ihres Kindes freuen,* auch wenn dies unscheinbar und unauffällig ist;

die Erfahrung, daß Eltern mit Sinn und Verstand die Wirklichkeit begreifen und verstehen wollen, aber *offenbleiben* für das Unerwartete und Geheimnisvolle;

die Erfahrung, daß Eltern mit Sorgfalt und Liebe, aber ohne übertriebenen Ehrgeiz und Ordnungssucht an der *Gestaltung der alltäglichen Umwelt* arbeiten und Wohnung, Haus, Spielraum schmücken;

die Erfahrung, daß Eltern für das Leben von Tieren, Pflanzen und Blumen *Sorge tragen* und auch ihren Lebensraum pflegen;

die Erfahrung, daß Eltern *offen sind* für Mitmenschen, sich in die Situationen anderer einzufühlen und andere zu unterstützen bereit sind;

die Erfahrung, daß Eltern sich den Menschen und Dingen *zuerst geduldig und aufmerksam zuwenden,* bevor sie etwas unternehmen;

die Erfahrung, daß für Eltern eine gute und freundliche Nachbarschaft und kameradschaftliches Spiel ebenso wichtig sind wie Komfort und berufliches Fortkommen;

die Erfahrung, daß die Eltern *alles hinter ihnen Liegende* in gesammelter und bestätigender Atmosphäre *besprechen;*

die Erfahrung, daß die Eltern im Streit miteinander auch viele Wege der *Versöhnung suchen* und finden;

die Erfahrung, daß die Eltern durch Erzählen und Vorlesen guter Geschichten und Märchen *die Ahnung des Kindes mit Bildern erweitern,* die ihm eine tiefere Sicht der Dinge vermitteln;

die Erfahrung, daß die Eltern auf *gesammelte, friedvolle und schöne Formen des Zusammenseins* in der Familie achten (miteinander essen, feiern, sprechen, betrachten);

die Erfahrung, daß ...

58 Hören lernen

- *Die Kinder sind ganz still, schließen die Augen und versuchen alle Geräusche um sie herum wahrzunehmen. Nach fünf Minuten sagt jedes Kind, was es gehört hat.*
- *Zwei Kinder sitzen mit verbundenen Augen Rücken an Rücken. Der Gruppenleiter läßt verschiedene Gegenstände zu Boden fallen, z. B. einen Bleistift, ein Blatt, ein Buch, eine Gabel, einen Legostein. Die Kinder versuchen, den Gegenstand zu benennen.*
- *Die Kinder hören einem kurzen Musikstück zu.*
- *Wenn man miteinander singt, muß man aufeinander hören.*
- *Wir verfolgen miteinander auf einer stillen Bank das Rauschen der Bäume, das Zwitschern der Vögel, das Plätschern des Wassers an einem Bach.*
- *Wir legen uns auf den Waldboden, drücken ein Ohr ins Laub und halten das andere leicht zu. Dann lauschen wir den Tönen der Erde.*
- *Die Kinder erleben, daß* ihnen *Eltern und Erzieher zuhören.*

59 Wenn mein Vater mit mir geht

Wenn mein Vater mit mir geht,
dann hat alles einen Namen,
Vogel, Falter, Baum und Blume.
Wenn mein Vater mit mir geht,
ist die Erde nicht mehr stumm.

Kommt die Nacht und kommt das Dunkel,
zeigt mein Vater mir die Sterne.
Er weiß, wie die Menschen leben,
weiß, was recht und unrecht ist,
sagt mir, wie ich werden soll.

Josef Guggenmos

60 *Die Igelmutter und ihre Kinder*

Einmal im Sommer wollte eine Igelmutter mit ihren vier Igelkindern über eine Landstraße laufen. Auf dieser Landstraße fuhren viele Autos schnell hin und her. Die Menschen in den Autos wollten nach Hause zum Abendbrot, sie wollten ganz schnell ins Kino, und sie wollten einen Onkel besuchen.

In einem Auto, das auf der Landstraße fuhr, saß Peter mit seinem Vater. Die beiden wollten zum Bahnhof und eine Tante abholen. Peter sah, daß die Igelmutter mit ihren Kindern auch über die Landstraße wollte. Das sagte er seinem Vater, und der konnte sein Auto gerade noch anhalten. Der Vater stieg aus dem Auto, und Peter stieg auch aus. Sie wollten die Igel ganz genau sehen.

Die Igelkinder liefen noch langsam.

Und es kamen schon wieder ganz schnelle Autos! Damit sie die Igel nicht totfuhren, hielt der Vater sie an. Er stellte sich auf die Landstraße und machte beide Arme ganz breit. So wie die Polizisten das machen, und das heißt: Halt!

Die anderen Autofahrer hielten auch an. Manche schimpften zuerst, aber als sie die Igel auf der Landstraße sahen, da freuten sie sich.

Inzwischen hatten zehn Autos gehalten. Jeder lief zu ihnen hin und sagte den Fahrern, daß die Igel erst über die Landstraße müßten. Da vergaßen die Fahrer, daß sie eigentlich schnell weiter wollten. Sie stiegen aus und sahen sich an, wie die Igel da liefen.

So kam es, daß an diesem Tag manche Leute zu spät zum Abendbrot kamen, zu spät ins Kino gingen und zu spät bei dem Onkel waren. Der Vater und Peter kamen zu spät zum Bahnhof. Die Tante wartete schon. Aber das machte ja nichts. Die Igelmutter war mit ihren vier Igelkindern gut über die Landstraße gekommen.

Elisabeth Stiemert

61 *Freundschaften unterstützen*

Das Erlebnis von und das Bemühen um Freundschaft mit Gleichaltrigen ist für das Kind von unschätzbarer Bedeutung. »Die Kinderfreundschaft ist die Schule der Liebe« *(W. Stekel)*. Aber nicht nur das. Freundschaft ist auch ein Grundzug im christlichen Leben. In verschiedenen Formen wird Freundschaft zum Ausdruck und zur Erfahrung des Glaubens: als Zuwendung und Hilfe füreinander, als Sorge um das Leben anderer, als Erfahrung der Liebe Christi und zu Christus, als Zusammengehörigkeit der Vielen in der Kirche. In der Freundschaft der Kinder wachsen viele Verhaltensweisen, die zur Nächstenliebe gehören. Das Kind erfährt, daß es einem anderen verbunden sein kann, der aus einer anderen Familie kommt; es teilt sich einem anderen mit und entdeckt Möglichkeiten zu neuen Beziehungen; es hört auf den anderen und fühlt mit ihm; es lernt anschaulich und unmittelbar das Schicksal anderer kennen. Die Kinder üben sich auf ihre Weise darin ein, auf den anderen einzugehen und sich einzustellen auf ihn, mit ihm die Welt zu erkunden und die Zeit zu nutzen. Freundschaften verlaufen nicht ohne Spannungen, sie sind darum eine Chance, aus einfachen Konflikten heraus sich wieder versöhnen zu können. Die Kinder lernen, daß Zugehörigkeit nur dann erlebt wird, wenn wir aufeinander Rücksicht nehmen und die Gemeinsamkeit nach den eigenen Fähigkeiten abstecken. Sie erfahren direkt, daß eine Beziehung nicht immer glatt verläuft, sondern Formen braucht, in denen Menschen wieder zueinander finden (z. B. sich entschuldigen). Sie lernen diese Dinge *in der konkreten Beziehung* besser als durch die Belehrung der Eltern.

Kinder sehnen sich nach Freunden. Das ist ihnen wichtiger als vieles andere, weil sie nicht fernen Zielen nachrennen, sondern die Beziehungen des Augenblicks ausschöpfen wollen. Eltern können nichts Besseres tun, als die Kontaktsuche offen und tatkräftig zu unterstützen. Da sich heute die Kinder nicht mehr auf freien Plätzen oder auf großen Höfen zusammenfinden können, wird die *Wohnung* zum zentralen Ort der Kontaktaufnahme und zum Erlebnisort der Kinderfreundschaften. Angesichts der Bedeutung dieser Freundschaften für die humane Entwicklung unserer Gesellschaft wird das

Durcheinander in der Wohnung, der Schmutz vom vielen Heraus- und Hineinrennen und der Lärm beim Spielen aufgewogen. Wo sonst sollten in unserer Gesellschaft Freundschaften sich entfalten können, wenn nicht dort, wo die Türen offenstehen?

Die Kinder sollten ihre Freunde *selbst* suchen. Bedenken sind im Kindesalter selten angebracht. Auch die Gestaltung dieser Beziehung ist Sache der Kinder: sie finden schon ihre eigenen Formen, wenn sie ungestört bleiben können. Hilfe ist dort sinnvoll, wo das Kind sein Anliegen direkt bei den Eltern anmeldet und so – mehr oder weniger ausdrücklich – um Rat nachsucht. Wenn Eltern den Freunden häufiger Raum und Zeit lassen, haben sie auch einmal das Recht, einen Tip zu geben, wie man sich verhalten könnte und den Kindern da und dort Ideen für ihr Spiel mitzuteilen.

Manchmal wollen Kinder einen anderen regelrecht als *Besitz* in Beschlag nehmen. Bei den Kindern heute ist dies sogar nicht selten. Es ist oft ein Ausgleich für den Mangel anderer Beziehungsmöglichkeiten. Eltern können ein wenig steuern, indem sie auf andere Kinder aufmerksam machen und ihr eigenes Interesse am Kontakt mit ihnen bekunden. Denn der Gesichtskreis und die Kontaktbereitschaft des Kindes sollten sich langsam weiten.

In der Kindergruppe der 9- und 10jährigen spielt das *Wir-Gefühl* eine größere Rolle als bei den Jüngeren. Sie brauchen es auch als stärkende Erfahrung für die Auseinandersetzung mit den Eltern und Gruppenleitern, denen sie nicht mehr so stark anhangen wie in den jüngeren Jahren. Dann bringt die Gruppe selbst auch einige Probleme mit sich: Beliebtheit und Rangplätze werden zum Maßstab des Lebens. Eltern und Erzieher können hier schon einiges steuern, wenn sie aufmerksam die Kontakte der einzelnen zueinander beobachten. Ein Kind, das abgelehnt wird, läßt sich stärker in das Gruppengeschehen einbeziehen, wenn der Erzieher sich ihm besonders zuwendet und seine Wertschätzung des Kindes (ohne Übertreibung) gegenüber der Gruppe auch ausdrückt. Meist sind auch Kinder da, die keine Beachtung finden, weil sie gehemmt sind, keine tollen Einfälle haben und sich nichts zutrauen. Der Gruppenleiter kann ihnen Mut machen, aus sich herauszugehen und anderen zu antworten. Das gemeinsame Tun *(singen, spielen, basteln ect.)* unterstützt die Zusammengehörigkeit der Gruppe. Erzieher können sich auch ähnlich verhalten wie in folgendem Fall: Ein Mädchen kam neu in die Klasse. Es blieb still und unbeachtet. Die Kinder merkten nicht viel von ihm. Im Anschluß an ein Gespräch mit einigen Eltern, in dem die Problematik des Kindes zur Sprache kam, gab ein Vater den Impuls an seine Tochter, doch auch dieses neue Mädchen einmal zum Spielen einzuladen. Für das nichtbeachtete Kind änderte sich daraufhin vieles.

62 *Jan findet einen Freund*

Jan war mit seinen Eltern umgezogen. Er wohnte jetzt in einem Hochhaus, oben im zehnten Stock. Vom Balkon aus konnte er weit über die Dächer der Stadt schauen, jedenfalls, wenn er nach rechts oder nach links guckte. Gegenüber war der Blick verbaut. Dort stand ein anderes Hochhaus.

Jan gefiel es überhaupt nicht in der neuen Wohnung. Es war zwar genug Platz, und er hatte sogar sein eigenes Zimmer. Aber ihm fehlte jemand, mit dem er darin spielen konnte. Seine Freunde hatte er beim Umzug zurücklassen müssen. Nun war er ganz allein. Hinter dem Haus lag zwar ein Hof. Doch die Kinder, die dort spielten, kamen Jan alle viel zu groß vor, und er fürchtete sich vor ihnen.

Eines Tages stand er wieder einmal trübsinnig auf dem Balkon und hielt Ausschau: nach rechts über die Dächer, nach links über die Dächer. Schließlich fing er an, die Stockwerke auf der anderen Straßenseite zu zählen. Eins, zwei, drei, vier, fünf, sechs . . . Bei sieben hörte er auf zu zählen. Denn auf dem Balkon im siebten Stockwerk öffnete sich die Tür, und ein Junge tauchte auf. Ein Junge in Blue jeans und mit einem Ringelpulli – und dieser Junge war nicht größer als Jan!

Der Junge sah Jan an, und Jan sah den Jungen an. Dann lachte der Junge, und Jan lachte zurück.

»Wie heißt du?« rief Jan.

Der Junge zuckte mit den Schultern und bewegte den Mund. Jan verstand kein Wort, die Entfernung war zu groß. Aber sie konnten sich wenigstens gegenseitig ihr Spielzeug zeigen. Der Junge holte ein rotes Auto, Jan seinen großen Bagger. Der Junge zeigte eine Lokomotive und ein Bahnwärterhaus, Jan seine Schiffe und seine Ritterburg. Und so ging es weiter bis zum Mittagessen.

Nach dem Essen wollte Jan gleich wieder auf den Balkon laufen.

Doch die Mutter sagte: »Komm, zieh deine Jacke an, wir müssen zum Einkaufen gehen.«
Das gefiel Jan gar nicht. Mißmutig trottete er neben der Mutter zum Lift. Unten aber machte er wieder ein vergnügtes Gesicht. Denn als sie aus der Haustür traten, da öffnete sich auch die Tür vom Haus gegenüber und heraus kam eine Frau mit einem Jungen in Blue jeans und einem Ringelpulli. Der Junge winkte, und Jan winkte und dann rannten sie aufeinander zu.
»Ich heiße Jan«, sagte Jan.
»Ich heiße Thomas«, sagte der Junge, und beide lachten und freuten sich.
Von da an spielten Jan und Thomas jeden Tag zusammen, bei Thomas mit dem roten Auto und der Eisenbahn, bei Jan mit dem Bagger, den Schiffen und der Ritterburg. Jan hatte endlich wieder einen Freund.

Irina Korschunow

63 *Geschwister: Miteinander auskommen*

Geschwister zu haben, ist für jedes Kind ein Vorzug. Im täglichen Zusammensein mit älteren oder jüngeren Geschwistern haben Kinder eher die Möglichkeit, ihre kindliche Welt aufzubauen und ihre eigenen Formen des Spielens, des Redens und des Austausches zu entfalten, als im Gegenüber zu den Erwachsenen. Es gelingt ihnen, ihre eigene Gemeinschaft mit eigenen Rollen und Zielen zu finden: jeder reiht sich auf einen bestimmten Platz ein, erlebt Gemeinsamkeiten und Unterschiede und trägt zur Zusammengehörigkeit aller bei. Das sind *Grundformen des mitmenschlichen Verhaltens,* die über die Familie hinaus Geltung haben. Im gemeinsamen Spiel üben sie das im voraus ein, was in der Gesellschaft der Erwachsenen ihnen vorgelebt wird *(z. B. Sorge oder Aggression, Gemeinsamkeit oder Vereinzelung).* Sie spielen in eigener Rollenverteilung die Erfahrungen und Probleme des Haushaltes durch, die sie alltäglich berühren. Indem sie Positionen übernehmen, entwickeln sie ihre eigenen Fähigkeiten; sie beobachten andere und entschlüsseln für sich deren

Verhalten; sie versetzen sich in andere Rollen hinein und stecken ihr Feld neu ab; sie lernen zusammenzuarbeiten in einem gemeinsamen Tätigkeits- und Erfahrungsfeld. Eine Voraussetzung dafür ist allerdings, daß die Eltern ihnen eine relative Eigenständigkeit in der Gestaltung ihrer Zeit und ihres Spiels (soweit dies sinnvoll geschieht) einräumen. Obgleich die Kinder viel Freiraum brauchen, sollten wir sie dennoch nicht sich selbst überlassen. Zwischen den Geschwistern entwickeln sich *Konflikte,* in die auch ungewollt die Eltern hineinverwickelt sind. Darum sollten sie sich auch bedächtig an der Regulierung beteiligen. Erste Kinder haben vielleicht lange Zeit die ganze

Aufmerksamkeit der Eltern auf sich gezogen. Dann fällt es dem Kind auch schwer, das jüngere zweite zu akzeptieren: es wird nicht mehr als einziges geliebt; darum fühlt es sich hintangesetzt und reagiert sehr sensibel auf jede Art angeblicher Übervorteilung. Auch Grundschulkinder tun sich darin noch schwer. Manche Wutanfälle und Versuche, das jüngere Kind vom Spiel auszuschließen, haben darin ihren Grund. Das ältere Kind braucht darum die behutsame Hilfe der Eltern, die es in seiner Eigenart bekräftigen und gleichzeitig für das gemeinsame Spielen der Kinder sorgen.
Auch das kleinere Kind hat einen schweren Stand gegenüber dem größeren: es will mithalten oder es den älteren gar gleichtun. Dabei überschätzt es sich manchmal, zieht sich bedrückt zurück oder wird

aggressiv gegen die anderen. Schwächere Kinder wollen dann von den Eltern verwöhnt werden.
Solche Konflikte sind aus der *Spannungssituation* zu verstehen, die jedes Kind für sich erst bewältigen muß. Wir tun dem Kind nichts Gutes, wenn wir sagen: »Du bist böse!« Ein solches hartes Wort trifft auf kein Kind zu. Denn es ist nicht böse und will es auch nicht sein; es weiß nur keinen anderen Weg, sich selbst zu behaupten. Aber es soll lernen, mit den anderen auszukommen und auch erfahren, wo es danebengegriffen hat. Wir sollten deshalb immer im konkreten Fall dem Kind sagen, wieso sein Verhalten falsch war und wie es anders sein könnte. Die Einwände des Kindes sind dann eigentlich nur Versuche, sich zu vergewissern, ob der von den Eltern aufgezeigte Weg auch gut ist.
Das Streiten der Kinder hat auch etwas mit Gott zu tun. Es kann aber eigentlich nicht darum gehen, das »böse Kind« vor Gott anzuklagen oder das Empfinden von Sünde bei jedem Streit zu verstärken. Die ersten Worte sollten immer dem Verständnis und der Lösung des anstehenden Streitfalles gelten. Denn es geht darum, daß das Kind über sich selbst nachdenkt und seine Umwelt besser versteht. Es wird auch überlegen, wie es anders sein kann. Gott will, daß es anders wird: daß die Menschen einander beistehen statt sich zu bekämpfen. Gott anerkennt jeden in gleicher Weise. Daß wir uns miteinander aussöhnen, dazu ist unser Leben von Gott eingerichtet. Wir wenden uns an ihn mit dem Eingeständnis, daß wir das noch nicht können. Dieses Eingeständnis hilft auch, die Dinge klarer zu sehen. Wir bitten Gott um die Hilfe, daß wir uns besser miteinander versöhnen können. Solche Gedanken könnten wir sowohl im Gespräch mit dem Kind entfalten und ihm dadurch eine Hilfe für das Schuldbekenntnis geben, als auch ins Abendgebet hineinnehmen.
Guter Gott. Heute war Marcel wieder recht störrisch. Er war beleidigt, weil er seiner großen Schwester das neue Mäppchen nicht gegönnt hat. Aber sie braucht es doch. Marcel wird auch eines bekommen, wenn es notwendig ist. Das Streiten war gar nicht schön. Aber Marcel wird alles bald besser verstehen. Hilf du ihm dabei, guter Gott. Und hilf auch Barbara, ihren Bruder besser zu verstehen, wenn er sich benachteiligt fühlt. Du verstehst uns und verzeihst uns, wenn wir nicht richtig miteinander auskommen. Wir danken dir dafür. Amen.

64 *Gebote – Verbote – Gehorsam*

»*Kinder haben gehorchen zu lernen.*« Dieser Satz war einmal das Erziehungsprogramm einer Zeit und dann das große Schreckbild. Im ersten Falle hatte der Gehorsam sicher ein zu großes Gewicht; und die Erziehung zielte am Ende nur auf den angepaßten, sich allem fügenden Menschen ab. Gehorsam können wir in der Erziehung nicht mehr fordern, ohne die Fragen zu stellen: *Wozu ist es gut, daß das Kind gehorcht?* Wofür verlangen wir von ihm ein bestimmtes Verhalten? Im zweiten Falle überließ man häufig die Kinder ihren eigenen Erfahrungen und damit auch Aufgaben, zu deren Lösung sie weder Mittel noch Fähigkeiten hatten. Kindern soll ein Spielraum für ihr Empfinden und Handeln gegeben werden, d. h. nicht jede Bosheit der Kinder sollte mit hartem Eingreifen oder Bestrafen beantwortet werden. Aber wenn sie alles und jedes erst selbst durch eigene Erfahrung finden sollen (weil wir nicht »autoritär« sein wollen), werden sie *überfordert;* und ihre Gefühlskräfte werden von diesem Lernprozeß aufgebraucht. »Der Erziehung ist in dieser Zeit die schwierige Aufgabe gestellt, den fördernden Ausgleich zu finden, mit dem es gelingt, weder die Antriebe des Kindes zu schwächen oder zu verprellen noch das Kind in die Zwangsjacke einer sozialen Gehorsamsmoral zu zwängen, aus der es eines Tages entweder ausbrechen oder in der es sich verklemmen wird« *(H. Roth).*

Das Kind soll *aufgrund eigener Erfahrung* verschiedene Situationen *einschätzen lernen.* Das gelingt ihm nur, wenn es ohne Ängstlichkeit aktiv werden und verschiedenes ausprobieren darf. Dadurch entfaltet sich der Antrieb, sich in die Welt und ihre Zusammenhänge hineinzufinden. Die Freude am Spielen sollte ihm nicht durch einen Schwall oder starken Druck von Verboten genommen werden. *Sein Interesse* an einer Sache sollten wir zuerst *wahrnehmen (»Du wolltest gerne mit Tanja spielen.« »Ihr wolltet euch wieder einmal so richtig austoben.« »Du hast etwas ganz dringendes auf dem Herzen und willst gleich damit herausplatzen.«).* Das Kind kann so verspüren, daß es verstanden und seine Interessen durchaus bejaht werden.

Aber auf seinem egoistischen Standpunkt vermag das Kind weder die Folgen seines Handelns zu übersehen, noch in ausreichender Weise auf die Rechte des anderen Menschen zu achten. Darum braucht es auch deutliche und konkrete *Verbote und Gebote,* mit denen wir sein

Verhalten steuern und auf bestimmte Regeln ausrichten (»*Aber wir wollen jetzt miteinander essen!*« »*Und jetzt kannst du kein Brot haben, weil wir erst aufräumen müssen.*« »*Es ist unfreundlich, einem anderen mitten ins Wort zu fallen.*«*)*. Sie sind nicht bloß »ein äußerster Notbehelf«.

Hin und wieder sollten wir uns schon die Mühe machen, den Kindern unsere Gebote und Verbote zu erklären – im Grundschulalter zumal; es muß ja nicht immer zusammen mit dem Aussprechen des Verbotes geschehen. *Mit unseren Gründen und Erklärungen helfen wir dem Gewissen des Kindes.* Kleinere Kinder befolgen die Anweisungen, weil sie die Zuneigung der Eltern erhalten und ihre Ablehnung vermeiden wollen. Auf dieser Stufe sollten sie aber nicht stehenbleiben, weil sie dann in ihren Verhaltensweisen von Personen abhängig bleiben. In der Grundschulzeit können wir dem Kind zu einem höheren Verständnis seines Handelns verhelfen: es soll ihm bewußt werden, *was Regeln für unser Zusammenleben bedeuten.* Allgemeine Gebote helfen ihm wenig, weil sie das Kind noch nicht auf konkrete Situationen übertragen kann. Wenn es aber an den verschiedenen Stellen unseres Zusammenlebens Regeln erfährt und erkennt, bildet sich bei ihm auch ein übertragbares Regelraster aus. Außerdem bestärken wir es darin, auf die konkreten Situationen zu achten, in denen diese Regeln ihren Sinn haben. Später braucht es ja diese Aufmerksamkeit, um zu erkennen, wo und wie es Verantwortung hat. Auf solchen situationsbezogenen Regeln sollten Erzieher auch beharren. Ab und zu ein energischer Ton wird dem Kind nicht schaden, solange es sich akzeptiert fühlt. Man sollte aber auch bedenken: *Verbote und Gebote werden dem Kind wirklich nur dann helfen und von ihm übernommen, wenn die Gefühlsbeziehungen zwischen Eltern und Kind, zwischen Erzieher und Kind im übrigen von Liebe und Zuneigung geprägt sind.*

65 *Schon dreimal verboten*

»Ich habe es dir schon dreimal verboten!« grollt der Vater und packt den kleinen Tim hart am Arm und geht mit ihm hinaus. Draußen hört Mario seinen Bruder bitterlich weinen. Bestimmt hat er Schläge bekommen. Die Erwachsenen sind seltsam, denkt Mario.
Im Wald ist das Rauchen verboten – Vati raucht seine Zigarette beim Spazierengehen.
An der Straße steht ein Schild: Überholverbot – Vati tritt aufs Gaspedal und überholt den alten VW.
»Hebe das Schokoladenpapier auf!« sagt Vati. – Dann geht er weg, steckt sich eine Zigarette an und wirft die leere Schachtel fort.

Rolf Krenzer

66 *Nicht mit Geboten allein...*

Die Kinder wollen sich zurechtfinden und sich selbst richtig einschätzen: in der Begegnung mit anderen Menschen und im Umgang mit den Dingen. Gebote und Verbote allein genügen dafür nicht. Denn Kinder sollen nicht nur bestimmte Dinge unterlassen, sondern auch immer mehr erfahren, worauf es in den verschiedenen Situationen des Alltags ankommt und wie wir miteinander menschlicher und freundlicher umgehen können.

- Kinder sind nicht Objekte unserer Befehlshandlungen, sondern eigenständige Wesen, die nach ihrem jeweiligen Verständnis die Situation einschätzen und nach den Maßstäben handeln, die sie in sich aufgenommen haben. *Die Erwachsenen sind ihre Partner:* sie verfügen nicht über sie, sondern unterstützen ihren Drang, ihren eigenen Platz und ihre Möglichkeiten auszukundschaften, und klären mit ihnen Mißlungenes und Unbekanntes.
- Kinder erfahren mehr, wenn sie Lösungen in einem komplizierten Fall selbst finden können und wir ihnen *als Berater* mit Vorschlägen zur Verfügung stehen *(z. B. »Du kannst deiner Freundin ja auch sagen, daß sie dir wehgetan hat.«).*

• Kinder überblicken nicht alles. Sie brauchen an vielen Stellen konkrete Hinweise, wo ihre besondere Aufmerksamkeit und wie diese gefordert ist *(z. B. Grüßen, zu Hilfe kommen, Grenze ihres Spielraums, Sauberkeit).* Eltern können ihnen zu verstehen geben, wie wichtig solche Situationen sind und worauf es dabei ankommt.

• Orientierung finden Kinder auch, wenn wir ihnen *Mut machen.* Vieles gelingt ihnen, vieles machen sie gut. Lob und Anerkennung für das Gute und das Gelungene bekräftigt ihren richtigen Weg *(»Ich freue mich, wie nett du heute zur Tante warst.«).*

• Kinder lernen sich besser orientieren, wenn wir sie auch *auf ihre Bedürfnisse ansprechen* und ihr Interesse auf bestimmte Dinge hinlenken und es anregen *(z. B. Gestaltung des Essens, der Gespräche).*

• Die Kinder wachsen erst allmählich in das »System« von Regel und Formen hinein, die im alltäglichen Umgang ohne weitere Gründe einfach erwartet werden. Was von ihnen erwartet und gefordert wird, müssen wir ihnen immer wieder *geduldig zeigen.* Es gelingt ihnen nicht alles auf einmal.

• Kinder lernen nicht so schnell wie wir es erwarten. Sie lernen auch nur das, was sie wirklich können. Darum sollten wir sie auch *nach ihrem Können fragen (»Kannst du das?«),* wenn wir von ihnen etwas erwarten oder fordern.

• Wir machen es uns meist zu einfach, wenn wir auf ein Tun des Kindes sofort entschieden oder barsch reagieren. Wir übergehen dabei die Empfindung des Kindes, das vielleicht in einen Kummer oder in eine Schwierigkeit verstrickt ist. Wir regen dann nur »feindliche« Gefühle an. Das Kind sollte *seinen Kummer aussprechen können.* An der Wurzel, wo die Wut oder der Schmerz herkommt, befindet sich meist ein anderes Problem als der Ungehorsam.

• Ihrer geringen Erfahrung können wir auf die Beine helfen, wenn wir ihnen öfters *unser Verhalten erklären* oder mit ihnen über ihr eigenes Verhalten, Fühlen und Denken sprechen. Solche Gespräche regen immer wieder ihr eigenes Verantwortungsbewußtsein an. Sie überblicken dann leichter die Zusammenhänge zwischen den Menschen und ihre eigenen Reaktionen.

• Damit das Kind seine Welt realistisch sehen lernt, sollten wir es immer wieder mit den *Folgen seines Tuns* vertraut machen. Und wenn es keine schlimmen Folgen gibt, soll es diese auch selbst erleben. Die elterliche Strafe allerdings ist keine »natürliche« Folge.

• Die eindringlichste »Botschaft« der Eltern ist *ihr eigenes Vorbild.* Das Kind nimmt sich den Menschen zum Vorbild, der es am meisten bewegt. Dies geht allein vom Kind aus – Eltern können dieses Vorbild-Nehmen nicht steuern. Sie sollten sich darum gegenüber den Kindern nicht zu besonderem Auftreten gezwungen sehen. Kinder durchschauen unechtes Verhalten schnell. Wirklich echt ist eher das Eingeständnis von Eltern, sich einmal daneben benommen zu haben.

• Noch wichtiger als Verbote und Gebote sind die *Anregungen,* die wir unseren Kindern beim alltäglichen Zusammensein geben. Wir können ihren Sinn dafür schärfen, zu erkennen, was für das Kind selbst und für andere notwendig, nützlich und erfreulich ist.

• Vom *Stil unseres Umgangs miteinander* hängt sowohl der Erfolg als auch das Ziel der Erziehung ab: »Es ist paradox, aber wahr, daß Eltern durch den Gebrauch der Macht an Einfluß verlieren und durch Aufgabe ihrer Macht oder die Weigerung, sie auszuüben, mehr Einfluß auf ihre Kinder haben werden« *(Thomas Gordon).* Erziehung ist keine Machtfrage, sondern Aufbau einer menschlichen Welt, in der auch das Kind die Gerechtigkeit erfährt, die ihm gebührt. Dies zeigt sich auch in der Wahl unserer Worte.

67 Lügen

Lügen heißt: bewußt Falsches aussagen oder einen Sachverhalt entstellen, um einen anderen zu täuschen oder sich einen Vorteil zu verschaffen. Manches sieht bei Kindern nach einer Lüge aus, ist aber keine Lüge. Kleinere Kinder – bis ins Schulalter hinein – *verwechseln* manchmal Wünsche mit der Wirklichkeit, Einbildungen mit äußeren Erfahrungen. Weil hier *keine Absicht* vorliegt, braucht es nur eine Verstehenshilfe – auf keinen Fall eine Mahnung oder gar Strafe. Ein Grundschulkind aber weiß fast immer, wann es einen Sachverhalt bewußt anders darstellt. Es hat auch Beweggründe für seine Lüge: Angst vor einer Strafe – sich einen Wunsch erfüllen – Angeberei, um sich Geltung zu verschaffen – die Eltern nicht beunruhigen wollen. Wenn Eltern eine Lüge entdecken, sind weder körperliche Strafen noch eine allgemeine Verurteilung des Kindes *(»du bist ein Lügner!«)* sinnvolle Reaktionen. Es hilft auch nicht, einfach darüber hinwegzusehen, weil das Kind die Folgen seiner Handlungsweise begreifen muß: andere hinters Licht führen oder sich auf unehrliche Weise etwas zu verschaffen, stört das Vertrauen. Das Versagen eines Wunsches als Wiedergutmachung macht ihm diesen Schaden spürbar.

Lügen sind auch *ein Signal* für die Eltern. Das Kind beschreitet den Weg der Unaufrichtigkeit, weil ihm Wichtiges versagt ist: es kann sich bei den Eltern nicht offen aussprechen, weil es immer wieder unliebsam angefahren wird. Es macht sich größer, weil es an Selbstvertrauen und Bestätigung durch die Eltern mangelt. Es möchte mehr beachtet werden. Es will Erwartungen der Eltern entsprechen, obwohl sie zu hoch sind. Wenn es unbedingt auf Anschluß an Gleichaltrige aus ist, macht es auch dort übliche Verhaltensweisen mit. Aber auch die kleinen Unaufrichtigkeiten der Erwachsenen im Alltag sind eben für die Kinder Muster zum Nachahmen. Die größte Wirkung für ihr Lernen hat eben das alltägliche Verhalten der Erwachsenen, das die Kinder aufmerksamer wahrnehmen als wir vermuten. Weil es für das Kind manchmal schwer ist, zur unangenehmen Wahrheit zu stehen, braucht es auch unsere Ermutigung und unser Lob. Erziehen ist nicht nur Korrektur des Verhaltens, sondern auch Ermutigung im Guten.

68 *Von Vater und Mutter*

In meinem dritten Schuljahre hatte ich eines Tages einem armen Handwerker in unserer Straße mit meiner Schleuder ein Fenster eingeworfen. Der Mann lief zu meinem Vater, erzählte ihm meine, wie er glaubte, absichtlich begangene Tat und fügte noch hinzu, daß ich auch außerdem ein Tunichtgut und Straßentyrann wäre. Als am Abend mein Vater mir dies alles wieder berichtete und auf ein Geständnis drang, war ich über den Ankläger so empört, daß ich auch den unbestreitbaren geschehenen Fensterschuß hartnäckig leugnete. Ich wurde ungewöhnlich hart gezüchtigt und glaubte nun vollends, meinen Trotz nicht brechen lassen zu dürfen. So verhielt ich mich einige Tage scheu und feindselig, während mein Vater schwieg und ein Schatten auf dem ganzen Hause lag.

In diesen Tagen war ich unglücklicher als jemals zuvor. Nun mußte mein Vater für eine Woche verreisen. Als ich an jenem Tag aus der Schule kam, war er schon abgereist und hatte ein Brieflein für mich dagelassen. Nach Tisch begab ich mich in die oberste Bodenkammer und öffnete den Brief. Ein schönes Bild fiel heraus und ein Zettel von der Hand des Vaters:

»Ich hatte dich für ein Vergehen gestraft, das du nicht gestanden hast. Hast du die Sache dennoch begangen und mich also angelogen, wie soll ich dann noch mit dir reden? Ist's anders, dann habe ich dich im Unrecht geschlagen. In einer Woche, wenn ich wiederkomme, sollte doch einer von uns dem anderen verzeihen können. Dein Vater.«

Den ganzen Tag lief ich beklommen und erregt mit dem Zettel in Haus und Garten herum. Dieses Wort von Mann zu Mann erfüllte mich mit Stolz und Reue und traf mich im Herzen, wie kein anderes Wort es hätte können. Am nächsten Morgen kam ich mit dem Blatt ans Bett meiner Mutter, weinte und fand keine Worte. Darauf ging ich im Haus umher wie nach einer langen Abwesenheit; alles war so alt und neu, war mir wiedergeschenkt und von einem Bann erlöst. Abends saß ich seit langer Zeit zum ersten Mal bei der Mutter zu Füßen und hörte sie erzählen wie in den Kleinkinderjahren. Es kam so süß und mütterlich von ihrem Munde, aber was sie erzählte, war kein Märchen. Sie sagte mir von Zeiten, da ich ihr fremd geworden sei

und wie da ihre Angst und Liebe mich begleitete; sie beschämte und beglückte mich mit jedem Wort, und dann redeten wir beide mit Namen der Liebe und Ehrfurcht von meinem Vater und freuten uns mit Sehnsucht auf seine Heimkehr.
Der Tag seiner Rückkehr war zugleich der letzte Tag vor meinen Sommerferien und vollendete so mein Glück. Nach einer kurzen Unterredung kam der Vater mit mir aus seinem Studierzimmer hervor und führte mich der Mutter zu, indem er sagte:
»Hier hast du unseren Buben wieder, Mama. Er gehört seit heute wieder mir.«
»Mir schon seit einer Woche!« rief sie lächelnd dagegen, und wir saßen fröhlich zu Tische.

Hermann Hesse

69 *Der Fußball war es*

Thomas geht nicht gern ins Bett. Jeden Abend hat er eine andere Ausrede. Dreimal muß die Mutter sagen: »Thomas, es ist Zeit.« Erst dann bequemt er sich.
Heut ist es anders. Gleich nach dem Abendessen sagt er:
»Puh, bin ich heute müde. Ich gehe jetzt ins Bett.«
Vater und Mutter wundern sich. Das ist aber eine Seltenheit, daß Thomas freiwillig geht!
Es dauert nicht lange, dann liegt Thomas im Bett. Er macht die Augen zu und will einschlafen. Doch es wird nichts. Unruhig wälzt er sich von einer Seite auf die andere.
Vater und Mutter wundern sich noch immer.
»Der Junge wird doch nicht krank sein?« meint Vater. »Geh' doch einmal in seine Stube und schau nach.«
Leise öffnet Mutter die Tür. Thomas kneift die Augen noch fester zu und ist ganz ruhig. Mutter merkt aber doch, daß er nicht schläft. Sie zupft an seinem Ohr. Da fährt Thomas hoch.
»Willst du mir nicht sagen, warum du so früh ins Bett gegangen bist?« fragt die Mutter.
»Da gibt es eigentlich nichts zu erzählen«, erwidert Thomas. »Ich war vorhin wirklich müde. Das kommt bestimmt vom Fußballspielen.«

»Ach so«, lächelt Mutter, »vom Fußballspielen ... Dabei ist euch wohl der Ball ins Fenster geflogen, wie?«
Erstaunt blickt Thomas die Mutter an.
»Woher weißt du es denn? Hat jemand gepetzt?«
»Ich konnte es mir denken«, antwortet die Mutter. »Es muß doch einen Grund haben, daß du so früh ins Bett gingst.«
»Ich bin froh, daß du es jetzt weißt«, sagt Thomas. »Ich konnte gar nicht einschlafen. Morgen nehme ich Geld aus meiner Sparbüchse und kaufe eine neue Fensterscheibe.«
»Das ist fein«, sagt die Mutter. »Man muß den Schaden, den man anrichtet, von selbst wieder gutmachen. Und nun ist es Zeit, daß du einschläfst.«
Kaum ist die Mutter gegangen, da lächelt Thomas glücklich und ist bald fest eingeschlafen.

Günter Käning

70 *Kinder strafen?*

»Strafe muß sein!« »Wer nicht hören will, muß fühlen.« Gestraft wird immer der Schwächere vom Stärkeren. Ist aber Erziehung eine Frage der *Macht,* bei der es »Sieger« und »Unterlegene« gibt? Eltern werden zunächst immer Sieger sein. Wenn wir unser Verhältnis zu den Kindern auf diesem Spiel aufbauen, ist die Zeit absehbar, wo es sich umkehrt. Mit Strafen verschaffen sich Erwachsene leicht Gehör. Aber Strafen, besonders körperliche Strafen, erzeugen Angst. Soll sich das Gewissen des Kindes auf Angst einspielen?
Wir halten damit das Kind auf einer ziemlich niedrigen Stufe seines Urteilsvermögens fest: das Urteil über Gut und Böse richtet sich nach Strafe und Belohnung. Die Angst hält das Kind davon ab, selbst nach anderen Verhaltensmöglichkeiten zu suchen.
Solche »Machtspiele« setzen sich in anderen Bereichen fort. Kinder, die viel gestraft werden, haben gelernt, Spannungen mit aggressiven Maßnahmen zu lösen. Sie wollen eben Sieger sein, weil der andere einfach zum Gegner geworden ist.
Autorität, die mit Angst erkauft wird, steht auf brüchigen Füßen. Haltbarer wird sie, wo Eltern freundlich und bestimmt auf die Folgen des kindlichen Tuns aufmerksam machen und einen Schaden

nötigenfalls selbst verhindern. Das Kind versteht die Zusammenhänge auch eher, wenn es einen Schaden wiedergutmachen muß. Dabei lernt es die Folgen seines Verhaltens selber zu tragen. Es soll sehr wohl spüren, daß sein Bewegungsraum auch Grenzen hat: wenn andere gekränkt und verletzt werden, wenn die eigenen Dinge kaputtgehen und nicht mehr wieder beschafft werden können, wenn man sich selbst wehtut. Dies genügt schon; künstliche Grenzen *(durch Schläge)* machen die Sache nicht eindringlicher, sondern die eigene Erfahrung des Kindes wird durch die Angst vor den Eltern abgeschwächt.

Und wenn Eltern einmal »die Nerven durchgehen«, dann ist dies auch eine »natürliche« Reaktion. Daraus kann man aber kein Erziehungsprogramm machen. Eine Entschuldigung des Erwachsenen ist dann die angemessene erzieherische Konsequenz unbedachten Tuns.

71 Verzichten und genießen lernen

Wir haben uns daran gewöhnt, alle Chancen zum Konsum zu nutzen, die sich uns bieten. Wir betrachten die Dinge fast nur noch unter dem Gesichtspunkt, wie wir sie ausbeuten und genießen können. Damit erfüllen wir nur unsere Wünsche und befriedigen die Triebe. Wir hängen uns an die Dinge. Wir haben dabei verlernt, den Dingen auch in einer anderen Weise zu begegnen.

Wenn wir in der Welt das Gute verwirklichen wollen, müssen wir von den Dingen *unabhängig* werden. Wir können aus ihnen nur Freude gewinnen, wenn wir gelernt haben, verschieden mit ihnen umzugehen: genießen *und* verzichten, benutzen *und* pflegen, besitzen *und* aufgeben. Freude ist nicht dasselbe wie Befriedigung eines Verlangens (nach Besitz, Konsum, gesellschaftlicher Position), auch wenn es viele so verstehen. »Die Befriedigungen immer neuer Gelüste rufen Nervenkitzel verschiedenen Grades hervor, aber sie erfüllen den Menschen nicht mit Freude. Die Freudlosigkeit seines Lebens zwingt ihn im Gegenteil, immer nach neuen und noch aufregenderen Genüssen zu suchen« *(Erich Fromm)*.

Im Kindesalter lernen wir alle diese verschiedenen Einstellungen in ihren Grundformen – oder wir werden später durch die Umstände dazu gezwungen, anders zu leben *(z. B. Energiekrise)*. Darum sollten wir mit unseren Kindern auch lernen, den Konsum einzuschränken und manchmal auch ganz auf die Befriedigung von Konsumwünschen zu verzichten. Kinder können sich dies aneignen, wenn sie den Verzicht auch bei den Eltern beobachten. Und wo das Verzichten zum gemeinsamen Tun wird, lernen sie auch dieses Verhalten als eine Form, mit den Dingen der Welt umzugehen.

Verzichten kann man schwerlich befehlen, wenn es zu einer Haltung werden soll. Das Kind will dazu *angeleitet* werden: immer dann, wenn es abgibt, teilt und teilnehmen läßt, wird es dafür bekräftigt; wir weisen es auf die Möglichkeit hin, eine Süßigkeit aufzuheben; wir regen es dazu an, Geschwister oder Freunde an einem Spielzeug oder Genuß teilhaben zu lassen; wir teilen selbst kleine Geschenke mit den Kindern. Das Kind braucht die konkrete Anregung, wie es mit den Dingen umgehen kann. Durch die allgemeine Forderung nach dem Verzicht lernt es nichts. Für das Verzichten sollte es immer einen *guten und erkennbaren Grund* geben, der auch sonst in das Familienleben paßt: der Spielfreund soll eine Freude daran haben oder die Mutter hat auch das Recht, seine Zeit für sich zu nutzen. Nicht die Forderung, sondern der Hinweis auf die weitere Ordnung oder auf höhere Güter fördert das Verständnis des Kindes. Nicht in den besonderen Gelegenheiten (auch nicht für Gott) lernen wir verzichten, sondern bei den kleinen Dingen des Lebens.

Eltern und Kinder befanden sich auf dem Weihnachtsmarkt. Jeder bekam Geld für einen Lebkuchen und einmal Karussellfahren. Aber da war noch das leckere Popcorn. »Das wollen wir auch noch haben!« sagt Marcel (sechs Jahre alt). Vater schüttelt den Kopf: »Ihr habt schon genug.« Die Kinder drängeln weiter: »Das schmeckt doch so gut.« »Ja, sicher schmeckt das gut«, sagt Vater, »aber wir müssen nicht immer mehr haben, weil das so verlockend aussieht.« Etwas später kommt die Familie an einem Mann vorbei, der in alten Kleidern auf dem Boden sitzend Mundharmonika spielt. Neben ihm steht ein Schild mit einem stichwortartigen Lebenslauf. Marcel fragt, was der Mann habe. Der Vater erklärt es ihm und sagt: »Du könntest eigentlich die 1 Mark, die wir für das Popcorn gebraucht hätten, dem Mann geben! Der freut sich bestimmt.« Marcel drückt sich erst um den Mann herum, dann wirft er das Geld in den Hut. Der Mann bedankt sich mit kurzem Kopfnicken. »Du, er hat gelacht«, sagt Marcel. Dabei hatte der gar nicht gelacht.

Verzichten lernen ist wichtig. Gerade im Konsumverzicht kann diese Bereitschaft eingeübt werden. Aber ebenso wichtig ist es, die schönen Dinge der Welt auch zu genießen. Beides sind Formen, die Kräfte des Herzens für das Gute zu stärken.

72 Angst haben

Jedes Kind hat zu gewissen Zeiten Angst. Angst gehört zur normalen Entwicklung des Kindes. Sie ist zwar ein Zeichen für innere Konflikte, aber sie braucht dennoch nicht die Entwicklung des Kindes zu stören. Angst tritt auf, wenn das Kind Schutz braucht: es entdeckt auf einmal Neues, *Unbekanntes;* darauf reagiert es mit Angst. Das Kind ist auf dem Weg des Erwachsenwerdens stets vor neue Lebenssituationen gestellt, für die es noch keine Verhaltensmaßstäbe hat. Ängstlich reagiert es, wenn es das Gefühl hat, allein zu sein oder verlassen zu werden, oder wenn es sich selbst nichts zutraut. Weniger die objektiven Gefahren lösen Angst aus, als das Gefühl, eine *undurchschaubare Situation* bewältigen zu müssen: Dunkelheit, Ausgehen der Eltern, Verspüren zu hoher Anforderungen in der Schule, den Erwartungen der Eltern nicht entsprechen zu können, von Mitschülern nicht anerkannt zu werden usw. Gewaltkuren, Vorwürfe oder ärgerliche Reaktionen bewirken das glatte Gegenteil: auf die natürlichen Ängste werden noch Schuldängste aufgetürmt. Dann wird die Lage erst recht schwierig für das Kind, weil es sich auch noch verstoßen oder abgelehnt fühlt. Wenn Eltern beleidigt oder traurig auf die Ängste der Kinder reagieren, verbindet sich beim Kind die Angst noch mit Schuldgefühlen gegenüber den starken Eltern. Kinder neigen dazu, »aus Liebe zu den Eltern« ihre Angst zu verstecken. Dadurch setzt sie sich noch mehr fest.
Angst soll anerkannt, aufgelöst und überwunden werden, damit im Kind das Zutrauen in die Welt und in die Menschen weiter wachsen kann. Es geht nicht darum, alle möglichen angsterregenden Situationen von vornherein auszuräumen. Denn das *Durchleben und Überwinden* vorhandener Angstsituationen stärkt auch das *Selbstwertgefühl;* künstlich geschaffene Angstsituationen stören das Verhältnis zu den Erwachsenen. Die Angst des Kindes ist immer eine

Frage an die Eltern und Erzieher: *»Was ist das? Komme ich da durch? Wie kann ich mich verhalten?«* Diesen im Gefühlsausdruck gestellten Fragen sollten wir nicht ausweichen. Denn das Kind braucht eine Antwort, die ihm das konkrete Leben verstehen und Schwierigkeiten bewältigen hilft. Es braucht zunächst das Gefühl, auch in seiner Angst anerkannt und ernstgenommen zu sein. Zuwendung und Geborgenheit läßt Angst allmählich verschwinden. Ängste sollten nicht ausgeredet oder als läppisch abgetan werden, sondern bearbeitet werden. Das Kind braucht *Klarheit* über die wirklichen Zusammenhänge, die wir ihm im Gespräch über seine Erfahrungen offen und ausführlich vermitteln können. Die Eltern geben dem Kind zu verstehen, daß sie sich auch selbst in die Ängste hineinversetzen. Im gestaltenden Tun können Ängste durchgespielt werden: blinde Kuh, allein im dunklen Zimmer sitzen, Gespenster spielen. Kinder spielen oft selbst solche Situationen durch. In erfundenen Angstgeschichten finden sie sich selbst wieder (vgl. Nr. 73). In Märchen werden oft Angstsituationen durchgespielt: die Identifikation mit der Hauptperson hilft dem Kind, seine eigenen Ängste durchzuarbeiten und im guten Ende aufzulösen *(Rotkäppchen; Von einem, der auszog das Fürchten zu lernen; Der Wolf und die sieben Geißlein).* Vor allem aber braucht das Kind eine *Ermutigung (»du schaffst das so, wie du schon anderes toll fertiggebracht hast«),* die sich mit dem Gefühl des Geborgenseins verbindet.

Auf keinen Fall sollten Eltern im Durchsetzen von Erziehungsmaßnahmen mit der Angst arbeiten: dabei verliert das Kind zunehmend das Zutrauen in andere Personen. Diese Angst lähmt das Selbstgefühl und die Bereitschaft, sich den eigenen Aufgaben zu stellen. Schwerwiegende Folgen hat es, wenn wir mit Gott Angst erzeugen *(»wenn es blitzt und donnert, schimpft Gott«).* Das Kind soll seine Verfehlung klar erkennen und darin auch ein Abweichen von der Liebe Gottes sehen lernen. Aber dies bewirken wir nicht durch Angst vor Gott, sondern durch den Hinweis auf seine Liebe zu uns.

73 *Der Nachtvogel*

Ein Junge hatte immer große Angst, wenn er nachts allein in der Wohnung sein mußte. Seine Eltern gingen oft am Abend fort.
Dann konnte der Junge vor Angst nicht einschlafen. Er hörte etwas rauschen, und das war, als ob jemand im Zimmer atmete.
Er hörte ein Rascheln und Knacken, und das war, als ob sich etwas unter seinem Bett bewegte.
Aber viel schlimmer war der Nachtvogel.
Der Junge sah ihn immer ganz still draußen auf der Fensterbank sitzen, und wenn unten ein Auto vorüberfuhr, schlug der Vogel mit den Flügeln, und der Junge sah den riesigen Schatten von den Flügeln an der Zimmerdecke.
Der Junge erzählte seinen Eltern von der Angst. Aber sie sagten nur: »Stell dich doch nicht an! Du bildest dir das alles nur ein.«
Und sie gingen immer wieder am Abend fort, weil sie den Vogel nicht sehen konnten, weil sie das alles nicht glaubten.
Einmal war der Junge wieder allein, und es schellte an der Wohnungstür.
Der Junge wurde steif vor Angst.
Wieder schellte es.
Es schellte und schellte.
Dann war es still, lange Zeit war es still.
Dann kratzte etwas an der Hauswand. Das war der Vogel! Jetzt kletterte er mit seinen Krallen an der Mauer hoch. Jetzt war er an der Fensterbank. Und jetzt schlug er mit seinem Schnabel an die Scheibe! Einmal, zweimal, immer wieder, immer lauter, und gleich würde das Glas zerbrechen, gleich würde der Vogel ins Zimmer springen!
Der Junge packte die Blumenvase vom Tisch neben dem Bett. Er schleuderte sie zum Fenster.
Das Glas zersplitterte. Wind fuhr ins Zimmer, daß der Vorhang hoch an die Wand schlug, und der Vogel war fort.
Auf der Straße unten hörte der Junge seine Eltern rufen.
Er rannte auf den Flur, er fand im Dunkeln sofort den Lichtschalter und den Knopf zum Türöffner. Er riß die Wohnungstür auf und lief den Eltern entgegen.
Er lachte, so froh war er, daß sie da waren. Aber sie schimpften. Ihre schönen Ausgehkleider waren naß vom Blumenwasser.

»Was soll denn das wieder heißen?« fragte der Vater. »Jetzt ist die Scheibe kaputt!«
»Und mein Mantel! Sieh dir das an!« rief die Mutter.
»Der Nachtvogel war am Fenster«, sagte der Junge. »Der Nachtvogel hat mit seinem Schnabel ans Fenster gepickt.«
»Unsinn!« sagte der Vater. »Wir hatten den Schlüssel vergessen, und du hast das Schellen nicht gehört. Darum haben wir mit einer Stange vom Bauplatz an dein Fenster geklopft.«
»Es war der Nachtvogel, wirklich!« sagte der Junge. »Der Nachtvogel war es!«
Aber die Eltern verstanden das nicht. Sie gingen immer wieder am Abend fort und ließen den Jungen allein.
Er hatte immer noch Angst, er hörte immer noch das Rauschen und Knacken. Aber es war nicht so schlimm. Denn der Nachtvogel kam nie mehr wieder. Den hatte er vertrieben. Er selbst hatte ihn vertrieben, er ganz allein.

Ursula Wölfel

74 *Kinder vor dem Fernsehen*

Das Fernsehen ist zu einer wichtigen Einrichtung unserer Gesellschaft geworden. Wir können es den Kindern nicht vorenthalten. Fernsehen findet ihr Interesse, weil es ihrer ausgeprägten *Neugier* entgegenkommt und ihre Sinne fesselt. Wir machen es uns zu einfach, wenn wir dem Fernsehen nur schädliche Wirkungen zuschreiben. Allerdings sollten wir seinen Einfluß auch nicht unterschätzen.
□ Die Kinder werden von den Filmen und Spielen *stark beeindruckt.* Die gezeigten Personen und Szenen nehmen sie mit wachen und aufmerksamen Sinnen auf. Was sie sehen, versetzt in Spannung, beunruhigt, erregt ihre Begeisterung oder spornt ihr Interesse an. Je häufiger sie bestimmte Arten von Szenen verfolgen *(z. B. gewaltsame Lösung von Streit; Recht des Stärkeren),* desto mehr prägen sich die gezeigten Verhaltensmuster ein. Die Kinder lernen auf Dauer regelrecht, daß z. B. das Recht des Stärkeren zu achten ist. Weil manche Filme nur bestimmten Verhaltensmustern den Vorzug geben und nicht die breite Palette von Verhaltensmöglichkeiten durchspie-

len, pendelt sich allmählich bei häufigem Fernsehkonsum die Einstellung der Kinder auf diese wenigen Muster ein. Die Kinder verarmen in ihren Gefühlen und Erwartungen.

☐ Das Fernsehen versucht so »gut« zu sein wie die Erwartungen der Zuschauer es anzeigen. Darum geben die Fernsehmacher vorwiegend das wieder, was bei der Mehrheit ankommt. Man muß ihnen deshalb keinen Vorwurf machen, daß ihr Tun schädliche Wirkungen hat. Es ist ja auch nicht so, daß Fernsehkonsum allein aus den Kindern andere Menschen macht. Die Sache liegt wohl anders: Fernsehen *verstärkt* überwiegend die Einstellungen, die die Zuschauer bereits mitbringen – auch bei Kindern. Wenn die rauhbeinige Lösung von Streitfällen in der Familie die Regel ist und die Kinder dies auch so im Fernsehen erleben, *dann* setzen sich solche Verhaltensmuster fest. Die Veränderung erfolgt also nicht zuerst durch das Fernsehen, sondern der alltägliche Umgangsstil und die Werte, auf die hin wir leben, prägen in stärkerem Maße die Einstellungen der Kinder.

☐ Wir haben aber nicht immer die Kontrolle darüber, was die Kinder von den Erwachsenen wirklich gelernt haben. Darum sollten wir dennoch sehr sorgfältig auf das Fernsehen der Kinder achten. Denn was Spaß macht und spannend ist, muß nicht gerade mit Gewalt und

Verachtung von Menschen verknüpft sein. Auf jeden Fall sollte mit den Kindern eine vernünftige *Auswahl von Sendungen* getroffen werden, zu der das Verzichten auf noch mehr Fernsehen ebenso gehört. Öfter ist auch das Gespräch mit den Eltern über eine Sendung angebracht, um das zu klären, was bei den Kindern angekommen ist. Wenn Eltern bestimmte Sendungen mit ansehen, werden diese auch interessanter.

□ Ausgedehnter Fernsehkonsum *(2–3 Stunden pro Tag)* hat allerdings wirklich *schädliche Wirkungen.* Das Kind wird passiv, entwikkelt nur wenig Eigeninitiative, hört auf, sich Spielen zu widmen, kann nicht mehr bei einer Sache bleiben, verliert die Lust am Kontakt mit anderen Kindern, hört auf zu fragen, wird abgestumpft gegenüber interessanten Dingen in der Umwelt. Darum ist die Frage der Zeitdauer des Fernsehens für die Kinder von großer Bedeutung. Als Regel könnte gelten: Grundschulkinder sollten in der Woche im höchsten Falle 10 Stunden vor dem Fernsehgerät sitzen; selten am Abend und dann nur ganz leichte Kost, damit sie beruhigt zu Bett gehen können. Ist die Sendung nicht speziell für Kinder gemacht, sollten sie sich darüber mit ihren Eltern unterhalten können.

Erzieher kommen nicht daran vorbei, auf das zu achten, was Kinder möglicherweise aus dem Fernsehen übernommen haben.

75 *Geschlechtserziehung in der Familie*

Die Entwicklung vom Jungen zum Mann, vom Mädchen zur Frau ist ein langer Prozeß. Für sein Gelingen sind nicht nur die Jahre der Pubertät entscheidend. Auch in der Zeit der Grundschule, wo das Interesse am Geschlechtlichen deutlich zurücktritt, macht das Kind wichtige Lernerfahrungen für das Verhältnis zu seinem Körper und zum anderen Geschlecht. Vater und Mutter haben darum eine Aufgabe, die sie nicht an die Schule abgeben können. Die Schule soll auch dazu beitragen, den Kindern ein Verständnis für die geschlechtlichen Vorgänge zu vermitteln. Aber sie will vor allem sachlich-nüchtern informieren. Dieser (objektive) Stil von Erfahrung bezieht sich nur auf *einen* Aspekt des Themas: Fortpflanzung, Unterschied von Mann und Frau u. a. als *allgemeine,* natürliche Erscheinung. Eine andere Seite, die für die Persönlichkeitsentwicklung des Kindes viel wesentlicher ist, ist das Erlebnis der sinnvollen Einordnung des Geschlechtlichen in die alltägliche Beziehung zueinander. Der Umgang miteinander im intimen Raum der Familie prägt das Kind viel mehr als objektive Information. So stellt sich die Frage: *Wodurch verhilft die Familie dem Kind zu einem positiven Verhältnis zu seiner Geschlechtlichkeit?* An moralische Bedenken und Gebote allein läßt sich noch keine hilfreiche Geschlechtserziehung anknüpfen. Dem Kind soll ja vor allem der Sinnzusammenhang der geschlechtlichen Vorgänge erschlossen werden. Das geschieht nicht durch Aufklärung allein, sondern mehr noch durch das Gespräch in dem engen Kontakt, wie er einer Familie eigen ist, und durch den selbstverständlichen, unbefangenen Umgang von Eltern mit Kindern. Einige Schwerpunkte dieser häuslichen Erziehung sollen kurz umrissen werden.

1. Das Kind soll erfahren: *Ich bin als Junge bzw. Mädchen voll und ganz angenommen.* Diese eindeutige Annahme verhilft dem Kind dazu, sich selbst als Mädchen bzw. Jungen zu bejahen. Wenn Eltern zu oft auf das jeweils andere Geschlecht anspielen oder gar daraufhin erziehen, wird es schwer für das Kind. Man sollte aber auch die Unterschiede der Geschlechtsrollen nicht zu stark betonen nach dem Motto: »Puppen sind nichts für Jungen, Autos sind nichts für Mädchen.« Woran das Kind von sich aus Spaß hat, das hat Vorrang vor der Lenkung durch die Eltern.

2. Ein gelockerter Austausch der Empfindungen füreinander hilft dem Kind dazu, sich geborgen zu fühlen und den eigenen Gefühlen Ausdruck zu geben. Darin wächst auch seine Fähigkeit, sich einem anderen Menschen mitzuteilen und sich in ihn einzufühlen. Dazu gehören vor allem zwei Erfahrungen:

- *Die Eltern sind zueinander zärtlich,* haben freundliche Worte füreinander, beschenken sich gegenseitig und haben Zeit für Gespräche und gemeinsame Dinge. In diese Zärtlichkeit und Zuwendung wird das Kind mit einbezogen: Eltern drücken das Kind an sich, streicheln und liebkosen es, spielen und reden mit ihm über persönliche Dinge.
- Aber wir sind nicht immer zu solcher Intimität »aufgelegt«, weil Unruhe, Spannungen, ja Zorn die Beziehung stört. Wer ist schon immer ein ausgeglichener und harmonischer Mensch? Aber an seinen Eltern soll das Kind erleben, wie zwischen Mann und Frau *Spannungen wieder gelöst und Versöhnung angebahnt* wird. Auch

zwischen Eltern und Kind sollte weder jemals etwas nachgetragen, noch Spannungen *(»aus erzieherischen Gründen«)* länger als einen halben Tag aufrechterhalten werden.

3. Das Kind braucht *ein unbefangenes Verhältnis zu seinem Körper.* Beim Betasten und Spielen auch mit den Geschlechtsorganen entdeckt das Kind sich selbst und spürt Lust und Freude am eigenen Körper. Auch das Nacktsein beim Ankleiden, Baden, Herumtollen in der Wohnung trägt zu einem gelockerten Gefühl für den eigenen Körper bei. Durch die unbefangene und anschauliche Erfahrung im Intimbereich der Familie lernen die Kinder die Geschlechtsunterschiede am besten kennen. Ob auch Eltern sich nackt vor ihren Kindern sehen lassen, sollten sie selbst abwägen. Das Schamgefühl schließt jedenfalls Aufdringlichkeit oder bewußte Demonstration des Nacktseins aus. Auch die Intimsphäre des Kindes *(Gefühle, Geheimnisse, geschlechtliche Empfindungen)* sollte nicht einfach übergangen werden. Kinder entwickeln dafür langsam ein Gespür. Offenheit können Eltern auf verschiedene Weise zeigen.

Übertriebene Aufmerksamkeit für die Geschlechtsorgane ist meist ein Signal dafür, daß das Kind Zuwendung braucht. Den Mangel gleicht es durch lusterweckendes Spielen an den Organen aus. Darauf sollten Eltern nie mit Strafen reagieren, sondern dem Kind aus Ängsten oder Problemen heraushelfen.

4. Die Kinder wollen über *Zeugung, Schwangerschaft* und *Geburt* genaues wissen. Die Eltern sind ihnen eine sachlich richtige Antwort schuldig. Dazu braucht es keine gezielten Aufklärungsstunden; viel besser wird dies im alltäglichen Gespräch geklärt. Eventuell sollten Eltern von sich aus die Zusammenhänge bei passender Gelegenheit erklären. Sie können die Kinder auch an ihren Gesprächen teilhaben lassen. Für die Art der Antworten, die wir den Kindern geben, ist folgendes zu bedenken: Die Kinderfragen kommen nicht nur aus dem Bedürfnis, die tatsächlichen Vorgänge kennenzulernen. Sie sind vielmehr *Existenzfragen* im Maßstab der kindlichen Sprache und ihres Empfindens. Es geht darum: Wer bin ich? Woher komme ich? Welche Bedeutung haben Zeugung, Schwangerschaft und Geburt für mein Leben? Unsere Antworten sollten sich darum nicht in einer distanzierten Darstellung erschöpfen, sondern auf das ganze Empfinden und Denken des Kindes hin gegeben werden. Wenn Kinder eine Schwangerschaft mitverfolgen können, entdecken sie dabei vieles für das Verständnis ihres eigenen Lebens. Auf jeden Fall sollten Kinder auch von ihrer persönlichen Geburtsgeschichte erfahren.

5. *Die richtige Sprache* für das Gespräch über Zeugung und Schwangerschaft ist eine Überlegung wert. Für diese eminent grundlegende Erfahrung reichen biologische Informationen nicht aus. Aber auch Worte, durch die die Vorgänge romantisch erscheinen, sollten vermieden werden. Wenn die Kinder Gassenausdrücke mitbringen, braucht man sich nicht darüber aufzuregen, sondern sollte sie sorgsam korrigieren und persönlich von sich weisen. Verbieten verdrängt, die persönliche Schilderung vertreibt wieder das Unsinnige. Angemessen reden wir nur von der geschlechtlichen Vereinigung von Mann und Frau, wenn wir sie als Ausdruck der Liebe darstellen: »Mann und Frau haben sich gerne, sie wollen lange ganz nahe beieinandersein; sie umarmen und küssen einander; sie wollen ganz eins miteinander werden. Mit ihren Geschlechtsorganen sind sie eng verbunden, wenn der Mann sein Glied in die Scheide der Frau einführt. Dabei sind sie glücklich, weil sie den anderen ganz nah bei sich fühlen. Wenn sie beieinander sind, schenken sie einander alle ihre Gefühle. Aus dem Glied des Mannes fließt Samen in die Scheide der Frau. Wenn bei der Frau ein Ei reif geworden ist, vereinigen sich Ei und Samen. Daraus entsteht ein neuer Mensch und wächst im Bauch der Frau heran. Nach neun Monaten ist es soweit, daß das Kind außerhalb der Mutter leben kann. Dann wird es geboren. Und die Eltern freuen sich, daß ein neues Menschenkind zu ihnen gehört. Sie sorgen für das neue Leben und wollen es genauso gernhaben wie sie einander lieben.«

Diese »dramatischen« Vorgänge können die Kinder um so leichter verkraften, je häufiger sie das Gernhaben, die Zärtlichkeit der Eltern füreinander erleben.

6. Ein solches Gespräch ist auch Anlaß, die *Verbindung des Lebens zu Gott* herzustellen: Gott hat uns das Leben geschenkt. Wir haben von ihm den Auftrag, das Leben weiterzugeben. Vater und Mutter haben an der Schöpfung Gottes teil, wenn sie Kinder zeugen, ernähren und aufziehen. Weil sie soviel Verantwortung für einen Menschen haben, überlegen sie auch sorgfältig, wieviele sie haben und erziehen können. Weil jedes Kind so einmalig und soviel wert ist, braucht es auch viel Sorge und Liebe. Und die Eltern können dem Kind viel Liebe geben, weil das Kind und sie selbst von Gott geliebt werden.

7. Zwischen das 9. und 11. Lebensjahr gehört auch die *Vorbereitung auf die Reifevorgänge.* Auch dies sollte man nicht allein der objektiven Erläuterung in der Schule überlassen. Wenn Eltern mit den Kindern darüber sprechen, kommen wichtige Erfahrungen hinzu

(in Worten ausgedrückt): »Meine Eltern wollen meine Gefühle nicht an sie binden; sie wollen, daß ich erwachsen werde. Sie gestehen mir die eigene Sexualität zu und wollen nicht immer eingreifen. Sie helfen mir, wenn mich etwas beunruhigt. Ich werde einmal kein Kind mehr sein, aber ich kann bei ihnen immer noch Rat holen. Die Eltern wollen, daß ich selbständig werde, aber sie schicken mich nicht fort.«
Die Reifevorgänge werden leichter angenommen, wenn sie von den Kindern als Element ihrer persönlichen Entwicklung empfunden werden. Auch die Empfängnisregelung gehört zu den Gesprächen: nicht die genaue Information über die Methoden, sondern die Aufgabe und Verantwortung der Eltern gegenüber den Kindern. Solche Gespräche helfen nicht zuletzt auch den Eltern, ihre Kinder in die eigene sexuelle Reife freizugeben.

8. *Alleinerziehende Mütter und Väter* sollten am allerwenigsten solche Informationen anderen überlassen. Die Kinder verspüren ihre Situation und leiden nicht selten auch darunter. Sie brauchen dringend das Gespräch mit dem erziehenden Elternteil über ihre eigene Herkunft, weil Zeugung und Geburt eben Fragen des persönlichen Lebens und nicht nur objektive, natürliche Vorgänge sind. Die Verstehenshilfe, die dem Kind gegeben wird, stärkt sein Vertrauen in das Leben und in die eigene Zukunft.

Nur einige wichtige Aspekte wurden in diesem Beitrag dargestellt. Zur weiteren Beschäftigung mit dem Thema empfehlen wir

für die Hand der Eltern:

Tobias Brocher/Ludwig von Friedeburg: Lexikon der Sexualerziehung. Gütersloh 1980

G. Gebhardt: Nach der sexuellen Revolution. Geschlechtserziehung in Familie, Kindergarten und Schule. Frankfurt 1975

Martin Goldstein/Will McBride: Lexikon der Sexualität. Jugenddienst-Verlag, Wuppertal 1970

A. Janzing: Ganzheitliche Geschlechtserziehung in Elternhaus, Kindergarten, Schule und Jugendarbeit. Topos-Taschenbuch 60, Mainz 1977

Marielene Leist: Angst vor Sex? Kösel-Verlag, München 1970

Horst Scarbath/Bernhard Tewes: Grundfragen der Sexualpädagogik. Patmos Verlag, Düsseldorf 1980

Klaus Thomas: Sexualerziehung. Stuttgart 1974

und für das Gespräch mit den Kindern:

J. Brauer/ P. Kapitzke/ K. H. Wrage: Junge, Mädchen, Mann und Frau. Band 1. Gütersloh 1969

76 *Kleine Predigt*

Die Vögel unterm Himmel,
die Spatzen und die Raben,
die sagen uns, wir sollen nicht zuviel Sorgen haben.

Die Lilien im Garten, die Rosen und Levkoien,
die sagen uns, wir sollen an Gottes Welt uns freuen.

Die Käfer auf den Halden,
die Nesseln und die Kressen,
die sagen uns, wir sollen das Kleine nicht vergessen.

Die Brücken, die wir bauten,
Maschinen, die wir machten,
die sagen uns, wir sollen den andern nicht verachten.

Die Straßen, die wir fahren, die Autos, die wir lenken,
die sagen uns, wir sollen
an unseren Nächsten denken.

Rudolf Otto Wiemer

5 Gewissen und Schuld

Die Erfahrung des Guten gewinnt man nur, indem man es vollbringt.

Simone Weil

77 *Besinnung am Abend*

Haben wir diesen Tag gelebt, Herr, wie es dir gefällt?
Sind wir geduldig, schlicht und liebevoll gewesen?
Haben wir jenen genug Zeit gegeben,
die zu uns kamen?
Haben wir ihre Hoffnung beantwortet,
wenn sie fragten?
Haben wir sie umarmt, wenn sie weinten?
Haben wir sie zärtlich aufgemuntert,
bis ihr Lachen wieder da war?
Haben wir in all ihren Leiden gebetet?
Haben wir Blumen gegeben mit dem Brot?
Haben wir deine Freude zum Blühen gebracht?
Sind wir unseren Brüdern immer Bruder gewesen?

Wenn das alles nicht so war, Herr, verzeihe uns.
Und selbst wenn es so war, es genügt nicht.
Umgib uns jeden Tag mit mehr Liebe,
Herr, bis zum großen Licht deiner Unendlichkeit.

Abendgebet der Kleinen Brüder und Schwestern
von Charles de Foucauld

78 *Es muß nicht so bleiben*

- daß wir in rastlosem Wettbewerb danach trachten, immer stärker, überlegener zu sein, immer obenauf zu stehen;
- daß wir mit allen Mitteln Prestige und materiellen Standard heben, ohne das Recht des Schwächeren und des Kleineren zu stärken;
- daß wir alles darauf anlegen, wie wir selbst groß herauskommen;

- daß Leistung und Fortschritt einhergehen mit dem Abbröckeln persönlicher Zuneigung und Freundlichkeit;
- daß wir Ablenkung und Entlastung suchen durch immer weiteres Erfüllen von Wünschen und steigenden Konsum;
- daß ich mir nur etwas zu sein und zu werden einbilde, wenn ich viel erlebe;
- daß ich eine Änderung meiner Gewohnheiten für ausgeschlossen halte;
- daß Ehepartner sich allerorten Zerstreuung suchen, statt im Gespräch und im Schweigen miteinander zu sein;
- daß wir in der Kritik an anderen Menschen (Ehepartner, Nachbarn, Kollegen, Völker u. a.) uns besserwisserisch von ihnen distanzieren, statt sie zu verstehen und *mit ihnen* einen Weg zu suchen;
- daß ich Kritik nicht an mich herankommen lasse;
- daß sich Nachbarschaft stumm oder geschwätzig gestaltet;
- daß sich mein Verhältnis zur Kirche nach Gefallen und Mißfallen der konkreten Pfarrgemeinde, des Bischofs oder Papstes richtet;
- daß ich Glauben, Beten, Gebote nur als Schwierigkeiten ansehe oder nur über die Weltfremdheit der Kirche schimpfe;
- daß nur mein gegenwärtiges Glaubensverständnis und nicht die unendliche Weite Gottes für mein Selbstverständnis zählt.

Solche Gedanken einer Gewissenserforschung ließen sich fortsetzen. Jeder kann nur selber den Stand seines Lebens beurteilen und darüber befinden, wo es anders werden muß und wie es anders werden kann.

Weitere Anregungen zur Selbstbesinnung finden sich im *Gotteslob Nr. 62–64.*

79 *Das Gleichnis vom barmherzigen Samariter*

Da stand ein Gesetzeslehrer auf, und um Jesus auf die Probe zu stellen, fragte er ihn: Meister, was muß ich tun, um das ewige Leben zu gewinnen? Jesus sagte zu ihm: Was steht im Gesetz? Was liest du dort? Er antwortete: Du sollst den Herrn, deinen Gott, lieben mit

ganzem Herzen und ganzer Seele, mit all deiner Kraft und all deinen Gedanken, und: Deinen Nächsten sollst du lieben wie dich selbst. Jesus sagte zu ihm: Du hast richtig geantwortet. Handle danach und du wirst leben. Der Gesetzeslehrer wollte seine Frage rechtfertigen und sagte zu Jesus: Und wer ist mein Nächster?
Darauf antwortete ihm Jesus: Ein Mann ging von Jerusalem nach Jericho hinab und wurde von Räubern überfallen. Sie plünderten ihn aus und schlugen ihn nieder; dann gingen sie weg und ließen ihn halbtot liegen. Zufällig kam ein Priester denselben Weg herab; er sah ihn und ging weiter. Auch ein Levit kam zu der Stelle; er sah ihn und ging weiter. Dann kam ein Mann aus Samarien, der auf der Reise war. Als er ihn sah, hatte er Mitleid, ging zu ihm hin, goß Öl und Wein auf seine Wunden und verband sie. Dann hob er ihn auf sein Reittier, brachte ihn zu einer Herberge und sorgte für ihn. Am andern Morgen holte er zwei Denare hervor, gab sie dem Wirt und sagte: Sorge für ihn, und wenn du mehr für ihn brauchst, werde ich es dir bezahlen, wenn ich wiederkomme.
Was meinst du: Wer von diesen dreien hat sich als der Nächste dessen erwiesen, der von den Räubern überfallen wurde? Der Gesetzeslehrer antwortete: Der, der barmherzig an ihm gehandelt hat. Da sagte Jesus zu ihm: Dann geh und handle genauso!

Lk 10,25–37

80 *Aufmerksamkeit*

Die Fülle der Nächstenliebe besteht einfach in der Fähigkeit, den Nächsten fragen zu können: »Welches Leiden quält dich?« Sie besteht in dem Bewußtsein, daß der Unglückliche existiert, nicht als Einzelteil einer Serie, nicht als ein Exemplar der sozialen Kategorie, welche die Aufschrift »Unglückliche« trägt, sondern als Mensch, der völlig unseresgleichen ist und dem das Unglück eines Tages einen unnachahmbaren Stempel aufgeprägt hat. Hierzu genügt es – aber das ist zugleich auch unerläßlich –, daß man versteht, einen gewissen Blick auf ihn zu richten.
Dieser Blick ist vor allem ein aufmerksamer Blick, wobei die Seele sich jedes eigenen Inhalts entleert, um das Wesen, das sie betrachtet, so wie es ist, in seiner ganzen Wahrheit, in sich aufzunehmen. Eines solchen Blickes ist nur fähig, wer der Aufmerksamkeit fähig ist.

Simone Weil

81 *Sein Gewissen bilden*

Aus dem innersten Grund, aus der Herzensmitte gestaltet der Mensch sein Leben; er lebt nach seinem Gewissen. Jeder steht aber auch in einer Um-Welt, die Anreize bietet, mitreißt, verführt und begeistert. Wir brauchen diese Um-Welt, weil kein Mensch nur aus sich selbst lebt. Warum sollten wir sie gering schätzen, wo sie uns schöne und bewundernswerte Dinge, beglückende und nachdenklich machende Erfahrungen, vorantreibende und beruhigende Impulse bietet? Wir können uns bereichern in dieser und durch diese Um-Welt: durch das Erlebnis der Natur, im Gespräch mit anderen, in der Beschäftigung mit der Kunst, durch die Entspannung in Sport und Spiel u. a. Solche Erfahrungen mit einem negativen Vorzeichen zu versehen, weil sie auch Gefahren in sich bergen, wäre Blindheit. Aber es hat sich bei uns die Auffassung herausgebildet, als müßte man alle Möglichkeiten, die sich bieten, auch ausschöpfen. Erst hier beginnt die Gefahr; sie besteht darin, *unbedacht* und *ungeprüft* möglichst vieles mitzumachen, dem Neuen, noch Unbekannten einfach nachzurennen, um auch dabeizusein. Die Schlagworte der Werbung verstärken untergründig diese Neigung. Aber: wo wir einfach nur das Leichtere, Angenehmere tun, verlieren wir das Maß für das Gute. Der innerste Sinn für das Gute wird mit der Erfahrung der Umwelt nicht in Ausgleich gebracht. Wir wachsen nicht, sondern werden mitgerissen. Die *feinen* Antriebe des Gewissens werden durch mancherlei Gedanken und angenehme Empfindungen überspielt. Man läßt sich treiben. In der Besinnung darauf, ob das gut für uns ist – manchmal eine anstrengende Sache! – können wir uns zurückrufen. Bedachte Auswahl, Verzicht um der persönlichen Werte willen, Berücksichtigung verschiedener Seiten, Engagement für eine gute Sache helfen die einseitige Sichtweise korrigieren. Sie stärken die Kräfte des Guten. Wir werden aufmerksam für das, was zu tun ist.

Umgekehrt gilt auch: wenn wir uns einfach den Angeboten ausliefern, vornehmlich wenn sie mit Macht auf uns einstürmen, geben wir immer weiter nach. Wir lassen unser Inneres von den Angeboten bestimmen. Wir werden letztlich nicht mehr von innen her geleitet, sondern von außen bestimmt *(»Man tut es so. – Ich will mit der Zeit gehen. – Warum soll das Angenehme immer verboten sein?«)*. Die feinen Regungen des Gewissens stumpfen ab – mit der Zeit! Ein fremdes Herz schlägt in uns. Maß und Ziel sinnvollen Handelns geraten immer mehr aus dem Blickpunkt. Der Mensch kann sich verrennen! Vielleicht öffnen uns erst wieder massive Eingriffe in unser Leben die Augen.

Nicht nur die persönliche Besinnung, mehr noch der freundliche Hinweis, den wir uns gegenseitig geben können, manchmal auch die betonte Sorge im brüderlichen Gespräch stärken das Gewissen. Wirkliche Hilfe ist das Maß des Guten, das wir uns stets vor Augen halten. Solche Art Gewissensbildung ist eine Lebensaufgabe. Jeder muß sie für sich sehen. Die Verhältnisse ändern nicht das Entscheidende, solange wir uns nicht entscheidend selbst ändern. Nicht die Verhältnisse machen uns, sondern wir machen es, daß die Verhältnisse so sind.

82 *Gut und böse unterscheiden*

Im Gespräch mit den Eltern lernen die Kinder gut und böse zu unterscheiden. Die folgenden Situationen könnten Anlässe zu klärenden Gesprächen sein. Legen Sie Ihrem Kind (den Kindern in der Gruppe) die kurzen Geschichten vor und überlegen Sie mit ihnen:

– *Was haben die Personen vor?*
– *Was könnten sie tun?*
– *Wann würde die Sache gut verlaufen?*
– *Geschieht hier Böses?*

• Stefan bekam einen neuen Fußball. So etwas hat sich Thomas auch schon lange gewünscht. Stefan paßt gut auf, daß der Ball heil bleibt. Bei einem Spiel schießt aber Thomas den Ball über die ganze Wiese, er rollt weiter auf die Straße. Ein Lastwagen fährt vorbei, der Ball wird zerquetscht.

• Marcel möchte einmal gerne in der Küche mithelfen. Es macht ihm Spaß, beim Kochen zuzuschauen und Püree anzurühren. Einmal ist er ganz aufgeregt bei der Arbeit. Er holt vier Eier auf einmal aus dem Kühlschrank. Da rutschen ihm zwei aus der Hand und zerbrechen am Boden.

• Zu Katja kommt öfters eine Freundin aus der Nachbarschaft. Sie haben immer viel zu tun: Puppen spielen, kochen, aufräumen. Der siebenjährige Bernd will auch immer dabeisein. Aber er bekommt jedesmal zu hören: »Wir wollen allein spielen. Außerdem ist das kein Spiel für Jungen.«

• Im Garten des Nachbarn sind die Brombeeren reif geworden. Sie sind prall und groß. An solchen Früchten ging die Familie auf den Spaziergängen nie vorbei. Hans und Bärbel steigen über den Zaun und holen sich, was sie mit ihren beiden Händen fassen können. Sie werden nicht gesehen: es ist niemand zu Hause.

• Auf dem Flur wohnt eine ältere Dame. Zu Weihnachten schenkt sie dem großen Michael und seiner Schwester Birgit eine Tafel Schokolade. Michael teilt die zwölf Riegel und nimmt sich acht davon. »Ich bin ja größer als du«, sagt er zu Birgit.

• Evi bekommt jede Woche Taschengeld. Sie fragt die Mutter immer danach. »Nimm dir selbst eine Mark aus meinem Geldbeutel«, sagt die Mutter. Einmal kommt Evi mit einer großen Tüte Bonbon nach Hause. »Wo hast du das Geld her?« fragt die Mutter. Verstört antwortet Evi: »Du sagst doch immer, ich soll mir mein Geld aus deinem Geldbeutel selbst holen!«

- Anja und Bärbel spielen oft miteinander. An einem schulfreien Tag ruft Anja bei Bärbel an: »Kommst du mit zum Eisstadion?« »Nein, ich fahre heute zur Oma«, sagt Bärbel. Anja geht mit ihrem Bruder zum Eisstadion. Kurz danach trifft dort auch Bärbel mit der neuen Mitschülerin aus der Klasse ein. Anja staunt.

83 *Ein Gewissensspiegel – Wozu?*

Zur Beichte gehen heißt: sich besinnen auf sich selbst, sein Tun und Denken, sein Leben mit Gott und dem Mitmenschen. Ich gehe mein Leben in Gedanken durch und überprüfe mich selbst. Sich dies anzugewöhnen ist hilfreicher, als zu oft der eigenen Unbesonnenheit nachzurennen. Die Beichte hilft dabei und leitet dazu an. Denn ein erstes Stück der Beichte ist die Gewissenserforschung.

Die Art und Weise, wie wir unser Leben überblicken, welche Ungereimtheiten und Fehler uns aufgehen, was uns bedrückt und was wir guten Gewissens annehmen – das ist nicht nur bei den einzelnen Menschen verschieden, sondern auch in jeder Altersstufe und Zeit anders. Es gibt zwar allgemeine Gebote und Anweisungen, die wir als Maßstab heranziehen können; aber die eigene Besinnung und Einsicht in unser Leben wird uns dadurch nicht abgenommen. Sein Gewissen erforschen, dies hat die Form, zu der jeder einzelne in der Lage ist. In der Regel können dies auch schon Kinder ab dem 7./8. Lebensjahr. Ihnen ist in gewisser Weise schon bewußt, was wirklich geschieht und warum sie etwas tun; sie begreifen auch schon Regeln und Verfehlungen. Wie sollen nun Kinder mit der Besinnung auf ihr Leben beginnen? Wie lernen sie es, ihr Leben zu überprüfen?

Auf selbstverständliche Weise kann dies im Alltag mit den Eltern in einer einfachen Form eingeübt werden: Vater oder Mutter sprechen am Abend über die Erlebnisse des Tages; dabei ergibt sich auch eine anfanghafte Bewertung. Im Gebet bringen Eltern und Kind alles vor

Gott und bitten um seine Hilfe und Vergebung. Dies kann in einer Familie zu einer Gewohnheit werden. Wichtig ist, daß auch die Eltern ihren eigenen Tag in die Besinnung einbeziehen. Damit regen sie auch die Kinder zur Selbstbesinnung an. Es wird wohl immer notwendig sein, daß sie einzelne Ereignisse oder Erfahrungen betont ansprechen und auch ihre Sichtweise erläutern. Sie werden den Kindern aber keine Ansprüche und Forderungen vorhalten, denen erst eine gereifte Persönlichkeit zu entsprechen vermag *(z. B. gerechtes Handeln, bewußte Ausrichtung auf Gott)*.
Ein nächster Schritt könnte auch ein Gewissensspiegel sein. Solche »Listen« wurden oft mißverstanden. Als wären es »Checklisten«, nach denen man seine Seele abklopft und einzelne Punkte jeweils abhakt. Ein Gewissensspiegel ist kein Sündenregister; er will nicht mehr als eine *Hilfe zur Besinnung* sein: er zeigt Richtungen des Nachdenkens auf, weist auf mögliche Probleme des Alltags hin und gibt Anstöße zu tieferer Einsicht. Wichtig ist: das Kind soll selbst konkret sehen und sagen können, wo es anders werden kann. Und nicht nur das Übertreten von Geboten gehört in diese Besinnung, sondern auch das Nachdenken darüber, wo Möglichkeiten unterlassen wurden. Darum liegt auch der Hauptakzent darauf, das *ganze* vergangene Leben vor dem inneren Auge passieren zu lassen. Eine Suche nach Sünden ist ein totales Mißverständnis der Gewissenserforschung. Aber dazu wird sie, wenn wir nicht auch in anderen Formen und zu anderen Zeiten mit unseren Kindern über unsere Erfahrungen sprechen.

Ein Gewissensspiegel für Kinder

Du stehst vor dem heiligen Gott
Gott freut sich, daß Du gekommen bist.
Er hat auf Dich gewartet.
Er liebt Dich.
Er will Dir verzeihen.
Deswegen hat er Jesus zu uns Menschen gesandt.

Gott liebt Dich.
Denkst Du auch daran?
Dankst Du ihm?
Wann betest Du?

Gott ruft uns am Sonntag zur Kirche.
Kommst Du immer, wenn Du kannst?
Hilfst Du mit,
daß die Messe gut und schön gefeiert werden kann?
Oder störst Du?

Du lebst nicht allein
Um Dich sind viele Menschen –
die Eltern und Geschwister,
die Spielkameraden und Mitschüler,
die Lehrer und viele andere Erwachsene.

Wir wollen gut miteinander auskommen.
Hast Du auf Deine Eltern gehört? Warst Du ungehorsam?
Hast Du geholfen, wenn Du gebraucht wurdest?
Hast Du gemerkt, wenn andere traurig waren?
Hast Du anderen eine Freude gemacht?
Hast Du mit anderen geteilt?
Hast Du um Verzeihung gebeten, wenn Du
etwas falsch gemacht hast?
Hast Du anderen vergeben, die Dich gekränkt haben?

Wir wollen einander nicht schaden.
Bist Du oft trotzig? Zornig?
Hast Du jemand etwas nicht gegönnt? Etwas weggenommen?
Oder absichtlich kaputtgemacht?
Hast Du andere belogen und betrogen?
Warst Du ein Spielverderber?
Hast Du in der Schule gestört?

Aus dem Gotteslob

Es ist sicher nicht gut, beim ersten Mal schon mit dem Kind die einzelnen Fragen durchzugehen. Mit den Aussagen zu Anfang können wir die Besinnung beginnen und die Dinge benennen, die uns einfallen. Die Fragen sind mögliche Anstöße, die die Eltern in dieser oder anderer Form in das Gespräch einbringen. Nach längerer Übung, wenn solche Besinnungen selbstverständlich geworden sind, können wir mit den Kindern selbst auch den Gewissensspiegel durchgehen.

84 *Die Zehn Gebote*

Gebote haben wir nicht so gern. Sie erscheinen uns wie ein aufgelegter Zwang, wie die Einschränkung der Freiheit. So haben es auch die Zehn Gebote schwer, als allgemeingültiger Maßstab anerkannt zu werden. Ihr Name ist wohl schon ein Hindernis. Ein ganzer Katalog – wie sollte der das Zusammenleben hinreichend ordnen können? Einzelne Gebote sieht man als sinnvoll an *(z. B. Du sollst nicht stehlen. Du sollst nicht morden),* anderen möchte man lediglich eine zeitbedingte Gültigkeit zusprechen *(z. B. Ehre deinen Vater und deine Mutter. Du sollst nicht nach der Frau deines Nächsten verlangen).* Wir halten eher dafür, frei von Geboten das zu tun, was wir für richtig halten.

Wie aber können wir verhindern, daß unsere Einsicht durch Stolz, Ichsucht und tiefen Irrtum überblendet wird?

Wollen die Zehn Gebote unsere Freiheit behindern?

Solches Mißverständnis hat seinen Grund im *Gebrauch,* der mit den Geboten in der Erziehung gemacht wird. Gebote sind kein Ersatz für Zuneigung, persönliche Wegweisung der Erzieher. Wir können nicht einfach Vorschriften hinstellen, ihre Erfüllung fordern und vom Befolgen der Befehle richtige Verhaltensweisen erwarten. Das Müssen allein macht unfrei, wenn wir das Gute und Wertvolle des Lebens nicht als Grundlage und Ziel von Geboten miterleben. Das gilt in gleicher Weise für Erwachsene wie für Kinder. Was wir als wertvoll empfinden, was sich bewährt hat, was die Kinder als Orientierung brauchen – das können wir in Gebote fassen. Einerseits markieren sie Grenzen *(Du sollst nicht ...),* wo das Leben gefährdet wird, andererseits benennen sie Wegzeichen, die dem Handeln die entscheidende Richtung geben. Gebote decken nie den ganzen Lebensraum ab – man muß sie stets auf den konkreten Fall weiterentwickeln. Aber sie sind die Randmarkierungen eines Lebensweges, über die hinauszugehen bedeutet eine Verletzung von Lebenswerten, ja eine Gefährdung der Lebensgrundlage selbst.

Die Zehn Gebote gehen von einer Lebensgrundlage aus. Sie wurden nicht einfach dem Volk Israel und den Christen aufgepfropft oder aufgeladen. Am Anfang der Gebote steht das Geschenk der Freiheit:

Ich bin Jahwe, dein Gott,
der dich aus Ägypten herausgeführt hat,
aus dem Sklavenhaus.

Alte Katechismen haben diesen Satz weggelassen oder gekürzt. Aber nur von dieser Erfahrung aus haben die Gebote einen Sinn: Gott hat Israel die Freiheit geschenkt und will ihm nahebleiben auf dem Weg durch die Wüste. Dies ist die Ur-Kunde Gottes, die die Menschen durch ihr Leben weitergeben: Gott hat dich befreit und dir das Leben geschenkt, darum sollst du dich nicht mit anderen Göttern befassen, nicht morden, nicht die Ehe brechen. Weil Gott dich gerettet hat, darum ist es gut und vernünftig ...

Die Zehn Gebote sind das Programm für die Menschen, nach dem ihr Leben Bestand und Zuflucht haben wird: sie sind Verheißung und Forderung zugleich. Sie gehen von einem Geschenk aus und fordern auf, dieses Geschenk an die Mitmenschen und an die Welt weiterzugeben. Sie sprechen den einzelnen Menschen und die Gemeinschaft an. Sie klären unser Verhältnis zu Gott und das Zusammenleben der Menschen untereinander. Sie zwingen nicht zur Unterordnung, sondern rufen zum Einsatz für Leben und Freiheit auf. Ihre Worte haben einen weiten Sinn. Sie sprechen das Gewissen an. Sie schützen Menschenrechte. Sie fordern dazu auf, Verhältnisse zu schaffen, die dem Leben dienen. Dazu ist viel Phantasie und Initiative nötig.

In zehn Anweisungen sind zwei Grundbereiche entfaltet: Der Dienst für Jahwe und der Dienst für die Menschen. Beide haben ihren Sinn in der gleichen Vor-Gabe. Sie haben die gleichen Vorzeichen. Dadurch werden Gottes- und Menschendienst so ineinander verschränkt, daß das eine nicht ohne das andere möglich ist. Gottes Recht und Menschenrechte bestehen ineinander. Die Zehn Gebote können nicht als Sammlung von Einzelgeboten angesehen werden, sondern sie drücken als Ganzes den unveränderlichen und uneinschränkbaren Wert des Lebens aus. Als Ganzes sind sie weiterzugeben an die nächsten Generationen. Im einzelnen weisen sie auf die Lebenssituationen hin, in denen besondere Gefahr für die Zukunft der Menschen besteht.

Wer am Leben Gottes Anteil hat, muß sein Denken und Handeln ändern.

Du sollst neben mir keine anderen Götter haben. Du sollst dir kein Gottesbild machen und kein Bild von irgend etwas am Himmel droben, der Erde unten oder im Wasser und unter der Erde. Du sollst

dich nicht vor anderen Göttern niederwerfen und sie anbeten. Denn ich allein bin der Herr, dein Gott.
Du sollst den Namen deines Herrn, deines Gottes, nicht mißbrauchen, denn der Herr läßt den nicht ungestraft, der seinen Namen mißbraucht.
Sei darauf bedacht, den Sabbat zu heiligen! Sechs Tage darfst du schaffen und jede Arbeit tun; der siebte Tag ist ein Ruhetag, dem Herrn, deinem Gott, geweiht. An ihm darfst du keine Arbeit tun: du, dein Sohn und deine Tochter, dein Sklave und deine Sklavin, dein Vieh und die Fremden, die in deinen Städten wohnen. Denn in sechs Tagen hat der Herr Himmel und Erde gemacht und alles, was dazu gehört; am siebten Tag ruhte er. Darum hat der Herr den Sabbattag gesegnet und ihn für heilig erklärt. Vergiß es nicht: Als du in Ägypten Sklave warst, hat dich der Herr, dein Gott, mit starker Hand und hocherhobenem Arm dort herausgeführt. Darum hat es dir der Herr, dein Gott, zur Pflicht gemacht, den Sabbat zu halten.
Ehre deinen Vater und deine Mutter. So wirst du lange leben in dem Land, das der Herr, dein Gott, dir gibt!
Du sollst nicht morden.
Du sollst nicht die Ehe brechen.
Du sollst nicht stehlen.
Du sollst nicht falsch gegen deinen Nächsten aussagen.
Du sollst nicht nach der Frau deines Nächsten verlangen.
Du sollst nicht nach dem Haus deines Nächsten verlangen, nach seinem Sklaven oder seiner Sklavin, seinem Rind oder seinem Esel oder nach irgend etwas, das deinem Nächsten gehört.

Ex 20,1–16; Dtn 5,15–23

So sprach Gott zu Mose, und Mose schrieb diese Worte auf zwei steinerne Tafeln.
Diese einzelnen Gebote hat Jesus zusammengeschlossen in dem Doppelgebot:

Du sollst den Herrn, deinen Gott,
lieben mit deinem ganzen Herzen und mit deiner ganzen Seele und mit deinem ganzen Denken.
Das ist das wichtigste und erste Gebot.

Ebenso wichtig ist das zweite: Du sollst deinen Nächsten lieben wie dich selbst!
Auf diesen beiden Geboten beruhen das ganze Gesetz und die Propheten. Mt 22,37–40

85 *Weg in die Zukunft: Die Zehn Gebote*

Gott macht die Menschen nicht zu Untertanen oder gar zu Sklaven, sondern zu freien Menschen. Jahwe ist der entscheidende Grund des Lebens, weil er Israel befreite: »*Ich bin der Herr, dein Gott, der dich aus Ägypten herausgeführt hat, aus dem Sklavenhaus*« *(Ex 20,2)*. Jesus Christus, der menschgewordene Sohn Gottes, hat die Menschen befreit von der Herrschaft des Todes und der Sünde. Gottes Angebot geht auf uns über in seinen Geboten, die geschenkte Freiheit zu erhalten und weiterzugeben. Wir können mitwirken an Gottes Werk der Freiheit und an seiner Schöpfung. Er gibt die Gewähr dafür, daß ein Leben nach seinen Geboten die Menschen in eine heilvolle Zukunft führt. Gottes Gebote weisen auf einen Raum unendlicher Möglichkeiten; sie treiben dazu an, zu sehen, was notwendig ist, und zu tun, was gut ist. Mit seinen Geboten will Gott die Menschen nicht beherrschen, sondern ihre Gemeinschaft schützen und fördern.

GOTTES GEBOTE – DER MENSCHEN MÖGLICHKEITEN

Leben und Freiheit wurden dir von Gott geschenkt:

- Du kannst dich in der Liebe Gottes geborgen fühlen. Du allein bist sein Ebenbild. Du brauchst dich daher nicht bestimmen lassen von der Angst vor der Zukunft oder vom Auf und Nieder der Wirtschaft oder von den vielen Heilserwartungen.
- Du kannst Gott als Garanten der Wahrheit nehmen. Darum wirst du überall für die Wahrheit eintreten: wenn du vor Gericht aussagst – wenn du Politik machst – wenn du Geschäfte erledigst – wenn du Informationen weitergibst – wenn du Bekannten und Freunden Versprechungen machst.
- Du kannst die geschenkte Zeit nutzen für das Gelingen deines Lebens. Du hast Zeit zum schöpferischen Arbeiten und Zeit zur schöpferischen Ruhe, Zeit zur Sorge für dein Auskommen und Zeit zum Abstandnehmen von der Geschäftigkeit. Du kannst Liebe erfahren und Liebe schenken, wenn du dir Zeit nimmst für Gott und Zeit für die Menschen, die dir begegnen. Aber du wirst dich verlieren, wenn du den Anfang der Zeit in der Schöpfung Gottes vergißt.
- Du kannst dein Leben bereichern durch Weisheit. Aus dem Schatz

der Erfahrung, den deine Eltern und angesehene Menschen gesammelt haben, kannst du die Kunst des Lebens lernen: was gelingt und was mißlingt, was du selbst weitergeben kannst und was neu anzufangen ist. Du kannst den Faden des Guten weiterknüpfen, damit du und deine Nachkommen Bestand haben.

- Du kannst den Reichtum und den Wert des Lebens vermehren, wenn du für den Eigenwert jeder Person eintrittst. Gerade am Recht des Schwachen ist abzulesen, wie stark das Netz der Solidarität unter den Menschen ist. Die Sorge für das Kleine und Schwache wird dich dafür empfindlich machen, wie du selbst auf Kosten der Nächsten und der Fernen ein angenehmes Leben führst.
- Du kannst in der Gemeinschaft der Ehe die Treue und Liebe verwirklichen, mit der Gott dein Leben trägt. Du kannst alle deine Kräfte und Empfindungen in den Dienst am Ehepartner stellen. Du wirst darin Geborgenheit finden und sie an andere vermitteln können.
- Du kannst aus dem leben, was du selbst hast. Du brauchst dem anderen nicht durch verdeckte Taktik wegzunehmen, was er braucht,

um seine Freiheit zu entfalten. Deine Freiheit wird wachsen in dem Maße, wie du das Recht und die Freiheit des anderen anerkennst.

- Du kannst die Gemeinschaft der Menschen fördern, wenn du dich für die Wahrheit stark machst. Dein Zeugnis für die Wahrheit verhindert unbedachte Urteile. Vorurteile können sich nicht festsetzen, wo auch den Schuldigen ein neuer Anfang gestattet wird.
- Du wirst die Familie schützen und fördern. In ungeteilter Gemeinschaft und Geborgenheit von Mann und Frau wachsen die Grundkräfte des Lebens. Wenn Menschen Heimat haben, hört die Zerrissenheit auf. Die Kräfte des Guten können sich entfalten.
- Du wirst schützen, was andere Menschen zu ihrem Leben brauchen: Besitz, Lebensraum, Ordnung der Natur. Der Reichtum der geschaffenen Welt gehört allen Menschen. Du wirst nicht durch unlautere Machenschaften deine wirtschaftliche Kraft auf Kosten der Armen ausdehnen. Der Arme braucht deine Klugheit und dein Geschick, damit er seinen Lebensraum für sich und die Seinen nützen kann.

Gottes Gebote zeigen die Grenzen auf, wo unser Handeln sich gegen das Leben und die Freiheit auswirken.
Gottes Liebe befähigt uns, das Leben und die Zukunft zu meistern.

86 *Der Spiegel*

Ein wohlhabender und selbstsüchtiger Mann besuchte einen weisen Rabbiner. Der Rabbi ging mit ihm zum Fenster und fragte ihn:
»Was siehst du da draußen?«
»Menschen«, antwortete ihm der Selbstsüchtige.
Darauf führte er ihn zu einem Spiegel.
»Was siehst du nun?« fragte der Rabbi.
»Ich sehe mich selbst«, antwortete der Gefragte.
Da sprach der Rabbi: »Merke auf – das Fenster ist aus Glas. Was den Spiegel vom Fenster unterscheidet, ist nur die dünne Silberschicht auf seiner Rückseite. Das heißt: Kaum kommt noch etwas Silber hinzu, so hörst du auf, Menschen zu sehen und siehst nur noch dich selbst.«

Sigismund v. Radecki

87 *Schuldgefühle und Gewissen*

Das Wichtigste zum Thema Schuld und Vergebung ist eigentlich, daß ich erst dann beginnen kann, anders zu leben, wenn ich mir nicht mehr dauernd Vorwürfe mache oder mich mit Schuldvorwürfen womöglich selbst zerstöre. Erst wenn ich die falschen Schuldgefühle abbauen kann, bekomme ich ein wirkliches Gewissen. Das Schlimme ist, daß sehr viele Menschen ein zu kindliches Gewissen haben. Man kann es auch ein Paragraphen-Gewissen nennen, ein Buchstabengewissen, wobei auch hier gilt, daß der Buchstabe tötet, also gar keine Möglichkeit zur Entfaltung läßt ...

Das kindliche Gewissen ist ein schematisches Gewissen, ein negatives Gewissen. Es sagt nur: Dies und das darfst du nicht. Das negative Gewissen ist ein Verbots- und Gebotsgewissen; es reagiert um so stärker, je mehr das Kind durch einengende Verbote erzogen wird. Ein positives Gewissen dagegen baut das Ich auf. Also: Ich muß mich zu etwas hin entwickeln, ich bin mir selbst gegenüber verpflichtet, die besseren Möglichkeiten in mir zu entwickeln! ... Viele Menschen leiden gerade darunter, daß sie über ein starres, formales Paragraphengewissen nicht hinauskommen. Sie klammern sich an eine buchstabengetreue Auslegung von Vorschriften, ohne noch nach deren Sinn zu fragen ... Menschen mit einem negativen Kindergewissen neigen auch dazu, an anderen zu bekämpfen, was sie bei sich selbst fürchten und innerlich abwehren müssen, weil sie glauben, damit nicht fertigwerden zu können. Das positive Gewissen, das heißt, ein erwachsenes Gewissen, hat die Freiheit, aus einer realistischen Beurteilung der jeweiligen Situation heraus zu entscheiden. Es ruft dazu auf, sowohl die Schwächen und Versuchungen als auch die Stärken und zukünftigen Möglichkeiten wahrzunehmen.

Tobias Brocher

88 *Wie wir mit der Schuld umgehen*

Da hat einer versagt.
Du entdeckst das schnell.
»Schließlich hat man einen Blick dafür.«

Das Räderwerk der Schuldzuschreibung kommt in Gang:
»Nur gut, daß der Schuldige ertappt wurde.
Die Sache fällt doch eindeutig auf ihn. –
Kein Wunder, das mußte wohl so kommen! –
Sein Vergehen muß geahndet werden.
Wir dürfen nichts durchgehen lassen. –
Wohin kommen wir, wenn solche Leute nicht gefaßt und abgeurteilt werden?«

Natürlich hat er versagt.
Und du?

Das Räderwerk dreht sich weiter.
Die Richtung liegt fest.
»Mit mir hat das doch nichts zu tun?
Das kommt bei mir nicht vor.
Ich stehe schließlich meinen Mann. –
Seine Schuld ist klar bewiesen.
Wir haben Gesetze; danach muß jetzt mit aller Schärfe verfahren werden.
Da gibt es nur diesen einen Weg; alles andere führt nur zum Chaos!«

Das Versagen anderer Menschen verurteilen – eine leichte Sache,
vielleicht die einfachste Sache von der Welt.
Wir berufen uns auf Gesetze und Gebote.
So können wir den Schuldigen fassen und richten.
Damit werden alle Türen zugeschlagen. –
Werden auch neue geöffnet?

89 *Wie Jesus mit der Schuld umgeht*

Jesus ging zum Ölberg. Am frühen Morgen kam er wieder in den Tempel; als das ganze Volk zu ihm kam, setzte er sich und lehrte es. Da brachten die Schriftgelehrten und Pharisäer eine Frau, die beim Ehebruch ertappt worden war. Sie stellten die Frau in die Mitte und sagten zu ihm: Meister, diese Frau wurde beim Ehebruch auf frischer Tat ertappt. Mose hat im Gesetz befohlen, solche Frauen zu steinigen. Was sagst du dazu? Mit dieser Frage wollten sie ihn auf die Probe stellen, damit sie einen Grund hätten, ihn zu verklagen. Jesus aber bückte sich und schrieb mit dem Finger auf die Erde. Als sie nicht aufhörten, ihn zu fragen, richtete er sich auf und sagte zu ihnen: Wer von euch ohne Sünde ist, werfe als erster einen Stein auf sie! Und er bückte sich wieder und schrieb auf die Erde. Als sie seine Worte hörten, gingen alle nacheinander fort, zuerst die Ältesten. Jesus blieb allein zurück mit der Frau, die in der Mitte stand. Er richtete sich auf und sagte zu ihr: Frau, wo sind sie? Hat dich keiner verurteilt? Sie antwortete: Keiner, Herr! Da sagte Jesus zu ihr: Auch ich verurteile dich nicht. Geh und sündige von jetzt an nicht mehr!

Joh 8,2–11

Die Erzählung zeigt uns, wie sich Jesus zu einem Sünder verhält und zu den Menschen, die ihn anklagen. Jesus hat die Nacht am Ölberg verbracht, wohin er sich öfters zurückzog. Im Tempel findet sich wieder ein großer Kreis von Zuhörern ein, denen er die Schrift auslegt.
Schriftgelehrte, die von Amts wegen mit Vergehen gegen das Gesetz des Mose befaßt sind, bringen eine Frau zu ihm. Sie ist soeben beim Ehebruch ertappt worden. Nach dem Gesetz muß sie deswegen gesteinigt werden. Jesus soll über sie nach Recht und Gesetz befinden. – Sie kennen seine Zuneigung und Liebe zu den Sündern. Jetzt haben sie eine Gelegenheit, diesen angesehenen Mann vor allem Volk in Verlegenheit zu bringen. Es geht darum, ob er sich an das Gesetz des Mose hält oder auch in diesem Falle seine Predigt der Barmherzigkeit darüberstellt. Wird er nicht nach dem Gesetz urteilen, dann können sie ihn verklagen.
Jesus gibt ihnen keine Antwort – er bückt sich und schreibt mit dem Finger auf die Erde. Diese Geste verstehen die Schriftkundigen nicht. Sie deuten dies als Ausweichen und dringen weiter auf ihn ein. »In den

Staub wird geschrieben, wer von dir sich abwendet. Denn sie verließen den Herrn, den Quell lebendigen Wassers.« Damit hatte der Prophet Jeremia *(17,13) auf das Gericht Gottes verwiesen, vor dem* alle *Menschen als Sünder gelten. Den Sinn seiner Zeichenhandlung unterstreicht Jesus dann mit einem Satz, der jeden trifft: »Wer von euch ohne Sünde ist, werfe als erster einen Stein auf sie.« Dann schreibt er weiter. Gott ist es, der richtet. Menschen, die selbst Sünder sind, können sich nicht zum Richter über andere aufspielen.*
Damit bringt Jesus seine Gegner in Verlegenheit. Und die Schriftgelehrten verlassen den Raum. Zurück bleiben die Ehebrecherin und Jesus inmitten der Zuhörer. Er fragt sie nicht nach ihrer Tat. Er verurteilt sie auch jetzt nicht, da die Ankläger gegen die Frau und ihn fort sind. Die Frau kann selbst feststellen: Keiner wagte es über sie zu urteilen. Und sie wartet auf seine Entscheidung. »Hat dich keiner verurteilt?« »Keiner, Herr!« Und dann spricht Jesus seine Entscheidung: »Auch ich verurteile dich nicht.« Jesus spricht sie frei. Dies ist das Urteil des barmherzigen Gottes. Ohne jede Bedingung – du bist frei! Dazu ist der Sohn Gottes in die Welt gekommen, daß er den Sündern die Gnade und Vergebung Gottes verkündet und sie auf den Weg der Rückkehr zu Gott führt.
Dann deutet Jesus der Frau dieses Geschehen: »Geh und sündige nicht mehr!« Der Freispruch ist nicht so dahingesprochen; er enthält eine konkrete Verpflichtung. Wem vergeben wird, dem steht ein neuer Weg offen. Wir sollen ihn gehen – mit der Verheißung Jesu im Rücken: »Auch ich verurteile dich nicht.«

So ist Jesus Christus!

90 *Reue – eine revolutionäre Kraft*

□ Niemand kann das, was geschehen ist, ungeschehen machen; auch Gott nicht. Es gehört zu meiner persönlichen Geschichte. Auch wofür eine Gemeinschaft verantwortlich ist und was sich in einer bestimmten Zeit als Schuld angesammelt hat, das kann nicht einfach ausgelöscht werden. Wenn ich oder eine Gruppe andere Menschen verächtlich machen und so aus der Gemeinschaft ausschließen, dann wird ein bestimmter Prozeß in Gang gesetzt: Ein Stein kommt ins Rollen. Wie kann er aufgehalten werden? Zahlreich sind die Versuche, das Geschehene einfach zu verleugnen oder sich seinen Folgen zu entziehen. Dazu neigen Menschen, die nicht an das Ganze ihres Lebens denken, sondern nur in einem verengten Blick sich von augenblicklichen Wünschen und Bedürfnissen treiben lassen. Aber manchmal müssen wir erfahren, wie uns dann die eigene Geschichte einholt.

□ Es ist eine *Selbsttäuschung,*

- eine Schuld, deren Folgen wir nicht direkt verspüren, aus der Erinnerung auszuklammern;
- Unrecht und Unglück lediglich aus der Macht der objektiven »Verhältnisse« zu erklären;
- zu glauben, daß durch grenzenloses Arbeiten und wissenschaftlichen Fortschritt die Welt von selbst besser werden würde;
- sich in immer neuen Formen des Genusses und durch andauerndes Konsumieren Glück zu verschaffen und so Belastendes, Ärgerliches, Schmerzliches »wegzuspülen«;
- »auf das nächste Mal« aufzuschieben oder dem Lauf der Zeit zu überlassen, was zur Klärung ansteht;
- des Selbstwertgefühls wegen das auszuklammern, was uns Widerstand leistet.

Dies sind Zeichen von Unreife. Denn wir betäuben den Sinn für die tieferen Zusammenhänge des Lebens. So wird sich nur wiederholen, was begonnen ist.

□ Solche Gewohnheiten haben sich bei uns eingebürgert; sie sind der Normalfall geworden. Wer da von *Reue* spricht, gilt schnell als Defätist oder Spielverderber. Denn mancherlei Mißverständnisse lasten auf diesem Wort: Reue sei zwecklos, weil das Vergangene unabänderlich ist. Sie entstehe nur aus Furcht vor Strafe. Sie wirke hemmend, weil der Mensch Impulse der Rache auf sich selbst bezieht und sich darin nur selbst quält. »Katerstimmung« nach Mißerfolgen oder unmäßigem Genuß und Niedergeschlagenheit oder dauernde Unlustgefühle seien ihre Ausdrucksformen. Von alledem mag bei der Reue etwas mitspielen – aber ihren Kern treffen sie nicht. Die Kirche sieht darum in der Furcht vor Gottes Strafe nur eine unvollkommene Form der Reue. Reue in ihrem eigentlichen Sinn ist eine revolutionäre, befreiende, aufbauende Kraft, die sich nicht im Verwerfen von Handlungen oder negativen Empfindungen erschöpft.

□ Reue gehört zwar dorthin, wo ich schuldig geworden bin, aber ihr Maß und Ziel hat sie anderswoher. Ich stehe mit allem, was ich bin, *vor Gottes unendlicher Liebe.* In grenzenloser Offenheit und Freiheit wendet sich Gott den Menschen zu. In Jesus Christus steigt Gott auf unsere Ebene herab. Gott gibt sich preis bis ans Ende dessen, was Liebe vermag. *»Er liebte die Seinen in der Welt, und er liebte sie bis ans Ende« (Joh 13,1).* In seiner Liebe zum Vater und zu den Menschen stellt Jesus Christus die höchste Fülle und den höchsten Wert des Lebens dar, den Grund und das Ziel der Welt.

In der Begegnung mit diesem Gott geschieht die Reue. Sie hat für mich einen doppelten Sinn:

1. Ich betrachte mein wirkliches Tun und Denken. Darin wird mir bewußt, wie ich mich in Schuld verstrickt von Gott entfernt habe. Taten und Motive, die sich im Verborgenen abgesetzt haben und mein Leben heimlich bestimmen, treten hervor. Ich werde gewahr, daß ich es mehr an der Liebe zu Gott, zu den Mitmenschen und zu mir selbst fehlen ließ, als mich von ihr antreiben zu lassen.

2. In dieser Begegnung des Sünders mit Gott scheint auch die Gewißheit auf, daß Versagen und Schuld von Gott vergeben werden. Denn bis zur Vergebung der Sünden reicht das Liebesgeschenk Gottes, das wir erleben. Von dieser Kraft werde ich neu erfaßt. Die Einsicht in die Schuld geht über in eine neue Sichtweise, wie ich mein Leben eigentlich auf Gottes Liebe hin einzurichten hätte. Dadurch werde ich befreit von der Wirksamkeit der Schuld. Es muß sich nicht immer weiter Schuld ansammeln, sondern ein freier Beginn eines neuen Lebens tut sich auf. Ich kann es besser machen, weil ich in der Reue um das konkrete Versagen weiß und durch die Hinkehr zur Liebe Gottes den Strom der Schuld aus der Vergangenheit stoppen kann. Die Kette der Schuldverstrickung wird gesprengt. In der Reue lasse ich meine Schuld gelten; ich erlebe auch, wovon ich mich lösen muß und auf welchen Wert es ankommt. Damit wird ein neuer Anfang möglich, der frei ist von Schuld. Reue hat dieses doppelte Gesicht: sie blickt schuldbewußt in die Vergangenheit zurück *und* sie tritt mutig und freudig den neuen Weg in die Zukunft an, da sie aus der Gewißheit wirklicher Vergebung Kraft erhält.

□ So verstanden hat Reue weder etwas mit Furcht noch mit Selbstquälerei zu tun. Sie ist auch nicht Trauer darüber, daß ich so bin. Wirkliche Reue geschieht nur in der *Stille,* der *Ruhe* und in der *Sammlung* des Innern. Nicht verkrampft, sondern gesammelt und ernsthaft betrachte ich mein konkretes Leben. Der Stolz über mich selbst wird zurückgedrängt. Ich bin wahrhaftig gegenüber mir selbst. Ich erfahre, was dieses konkrete Ich damals bewegt, und was ich faktisch bewirkt habe. Was geschehen ist, wird in Erinnerung gebracht. Es verliert seine Dumpfheit. Diese Schuld und ihr Fortwirken kann ich abbrechen, weil sich im Blick auf die Liebe Gottes ein neuer Wert und ein neues Motiv für mich auftut. In der Reue kehre ich heim zum Vater, werde frei von dem Erlebten. Ich gewinne die Kräfte zurück, die in der Schuld verlorengingen. So beginnt sich mein Sinn zu ändern; mit konkreten Vorsätzen versuche ich mein Handeln neu einzurichten. Man sagt: »Der Weg zur Hölle ist mit guten Vorsätzen gepflastert«. Dies trifft zu, wenn den Vorsätzen kein wahrhaftiger Rückblick auf die vergangene Schuld zugrunde liegt. Mit der Reue aber verjüngt sich der Mensch in seiner sittlichen Kraft. Vergangene Schuld wird als Teil des Lebens anerkannt, aber die neue Kraft der Liebe wird wirksam. Darum ist nicht eine Utopie oder wissenschaftliche Stärke die eigentlich revolutionäre Kraft des Menschen, sondern die Reue. Daraus erwächst Hoffnung, weil nichts so bleiben muß, wie es war – weder beim einzelnen Menschen, noch in der Gemeinschaft eines Volkes.

91 *Was haben Versagen und Schuld mit Gott zu tun?*

Es ist schwer geworden, von Sünde so zu reden, daß von den einen nicht sofort das Gespräch abgebrochen wird, und bei anderen sich nicht leise Angst regt. Vielleicht wird in der Kirche zu viel von Sünde geredet? »Es geht genug schief – wozu auch noch die Schuld verstärken?« »Soll das Versagen des einzelnen wirklich so weit gehen, daß er Gott beleidigt?«

Für jeden Fehler ein Alibi?

Wir tendieren dazu herunterzuspielen, zu *verharmlosen,* was uns mißlungen ist, oder wo Entscheidungen und Handlungen sich als schädlich erweisen. Manchmal wächst dies geradezu zum »Unschuldswahn« aus – besonders in den Zeiten, in denen wir uns im Hochgefühl des Fortschritts wiegen können. Zwar verspüren wir Brüche und Fehlentwicklungen im persönlichen und gesellschaftlichen Bereich, aber da müssen dann die »Verhältnisse in der Gesellschaft«, das »falsche Bewußtsein« oder die unzulängliche »Natur« des Menschen als Ursache herhalten. »Die Erfolge, das Gelingen und die Siege unseres Tuns schlagen wir uns selbst zu; im übrigen aber kultivieren wir die Kunst der Verdrängung, der Verleugnung unserer Zuständigkeit, und wir sind auf der Suche nach immer neuen Alibis angesichts der Nachtseite, der Katastrophenseite, angesichts der Unglücksseite der von uns selbst betriebenen und geschriebenen Geschichte« (Gemeinsame Synode der Bistümer in der Bundesrepublik Deutschland: *Unsere Hoffnung* 5). Teils suggerieren wir uns selbst die Vorstellung ein, teils wird sie als Utopie verfochten: man muß die Zustände nur ändern, dann wird die Möglichkeit der Schuld behoben.

Nur eine Sache des Menschen!?

Das Empfinden von Schuld und Versagen ist freilich nicht abgebaut, im Gegenteil. In erhöhtem Maße fühlen wir uns *betroffen* vom Unglück und Unrecht, das Menschen trifft:

- wie Einsamkeit, Fremdsein, Freudlosigkeit und Armut wachsen, weil Menschen sich einander verweigern;
- wie sich Spannungen zwischen Gruppen und Völkern zu Haß und Aggression vertiefen, weil sich die Systeme verhärten und Selbstbehauptung zur einzigen Maxime des Handelns wird;
- wie Menschen die Hoffnung verlieren, sich selbst aufgeben, weil sie in den Angeboten ihrer Umwelt, der Arbeit, der Freizeit, dem Konsum keinen Sinn verspüren.

Aber es bleibt dabei: »Mit Gott hat die Schuld nichts zu tun. Wir sind allein für unsere Taten verantwortlich, wir haben es auszubaden und selbst für die Veränderung zu sorgen. Dabei finden wir schon den richtigen Weg. Jeder muß selbst den angerichteten Schaden bereini-

gen. Vergebung ist eine Sache, die die Menschen ehrlich miteinander ausmachen können.«
Hier wird richtig gesehen: was die Mitmenschlichkeit stört, wo Sinn verlorengeht und wo egoistische Interessen daran hindern, Verantwortung zu übernehmen, da geschieht das Böse, da liegt menschliche Schuld vor. Niemand kann sich auf übergeordnete Mächte und Ursachen hin ausreden. Aber wird Gott dadurch von uns beleidigt, daß wir gegen unser eigenes Gut handeln, wie Thomas von Aquin formuliert?

Sünde ist Un-Sinn

Es hängt wohl vom Verständnis ab, das der Mensch von sich und seiner Welt hat, ob er sein Versagen und seine Schuld mit Gott in Verbindung bringt und als Sünde betrachtet. Wer im tiefsten Sinne nur auf sich selbst oder die reinigenden Kräfte der Evolution vertraut, für den hat das Reden von Sünde keinen Sinn. Der *Glaube an den Schöpfergott,* der in unendlicher Liebe allem Leben und Freiheit gibt, ist der entscheidende Grund dafür, daß wir die Sünde eine Beleidigung Gottes nennen. Der Gläubige findet Sinn und Grund seines Lebens und der Welt in Gott. Das Abweichen vom Guten und die Verweigerung der Liebe entsprechen darum nicht dem Geist Gottes, den er seiner Welt eingestiftet hat.
Wie ist dies näherhin zu verstehen?
1. Wir sind von Gott als *freie Wesen* geschaffen. Gott ist unser Vater *(»Vater unser im Himmel«)* und die Mitmenschen sind unsere Brüder. Er hat uns als sein Ebenbild geschaffen und dazu berufen, an seiner Schöpfung in Freiheit und eigener Verantwortung mitzuwirken. Das Leben des Menschen ist nicht in feste Bahnen eingefügt, sondern dem einzelnen und der menschlichen Gemeinschaft als Aufgabe übertragen: Es gelingt, wenn wir uns am Wert und Sinn der Schöpfung orientieren. Aber der Mißbrauch ist stets möglich, weil unsere Freiheit nicht vollkommen, sondern noch auf dem Weg durch die Zeit ist: sie muß sich bewähren. Wo wir das Gute in der Schöpfung bewußt ablehnen oder unbedacht andere Ziele verfolgen, als wüßten wir nichts vom Guten – da sündigen wir. Sünde heißt: sich selbst als Herrn der Schöpfung ansehen, nach dessen Sinn jetzt die Dinge laufen sollen. Der Blick richtet sich nicht mehr auf Gott, sondern auf das Anziehende und Beeindruckende der eigenen Absichten. Der

Verantwortung wollen wir uns entziehen. So erzählt die Bibel: Adam und Eva verstecken sich vor Gott und schieben dann die Schuld auf den anderen.

2. Die *Sünde* aber stört die Weltordnung, die von Gott kommt. Sie *verdreht* den Sinn der Schöpfung. Der Mensch will nicht tun, was er dem Vater und seinen Brüdern schuldig ist. Die Welt ist voller Möglichkeiten – wir nehmen sie in unserem Zeitalter viel mehr wahr als frühere Menschen dies vermochten. Aber wir merken auch, daß wir im rasanten Fortschritt vieles aus dem Auge verlieren, was wir den Mitmenschen und der Natur auch noch schuldig wären:

– *Wohlstand kann nicht gut sein, wenn viele im »Dreck« liegen.*
– *Komfort kann nicht gut sein, wenn die Natur aus dem Gleichgewicht gerät.*
– *Gesellschaftlicher Aufstieg kann nicht gut sein, wenn andere darunter zu leiden haben.*

Es kommt darauf an, ob wir die tieferen Zusammenhänge unseres Handelns sehen und sie in unsere Pläne einkalkulieren. Das Gute kommt nicht von selbst, es will unter den vielen Möglichkeiten entdeckt werden *(vgl. das Gleichnis vom barmherzigen Samariter).*

Die Grundkraft, aus der die Schöpfung Gottes lebt, ist die Liebe; sie gibt dem anderen, was er zum Leben braucht. Liebe ist kein schönes Ideal, sondern sie zeigt und bewährt sich in den konkreten Ereignissen und Begegnungen des Lebens. Sünde heißt dann: sich im Denken und Handeln nicht von der Liebe Gottes leiten lassen; die Möglichkeit, wo Liebe und Zuwendung not-wendig ist, übersehen; Liebe verweigern, um den eigenen Wünschen und Neigungen folgen zu können.

Der Sünder widerspricht Gott, weil er an armen, benachteiligten und geschlagenen Brüdern vorbeigeht, in denen Gott selbst ihm begegnet *(vgl. Mt 25,40.45).*

3. Aber für den Glaubenden gibt es auch die Gewißheit: »Der ›Gott unserer Hoffnung‹ ist uns nahe über dem Abgrund unserer redlich erkannten und anerkannten Schuld – als der unsere Entscheidungen Richtende und als der unsere Schuld Vergebende zugleich.« Da sich Schuld gegen Gottes Liebe wendet, wird sie letztlich nur von Gott selbst vergeben. Gott wandelt Schuld nicht in Unschuld um: er vergibt – weil er nicht will, daß wir uns in Lieblosigkeit verstricken. Auch diese Vergebung können wir verweigern, wenn wir uns nicht – wie der verlorene Sohn – zum Vater aufmachen, sondern in uns verstockt Schuld nur aushalten oder leichtsinnig darüber hinwegge-

hen. Die Vergebung der Sünde muß uns von Gott gesagt werden, damit Neues beginnen kann. Im Sakrament der Buße nehmen wir das Wort der Vergebung an: die begonnene Schuld muß nicht weiter anwachsen, weil wir die unendliche Liebe Gottes erfahren. Gott befreit uns von der Sünde.

Gottes Vergebung ist Kraft zur Freiheit!

92 *Arten der Sünde unterscheiden lernen?*

Kinder sollen in der Bußerziehung ein Verständnis dafür gewinnen, worin sie Gott und den Mitmenschen etwas schuldig geblieben sind. Sie sollen wissen: Gutes zu unterlassen – Böses zu tun, ist Sünde. Aber wir überfordern Kinder in der Grundschulzeit, wenn wir im Gespräch mit ihnen klären, was eine schwere Sünde und was eine leichte Sünde ist. Für diese Unterscheidung haben sie weder die Erfahrung noch die Einsicht. Diese Begriffe sind für Kinder zu abstrakt, als daß sie von ihnen ohne weiteres mitvollzogen werden können. Der verfrühte Gebrauch wirkt wie »bloßes Maulbrauchen« *(Pestalozzi):* ihr Sinn wird nicht erfaßt; sie werden zu Leerformeln, weil die Kinder den Bezug dieser Begriffe zur erfahrbaren Wirklichkeit nicht herstellen können; sie haben noch nicht die Fähigkeit, allgemeine Begriffe auf jeden beliebigen Fall anzuwenden. So wird die Bedeutung dieser Begriffe eher verharmlost. Bei manchen Kindern löst diese Unterscheidung sogar unberechtigte Ängste aus, sie könnten vielleicht auch eine schwere Sünde begangen haben. Manche kommen von dieser Angst gar nicht mehr recht los. Für das Verständnis von Sünde gibt es andere Wege (vgl. Nr. 83).
Die Unterscheidung von schwerer *(Todsünde)* und leichter *(läßlicher, Wund-)*Sünde ist das Ergebnis längerer Erfahrung und vertieften Nachdenkens über das konkrete Geschehen unter den Menschen. Sie hilft dem Erwachsenen, und auch schon dem Jugendlichen, zu tieferer Einsicht und klarem Urteil über Bedeutung und Gewicht seines Denkens und Tuns. »Auch scheinbar alltägliche Verfehlungen

können tieferliegende, schwer sündhafte Haltungen anzeigen; durch ständige Wiederholung können sie zur völligen Selbstverschließung des Menschen führen. Sie untergraben den Glauben und haben damit fast notwendig den Bruch mit Gott zur Folge. Das gilt vor allem dann, wenn sich ein Getaufter ausschließlich für die Durchsetzung der Wünsche seines Ich entschieden hat und allein Arbeit, Reichtum, Ansehen, Macht, Erfolg und Genuß als oberste Werte anerkennt« (Gemeinsame Synode: *Schwerpunkte heutiger Sakramentenpastoral C 6*). Schwere Sünden sind nicht nur *Abkehr* von Gott, sondern sie *trennen* von Gott. Dies nimmt die Kirche an, wenn eine wichtige Sache vorliegt und in klarer Erkenntnis und aus freiem Willen ein Gebot Gottes übertreten wird. Dennoch bleibt dem Menschen »die Chance, Vergebung zu finden. Dazu muß er sich persönlich seiner Schuld stellen und sie im Bußsakrament bekennen. In der in der Vollmacht Christi gegebenen Lossprechung erlangt er wieder die volle Gemeinschaft mit der Kirche und so die Versöhnung mit Gott« (ebd.).
Man kann in der Regel davon ausgehen, daß Kinder keine schweren Sünden begehen können. Erwachsene aber sollten sich über diese Zusammenhänge klarwerden.

93 *Es kann auch anders sein*

Max und Peter waren Schüler der dritten Klasse. Sie wohnten einander gegenüber in derselben Straße einer kleinen Stadt. Früher waren sie dicke Freunde gewesen: dann war es aus einem unerfindlichen Grunde zu Streit gekommen, und sie hatten begonnen, einander wie böse Feinde zu hassen.
Lief Max aus dem Tor seines Hofes, so schrie er über die Straße: »He, du Dummkopf! Und er zeigte dem früheren Freund die Faust. Und Peter gab zurück: »Wie viele solche Mistkäfer, wie du einer bist, gehen wohl auf ein Kilo?« Dabei drohte auch er mit der Faust.
Ihre Schulkameraden versuchten mehrmals die beiden zu versöhnen, aber alle Mühe war umsonst: Sie waren richtige Starrköpfe. Schließlich fingen sie an, einander mit Schmutzklumpen zu bewerfen. Einmal regnete es besonders stark. Dann verzogen sich die Wolken,

und die Sonne zeigte sich wieder, aber die Straße stand unter Wasser. Wer sie überqueren wollte, tastete mit dem Fuß ängstlich nach der Tiefe des Wassers und wich wieder zurück.
Max trat aus dem Haus, blieb beim Hoftor stehen und schaute mit Vergnügen um sich: Alles war so sauber und frisch nach dem Regen und glänzte in der Sonne. Plötzlich aber verfinsterte sich sein Gesicht. Er sah seinen Feind Peter am jenseitigen Hoftor stehen. Und er sah auch, daß Peter einen großen Stein in der Hand hielt.
So, so, dachte sich Max, du willst also einen Stein nach mir werfen. Nun gut, das kann ich auch! Er lief in den Hof zurück, suchte und fand einen Ziegel und lief wieder auf die Straße, zur Abwehr bereit.
Doch Peter warf den Stein nicht nach dem Feind. Er kauerte sich an den Straßenrand und legte ihn behutsam ins Wasser. Dann prüfte er mit dem Fuß, ob der Stein nicht wackle, und verschwand wieder. Der Stein sah wie eine kleine Insel aus.
Ach so, sagte sich Max. Das kann ich auch. Und er legte seinen Ziegel ebenfalls ins Wasser.
Peter schleppte schon einen zweiten Stein herbei. Vorsichtig trat er auf den ersten und senkte den zweiten ins Wasser, in einer Linie mit dem Ziegel seines Feindes. Dann holte Max drei Ziegelsteine auf einmal.
So bauten sie einen Übergang über die Straße. Leute standen zu beiden Seiten. Sie schauten den Knaben zu und warteten. Schließlich blieb nur ein Schritt zwischen dem letzten Ziegel und dem letzten Stein. Die Knaben standen einander gegenüber. Seit langer Zeit blickten sie sich zum ersten Mal wieder in die Augen, und Max sagte: »Ich habe eine Schildkröte. Sie lebt bei uns im Hof. Willst du sie sehen?«

Natalie Oettli

6 Buße – Ein neuer Anfang ist möglich

Die Frage nach dem Bußsakrament ist auch eine Frage nach unserem Gottesbild, ob wir Gott zutrauen, daß er es gut mit uns meint.

94 *So ist Gott*

Manchmal tun wir so, als wüßten wir genau, was sich gehört und was sich nicht gehört. Eine starke Gruppe von Pharisäern und Schriftgelehrten in Palästina gab sich auch so, als sie vom Tun Jesu hörte. Denn:
Alle Zöllner und Sünder kamen zu ihm, um ihn zu hören. Die Pharisäer und Schriftgelehrten empörten sich darüber und sagten: »Er gibt sich mit Sündern ab und ißt sogar mit ihnen!«
Jesus antwortete ihnen mit Gleichnissen: vom verlorenen Schaf und von der verlorenen Drachme und mit dem Gleichnis vom verlorenen Sohn (Lk 15).
Da erzählte er ihnen ein Gleichnis: Ein Mann hatte zwei Söhne. Der Jüngere sagte zu seinem Vater: Vater, gib mir das Erbteil, das mir zusteht! Da teilte der Vater das Vermögen auf. Nach wenigen Tagen packte der jüngere Sohn alles zusammen und zog in ein fernes Land.
Wir können uns gut vorstellen, wie das zugegangen ist: Mit seiner Freiheit zu Hause konnte er nichts anfangen; nur fort, »sein eigenes Leben leben«.
Der Vater zwingt seinen Sohn nicht, zu bleiben, er läßt ihn ziehen. Wird er zurückkommen?
Dort lebte er in Saus und Braus und verschleuderte sein Vermögen. Als er alles durchgebracht hatte, kam eine große Hungersnot über das Land, und es ging ihm sehr schlecht. Da ging er zu einem Bürger des Landes und drängte sich ihm auf; der schickte ihn aufs Feld zum Schweinehüten. Er hätte gern seinen Hunger mit den Futterschoten gestillt, die die Schweine fraßen, aber niemand gab ihm etwas davon. Da besann er sich und sagte: Wie viele Tagelöhner meines Vaters haben mehr als genug zu essen, und ich komme hier um vor Hunger. Ich will zu meinem Vater gehen und zu ihm sagen: Vater, ich habe gegen Gott im Himmel und gegen dich gesündigt. Ich bin nicht mehr wert, dein Sohn zu sein; mach mich zu einem deiner Tagelöhner!
In seinem tiefsten Elend – nicht einmal Schweinefutter gibt man ihm – kommt er zur Besinnung, er geht mit sich zu Rate. Er faßt den Entschluß umzukehren: der Abkehr von *seinem bisherigen Leben – entscheidender aber der Hinkehr* zu *seinem Vater. Von diesem Vater, der ihn hat ziehen lassen, kann er mehr erwarten, als ihm seine jetzige Lage verspricht.*

Dann brach er auf und ging zu seinem Vater. Der sah ihn schon von weitem kommen, und er hatte Mitleid mit ihm. Er lief dem Sohn entgegen, fiel ihm um den Hals und küßte ihn. Da sagte der Sohn: Vater, ich habe gegen Gott im Himmel und gegen dich gesündigt; ich bin nicht mehr wert, dein Sohn zu sein. Der Vater aber sagte zu seinen Knechten: Holt schnell das beste Gewand, und zieht es ihm an, steckt ihm einen Ring an die Hand, und zieht ihm Schuhe an. Bringt das Mastkalb her und schlachtet es, wir wollen ein Festmahl feiern. Mein Sohn war tot und lebt wieder; er war verloren und ist wiedergefunden. Und sie begannen, ein fröhliches Fest zu feiern.
Sein Vater erblickt ihn von weitem; er hat immer gewartet: Wann endlich kommt er heim? Wie wird es ihm gehen? Er läuft ihm entgegen, er vergißt, was die Würde eines alten Orientalen von ihm fordert: niemals zu laufen. Er läuft auf ihn zu und umarmt ihn; noch bevor der Sohn überhaupt etwas sagen kann, verzeiht er. Er sagt jetzt nicht: »Es mußte ja so kommen, auf mich hört ja niemand, hättest du mir nur geglaubt; siehst du jetzt, daß ich es gut mit dir meine.« Nein, er zeichnet ihn aus mit dem Festgeschenk der Orientalen: dem Festgewand, schenkt ihm den Siegelring (d. h. er überträgt ihm Vollmacht), er erhält Schuhe, denn er soll nicht weiter barfuß gehen wie die Sklaven.

Wie dieser Vater, so ist Gott.
An uns liegt es, ob wir Gott den Rücken zukehren
oder in klarem Wissen um unser Versagen
und Mißlingen zu ihm umkehren. Er wartet;
er läuft auf uns zu, wenn wir umkehren,
d. h. uns abkehren von den Sünden und uns hinkehren zu ihm.

Nicht genug damit. Für die Ohren der unverständigen Zuhörer fährt er fort mit dem Gleichnis:
Der ältere Sohn war unterdessen auf dem Feld. Als er heimging und in die Nähe des Hauses kam, hörte er Musik und Tanz. Da rief er einen der Knechte und fragte, was das zu bedeuten habe. Der Knecht antwortete: Dein Bruder ist gekommen, und dein Vater hat das Mastkalb schlachten lassen, weil er ihn heil und gesund wiederbekommen hat. Da wurde er zornig und wollte nicht hineingehen. Sein Vater aber kam heraus und redete ihm gut zu. Doch er erwiderte dem Vater: So viele Jahre schon diene ich dir, und nie habe ich gegen deinen Willen gehandelt, mir aber hast du nie auch nur einen Ziegenbock geschenkt, damit ich mit meinen Freunden ein Festmahl

feiern konnte. Kaum aber ist dein Sohn gekommen, der dein Geld mit Dirnen durchgebracht hat, da hast du für ihn das Mastkalb geschlachtet. Der Vater antwortete ihm: Mein Kind, du bist immer bei mir, und alles, was ich habe, gehört auch dir. Heute aber müssen wir ein Fest feiern und uns freuen; denn dein Bruder war tot und lebt wieder; er war verloren und ist wiedergefunden worden.

Rückkehr – das ist ein Anlaß zum Feiern für alle. Wir mißdeuten die Güte des Vaters, wenn wir uns ausschließen oder unser Recht gegen den anderen fordern. Denn es beginnt neues Leben. Der Anfang ist gemacht. Ist die Versöhnung nur Sache des Vaters und eines *Sohnes? Sollte dieser erste Wellenschlag der Versöhnung wieder im Sande verlaufen?*

Was wird der ältere Sohn jetzt tun?

Was würden wir tun?

95 Wenn ich »Buße« höre ...

– *dann befällt mich ein Gefühl des Unwohlseins. Muß man sich stets an seine Schwächen und Fehler erinnern?*
– *dann denke ich an die Beichte, die lästige Pflicht, zu beichten, an bedrückende Gefühle und Erleichterung;*
– *dann fallen mir die Sündenkataloge ein, die dunklen Beichtstühle, die fremdartigen Worte des Pfarrers – aber auch das befreiende Gefühl nach der Beichte;*
– *dann denke ich immer wieder an das schlechte Gewissen, das ich in Ordnung bringen will.*

In den meisten Fällen wird Buße mit Beichte gleichgesetzt. Das Sakrament der Buße hat wirklich eine hervorragende Stellung: »Im Auftrag der Kirche wird dem, der umkehrt, durch den Priester in der Vollmacht Christi im wahrnehmbaren Zeichen Versöhnung geschenkt. Für die Gläubigen, die sich in schwerer Sünde von Gott getrennt haben, bleiben das persönliche Bekenntnis und die persönliche Lossprechung die einzige ordentliche Weise, in der Kirche Versöhnung mit Gott zu finden. Aber auch denen, die sich keiner schweren Sünde bewußt sind, empfiehlt die Kirche, in Zeitabständen, in denen das eigene Leben noch überschaubar ist, das Bußsakrament zu empfangen.« (Gemeinsame Synode der Bistümer in der Bundesrepublik Deutschland: *Schwerpunkte heutiger Sakramentenpastoral)* Wir werden aber der Bedeutung von Buße und Umkehr im christlichen Glauben nicht ganz gerecht, wenn wir nur an die gottesdienstlichen Formen oder an die Pflicht zum Empfang des Sakramentes denken. Vielleicht engen wir durch solche punktuellen Akte, die wir von Zeit zu Zeit erledigen, ihre Bedeutung sogar ein. Möglicherweise haben auch viele Buße verlernt, weil sie mit der Beichte nichts mehr anfangen können. Buße, Umkehr, Metanoia ist im christlichen Glauben eine so grundlegende Sache, daß sie mit einer festen Form gar nicht eingefangen werden kann. Sie beschränkt sich auch nicht auf das Festhalten an Gebote oder auf eine moralische Haltung.

Buße ist die Grundform des Glaubens schlechthin

Die Botschaft vom öffentlichen Wirken Jesu beginnt mit der Bußpredigt Johannes des Täufers. In seinem Ruf zur Umkehr gipfeln die Worte der Propheten: er kündigt den Anbruch des Reiches Gottes an, das allen Menschen das Heil bringt, und ruft zur Umkehr auf, in der wir am Heil Anteil haben. Umkehren und an den Anbruch des Reiches Gottes in Jesus Christus glauben, das ist in der Botschaft und Begegnung mit Jesus dasselbe. Darum steht der Ruf zur Umkehr oder zur Buße im Zentrum der Verkündigung Jesu. Programmatisch steht am Beginn seines öffentlichen Auftretens nach dem Zeugnis des Markus: *»Die Zeit ist erfüllt, und das Reich Gottes ist nahe. Bekehrt euch und glaubt an das Evangelium!« (Mk 1,15)*. Nahezu den gleichen Anfang macht Petrus in seiner Pfingstpredigt, mit der die Kirche ihr öffentliches Auftreten beginnt *(vgl. Apg 2,38)*. Mit Jesus von Nazaret ist das Reich Gottes mitten in unserer Geschichte Wirklichkeit geworden. Durch Jesus Christus gibt es für alle Menschen den Weg zum Heil, zur Gemeinschaft mit Gott. Er verbürgt die Liebe Gottes zu den Menschen, und er bringt sie uns selbst.

Buße bedeutet dann:

- Ich lasse mich auf die heilvolle Zukunft ein, die mit ihm ihren Anfang genommen hat.
- Ich stelle mich um, mein Bewußtsein und mein Verhalten.
- Ich bin dazu entschlossen, die Ziele meines Lebens zu ändern und alle Gedanken, Pläne und Handlungen auf die verheißene Zukunft hin auszurichten.

- Ich kann im Licht dieser Botschaft mein Leben ändern.
- Alles, was der Welt an Möglichkeiten offensteht, kann in der Offenheit für Christus zum Heil werden.
- Ich verlasse nicht nur die Wege, die mich von Christus wegführen, ich suche auch die Wege, die Jesus als neue Chance für die Welt vorgezeichnet hat.

Jesus weiß sicherlich, wie die Menschen von Gottes Liebe abkommen und wie der »Geist der Zeit« der heilvollen Zukunft im Wege steht. Darum verlangt er nicht die laute Klage über die Schuld, entrüstet er sich selten über menschliches Versagen und verurteilt niemanden. Ohne jedes Vorurteil nimmt er die Menschen an, die auf ihn warten oder zu ihm kommen: Zachäus *(Lk 19,1–10),* die Sünderin *(Lk 7,36–50),* die kanaanäische Frau *(Mt 15,21–28),* den Gelähmten *(Mk 2,1–12),* die Ehebrecherin *(Joh 8,1–11).* Jesus schenkt ihnen Vertrauen. Jede Begegnung mit ihm wird zu einer neuen Chance für das Leben. Er ist auch mit Schriftgelehrten und Pharisäern zusammen. Sie werden aber seine Feinde, weil sie ihm nicht vertrauen. Die ihm aber vertrauen, finden das Heil. Er wird ihr Freund. So verändert diese Begegnung ihr Leben. Vertrauen auf Christus ist der entscheidende Schritt der Umkehr, nicht das Erfüllen von Geboten. Gebote sind darum nur sinnvoll, solange sie uns zu diesem Vertrauen und zur Hinkehr zu Christus helfen. Im Vertrauen auf Christus wächst auch das Vertrauen in meine eigene Zukunft; in diesem Vertrauen lernen wir, die Möglichkeiten zu entdecken, wie wir unsere Welt mehr dem Willen Gottes annähern können.

Buße lebt von dem *Vertrauen in Christus.* Es ist ein wechselseitiges Geschehen: er vertraut uns, damit wir selbst zum Vertrauen kommen. Er ist unser Freund, und wir können diese Freundschaft ausweiten in alle Lebensphasen und in alle Bereiche hinein. In diesem Vertrauen, nicht im ängstlichen Befolgen von Geboten und bedrückendem Schuldgefühl, öffnet sich der weite Raum der Liebe und der Mitmenschlichkeit. Buße geschieht darum nicht als einmaliger Akt der Entscheidung für Christus. Sie ist ein lebenslanger Lernprozeß: das Vertrauen in Christus wird erneuert, weil wir von seinem Weg abkommen und unsere Entscheidung nicht durchhalten. Wir lernen darin fortwährend neu, was zu tun ist: aufzubrechen, was zu scheinbar unveränderlicher Gewohnheit wurde, und verfügbar zu werden für jeden, der uns braucht; selbstgerechte Urteile aufzugeben und Vertrauen dareinzusetzen, daß wir mit der Sorge für Menschlichkeit uns selbst und die Welt ein Stück ändern können.

Daraus wird verständlich, daß die Kirche neben dem Bußsakrament noch *vieles andere* als Formen der Buße ansieht:

– *das Gebet;*
– *das Lesen und Hören des Wortes Gottes;*
– *das Mitfeiern der Eucharistie;*
– *die Aussöhnung mit anderen Menschen im privaten und öffentlichen Bereich;*
– *den Verzicht auf die Befriedigung von Wünschen und das Fasten;*
– *alles, was wir im Dienst am Nächsten tun.*

In vielerlei Weise kann die Buße geschehen, die Jesus meint. In dieser Buße erfahren wir die Gemeinschaft mit Gott und mit unseren Brüdern. In all dem werden wir versöhnt mit Gott. Und gerade in dieser Weise können wir auch unsere Kinder auf den Weg der Buße mitnehmen.

96 *Sich ändern*

Umkehr bedeutet, daß der Mensch ein anderer wird, daß er sich wandelt zu einem neuen Leben. Was aber verwandelt den Menschen wirklich?

Doch nicht seine krampfhaften Anstrengungen und doch nicht seine endlosen Bemühungen! Nicht die Furcht und nicht die Angst vor der Strafe! Nicht die strengen Gesetze und nicht die unerbittlichen Ordnungen!

Nur wenn der Mensch von der Liebe getroffen wird, nur wenn er spürt, daß es jemanden gibt, der ihn liebhat und ihn ganz annimmt, nur dann kann er sich bis in sein tiefstes Wesen hinein ändern, nur dann kehrt er wirklich um.

Jesus rückt die Umkehr an die Stelle, die ihr zukommt.

Sie kommt erst an zweiter Stelle. An erster und entscheidender Stelle steht die nicht ableitbare und nicht zu erwartende Liebe und Güte Gottes, die uns umsonst geschenkt wird, bedingungslos, ohne Vorleistung und ohne unser Zutun. Wenn der Mensch allerdings begreift, was ihm da geschenkt wird, dann muß er seinerseits Gott Antwort geben, dann kann er gar nicht sein altes Leben weiterführen, dann muß auch er lieben, und das eben heißt umkehren.

Gerhard Lohfink

97 *Ich bin Zachäus*

Ich halte Ausschau nach *IHM* –
ER bemerkt mich, ruft mich: komm, steige herab!

ER ist nicht an mir vorübergegangen –
ER lädt sich ein, *ER* will bei mir Herberge finden

Ich verliere mich in meinen Bedürfnissen –
ER sucht mich; da ist die Richtung klar

Ich kenne nur eines: Geld und Wohlstand zu mehren
ER öffnet mir die unendliche Weite der Liebe

ER kehrt ein in mein Haus –
Mein Leben ändert sich wie mit einem Schlag

Verdreht und verstrickt ist mein Sinn –
ER löst alle Knoten auf

ER hat an mir Anteil genommen –
Ich kann jetzt Anteil geben dem, der mich braucht

Schuldige Menschen bleiben allein –
ER gliedert mich ein in das gesegnete Geschlecht Abrahams

ER tritt ein bei mir –
Und das ganze Haus, alle erfahren *SEIN* Heil.

98 Weshalb gibt es das Bußsakrament?

- Im Innern fühle ich mich schuldig. Ich kann um Vergebung bitten; aber mir selbst kann ich nicht vergeben. Das Wort »*Ich vergebe dir*« muß ich mir *sagen lassen.*
- Die Schuld ist eine Wirklichkeit in unserem Leben. Schuldig werden, sündigen, gehört zum Menschsein. Gerade *in dieser Erfahrung* will uns Gott nahe sein. Wir stören seine Schöpfungsordnung. Aber er sucht immer wieder die Versöhnung mit uns. Dies können wir im Bußsakrament konkret erleben.
- Vor Gott die Schuld zu bekennen, hat deswegen einen Sinn, weil *er* den *ersten Schritt* auf uns zu tut. Er ist bereit zu vergeben – ohne jede Vorbedingung.
- Ich kann meine Schuld *bekennen,* offen aussprechen; ich brauche sie nicht zu verleugnen; ich brauche nicht darunter zu zerbrechen. Ich werde frei, weil mir die Vergebung Gottes mit Gewißheit zugesagt ist.
- Die Vergebung im Bußsakrament läßt sich erfahren: Gott sieht meine Schuld. Aber in seiner unendlichen Liebe gibt er mich nicht auf. Neu beginnen kann ich noch mit dem letzten Atemzug.
- Das Bußsakrament läßt mich unmittelbar erfahren: trotz meines Versagens bin ich von Gott angenommen. Dafür gibt es kein kräftigeres Wort als das Wort der Vergebung.
- Erlebte Vergebung macht *frei für* die Vergebung im Alltag.
- Der Mensch ist nicht festgelegt, er ist frei. Er kann sich erneuern: abkehren von falschen Wegen und Zielen und sich die Türe für ein neues Leben öffnen lassen. Dies erfahren wir in diesem Sakrament.
- Im Bußsakrament werden uns die Augen geöffnet für unsere Taten und für die Motive unserer Taten. Der Geist Gottes leitet uns dazu an, uns selbst besser zu verstehen und am Reich Gottes unser Handeln auszurichten.
- Wir können eine gestörte Beziehung zu Gott und den Mitmenschen nur ein Stück weit selbst wieder herstellen. Gott aber hebt den Bruch endgültig und ganz und gar auf.
- »Die Gemeinschaft der Kirche ist der Ort, an dem Gottes Vergebung zu Hause ist ... Alles, was uns mehr zu Kirche macht, was uns durch Christus näher zusammenrücken läßt, ist eine Quelle der Vergebung« *(Holländischer Katechismus).*

- Jesus schenkte den Menschen, denen er begegnete, die Vergebung der Sünden. Die gleiche Vollmacht übertrug er der *Kirche.* In der Kraft des Heiligen Geistes vergibt sie die Sünden. Die Bischöfe und Priester verwalten diesen Auftrag. Wie er das Wort der Vergebung sprach, so soll es allezeit den Menschen gegeben werden, die umkehren.
- Jede Sünde ist auch ein Bruch mit der Gemeinschaft der Kirche, die im Heiligen Geist lebt und so das Liebeswerk Jesu fortsetzt. Der Gläubige wird im Bußsakrament wieder mit dieser Gemeinschaft verbunden.
- Die *Eucharistie* ist die innigste Gemeinschaft mit Christus. Wer sich in schwerer Sünde von dieser Gemeinschaft entfernt hat, muß darum zuerst wieder den Weg zurück zu ihr gehen und in diese Gemeinschaft wieder aufgenommen werden. Bevor er wieder zu diesem Mahl zugelassen wird, muß er seine Rückkehr zu Gott auch in der Versöhnung mit der Kirche konkret werden lassen. Dies geschieht im Akt des Bußsakramentes.
- Die Kirche steht nicht über den Menschen; sie ist selbst sündig. Aber der Geist Gottes wirkt in ihr. Darum können wir an diesem Geist der Vergebung teilhaben und ihn erfahren, wenn wir uns von der Kirche das Wort der Vergebung sagen lassen. Und die Kirche selbst bittet stets um Vergebung ihres Versagens.

99 *Sollen unsere Kinder zur Beichte gehen?*

Jeder hat seine Meinung über das Beichten. Sie beruht meist auf guten oder schlechten persönlichen Erfahrungen.

Herr A sagt:
Ich sehe nicht ein, warum ich meine Sünden dem Pfarrer beichten soll. Der ist ja selbst auch nicht ohne Sünden. Als mündiger Christ brauche ich dazu keinen anderen Menschen, das mache ich alleine mit Gott aus. Außerdem muß ich selbst zusehen, wie ich mit den anderen Menschen auskomme.

Frau B sagt:
Das Beichten befreit mich nicht davon, mich mit anderen Menschen zu versöhnen. Aber ich will mich als ganzer Mensch ändern, nicht nur in diesem einen Punkt. Die Besinnung über mein Leben in der Beichte hilft mir dabei. Und wenn ich die Vergebung von Gott direkt erfahre, empfinde ich das wie ein Geschenk, das ich an alle weitergeben möchte. So sollen auch meine Kinder die Beichte erleben.

Frau C sagt:
Vor dem Beichten hatten wir immer Angst. Davor möchte ich meine Kinder verschonen. Bußgottesdienste gefallen mir besser. Das müßte doch auch für die Kinder genügen.

Herr D sagt:
Beichten ist die Pflicht jedes Christen. Was soll man darüber noch lange diskutieren? Die Kinder haben einfach zum Beichten zu gehen. Was soll das Getue mit der Angst?

Frau E sagt:
Kinder können schwierige Dinge besser in der Gruppe lernen. Da könnte man doch auch die Beichte in der Gruppe machen. Es geht da bestimmt besser.

Herr F sagt:
Mir hat das Beichten immer geholfen. Ein wenig Angst hatten wir alle: wer will schon unumwunden anderen eingestehen, daß etwas falsch gelaufen ist? Mir wurde aber klar, daß ich selbst nur weiterkomme, wenn ich meine Schuld ausspreche. Ändern muß ich mich selbst, aber die Beichte hat mir gezeigt, worauf es ankommt. Auch der neue Anfang ist mir wichtig: Alles ist verziehen, nichts mehr hängt mir nach. Das sollen auch die Kinder erfahren.

Meinungen und Erfahrungen sollte man ernstnehmen; schließlich geht es um den Sinn des Beichtens für jeden einzelnen.
- Was ist an diesen Meinungen wichtig und bedenkenswert?
- Was sollte den Kindern beim Beichten vermittelt werden?

100 *Wann kann ein Kind zur ersten Beichte gehen?*

Buße und Beichte bedeuten:
die Möglichkeiten sehen und erfassen, wo das Tun gut werden kann;
mich freuen, daß ich Gutes tun kann;
nicht an mir selbst, sondern mich an Gottes Liebe ausrichten;
erkennen, was mißlungen ist;
einsehen, daß ich selbst etwas schuldig geblieben bin;
verkehrte Absicht oder verkehrtes Tun wahrnehmen;
neu den Weg der Liebe zu gehen versuchen.
Buße und Beichte gibt es nicht nur wegen der schweren Sünden. Es geht darum, daß wir in unser Denken und Handeln mehr und mehr die Liebe zu Gott und den Mitmenschen als Orientierung hineinnehmen. Buße und Beichte sind Weg und Geschehen der Umkehr und der Vergebung. Sie sind uns möglich, weil wir zwischen Gut und Böse unterscheiden können und für uns selbst und aus eigener Einsicht Verantwortung übernehmen können. Diese Fähigkeit sprechen wir den Erwachsenen zu. Können dies auch Kinder? Wann haben sie Voraussetzungen für Buße und Beichte?
Die Kirche ist seit langem der Auffassung, daß die Kinder zu Buße und Beichte hingeführt werden sollten, »nachdem sie das Alter der Unterscheidung erreicht haben« *(4. Lateran-Konzil 1215, 21. Kanon)*. Dies wird für das siebte Lebensjahr angenommen, »manchmal etwas später oder auch früher« *(Pius X., 1910)*. Die Pflicht zur Entscheidung darüber obliegt denen, »die für das Kind zu sorgen haben«, nämlich den Eltern, dem Beichtvater, den Lehrern und dem Pfarrer. Es geht nicht darum, daß die Stunden der Katechese erst alle Voraussetzungen für die Beichte schaffen sollen. Die Katechese kann selbst erst dann sinnvoll einsetzen, wenn das Kind in seiner menschlichen Entwicklung soviel Einsicht erreicht hat, daß es Gut und Böse unterscheiden kann. Dies objektiv zu bestimmen, ist recht schwierig. Vielleicht können die folgenden Anhaltspunkte weiterhelfen:

- Das Kind unterscheidet konkret die eigenen Angelegenheiten von denen anderer Kinder. Es hat Respekt vor dem Eigenwert des anderen.

- Es denkt und handelt bewußt auf andere Menschen und auf Dinge hin: es will bewußt und ohne Vorschrift einem anderen eine Freude machen. Es verspürt, daß man jemandem wehtun kann. Es hat das Bedürfnis, für etwas zu sorgen *(z. B. für kleine Tiere)* und das Schwache zu beschützen.
- Es fühlt sich Gleichaltrigen verbunden, will mit ihnen gleich auf gleich spielen, Regeln mit ihnen vereinbaren, und es achtet auf deren unbedingte Einhaltung.
- Es ist auf absolute Gerechtigkeit und Gleichbehandlung bedacht.
- Es erwartet, daß die Eltern für ihre Gebote und Verbote auch Begründungen angeben.
- Es will einen angerichteten Schaden wiedergutmachen.
- Es beurteilt ein Tun nicht mehr nur nach dem angerichteten Schaden, sondern auch nach der Absicht, aus der jemand handelt.

Allgemein gesagt: das Kind verhält sich nicht nur so, wie es ihm die Eltern konkret vorschreiben. Schuldgefühle kommen nicht nur aus der Angst vor den Eltern. Es denkt nicht nur an die Befriedigung seiner eigenen Wünsche. Das Kind kann in anfanghafter Weise schon selbst beurteilen, wann ein Tun gut ist und wann es böse ist. Diese Fähigkeit tritt nicht von selbst ein, sondern ist auch abhängig von der Erziehung während der ganzen Kindheit. Die Reife des Urteils ist letztlich nicht entscheidend, es geht zunächst um die Einsicht in das eigene Tun, um das Gespür für Ursachen und Wirkungen und um die Bereitschaft, *selbst* schon auf das Gute bedacht zu sein und das Böse zu meiden.

Buße und Beichte wollen keineswegs das Schuldbewußtsein schon im Kindesalter mit Angst und Komplexen bekräftigen. Ziel ist vielmehr: das Kind erfährt von Anfang an, wenn es um das Gute und Böse weiß und dies auch bei sich selbst zu bestimmen vermag, die Vergebung Gottes. Darum ist es auch nicht gut, mit den Kindern schon ein ausgeklügeltes *»Sündensystem«* durchzugehen und auf Einzelfälle anzuwenden. Solches Vorgehen schafft nicht Klarheit, sondern verführt zu hilflosem Suchen nach Sünden und verstärkt Schuldgefühle, wo möglicherweise gar keine Schuld vorliegt. Von schwerer Sünde (vgl. Nr. 92) kann in der Regel schon gar nicht die Rede sein. Die Beichte der Kinder bezieht sich vielmehr auf das, was sie selbst als unrecht und böse *direkt* und *konkret* bestimmen können. Es ist allerdings Sache der Erzieher, den Sinn dafür zu wecken und zu fördern. Bußvorbereitung im Elternhaus und in der Kindergruppe zielt darauf ab, die Einsicht in die Werte und Zusammenhänge des

eigenen Tuns zu vertiefen. An konkreten Situationen sollen die Kinder beurteilen lernen, was für die Menschen gut ist und was ihr Leben stört. Dies geschieht am besten durch das Besprechen von Fallgeschichten (vgl. Nr. 82). Sie sollen dabei auch erfahren: das Gute ist auch vor Gott gut und das Böse ist auch vor Gott böse.
Auch die Buße muß man lernen – ein ganzes Leben lang. Entsprechend ihrer Einsicht und ihrem Empfinden wachsen die Kinder in den Prozeß der Buße hinein. Ihre Sicht wird sich erweitern, und stufenweise entdecken sie weitere Zusammenhänge ihres Lebens. Dabei müssen ihnen freilich die Eltern und Erzieher helfen. Die Besinnung auf das eigene Leben und das Beurteilen des Tuns können am besten die Eltern mit den Kindern einüben: den Tag über zu verschiedenen Gelegenheiten und am Abend (vgl. Nr. 83 u. 107). Die Bußvorbereitung in der Gruppe trägt ein wenig dazu bei, das Entscheidende aber geschieht im Alltagsleben, im Elternhaus. Die Versöhnlichkeit der Eltern und Erzieher wird dabei die wichtigste Lernhilfe sein.

101 *Versöhnung erleben*

In der Beichte geschieht Versöhnung mit Gott und mit der Gemeinschaft der Christen. Wie Versöhnung aber konkret aussieht, das verstehen wir oft nicht – sicher auch deswegen, weil wir sie selbst zu wenig im Alltag erleben. Und wie sollten die Kinder das Geschehen in der Beichte verstehen, wenn die Menschen ihrer nächsten Umgebung ihre Konflikte immer nur verdrängen oder weitertreiben oder übergehen und sich selten ausdrücklich miteinander versöhnen?
Wir helfen den Kindern sehr viel für ihre eigenen Formen des Miteinanderlebens und für das Verständnis der Beichte:
- wenn Eltern sich darum bemühen, aus zornigem Schweigen heraus bald wieder miteinander zu reden;
- wenn Eltern untereinander und gegenüber ihren Kindern einen Fehler eingestehen und sich entschuldigen können;
- wenn wir die Wahrheit unserer Gefühle dem Partner und auch den Kindern eingestehen;

- wenn auch im Streit bald jemand ein freundliches Wort findet und ausspricht;
- wenn wir uns in Spannungen Zeit nehmen für ein ruhiges, klärendes Gespräch;
- wenn wir mit eindeutigen Gesten ausdrücken, daß es wieder gut sein soll (Hand geben, umarmen, eine Blume schenken, ein freundlicher Blick);
- wenn wir in der Versöhnung auch Gott ansprechen und ihm das Versagen bekennen.

Wo die Güte und die Liebe, da ist Gott

102 *Sich und anderen vergeben*

Wir brauchen Vergebung. Zur Vergebung gehört Liebe, ohne sie ist die Vergebung undenkbar. Im Alltag neigen wir vielleicht mehr zu dem Wort Verzeihung. Wenn ich Vergebung suche, so nehme ich mich selbst zurück. Ich räume etwas ein, gebe also etwas von mir selbst auf, das falsch war und Unheil, Leiden oder Schmerz über andere gebracht hat, weil ich das eigene Tun und Lassen nicht rechtzeitig bedacht habe.
Auch wenn ich einem anderen vergebe, räume ich ein Feld, das mir zugestanden hätte, wenn ich auf meinem Recht bestehen würde. Ich verzichte auf Vergeltung und Sühne, weil der andere seine Schuld eingeräumt hat. Beides ist aber nur möglich in der Liebe. Die Liebe wird nur dann wirksam, wenn ich mir selbst zugleich auch eingestehen kann, daß ich genauso hätte schuldig werden können oder vielleicht anderen gegenüber schuldig geworden bin, deren Vergebung ich nicht mehr erlangen konnte.
Gerade hier wird aber sichtbar, daß die formale Vergebung allein nicht hilft, wenn der Betreffende sich selbst nicht vergeben kann. Es gibt immer wieder Menschen, die sich unentwegt anklagen, weil sie nicht bemerken, daß diese Anklage eigentlich einem anderen gilt. Menschen, die sich selbst nicht vergeben, richten unverändert ihren Haß und die Aggression, die einen anderen treffen sollte, unbewußt

gegen sich selbst. Die traditionelle Vergebung durch die kirchliche Institution löst gerade solche Probleme nicht, weil sie dem Menschen seine Selbstverborgenheit nicht aufdeckt. Er wird sich der Tatsache nicht bewußt, daß sein Mangel an Vergebungsbereitschaft sich selbst gegenüber in seinem Haß gegen eine andere Person wurzelt, den er sich nicht eingestehen kann. So bleibt die vermeintliche befreiende Wirkung oft aus, ohne daß dies immer nur einem Mangel an Glaubensbereitschaft angelastet werden könnte.
Vergebung bedeutet ja auch Entlastung. Man wird eine Last los, die man nicht mehr tragen konnte. Nun kann ich mir vier Beziehungen eines Menschen vorstellen, in denen solche Belastungen entstehen:
– Einmal das Verhältnis eines Menschen zu sich selbst;
– dann das Verhältnis zu einem einzelnen anderen Menschen, wobei die Ehe das naheliegende Beispiel ist;
– drittens dann das Verhältnis des Menschen zu einer Gruppe, der er angehört, in der er entweder tüchtig ist oder aber versagt, die er stützt oder kompromittiert (hierher gehört auch die Kirche);
– die vierte und immer wichtigere Beziehung ist das Verhältnis eines Menschen zur großen Gesellschaft, auch zur Menschheitsgesellschaft.
Und jedesmal geht es auch um Schuld und Vergebung.

Tobias Brocher/ Manfred Linz

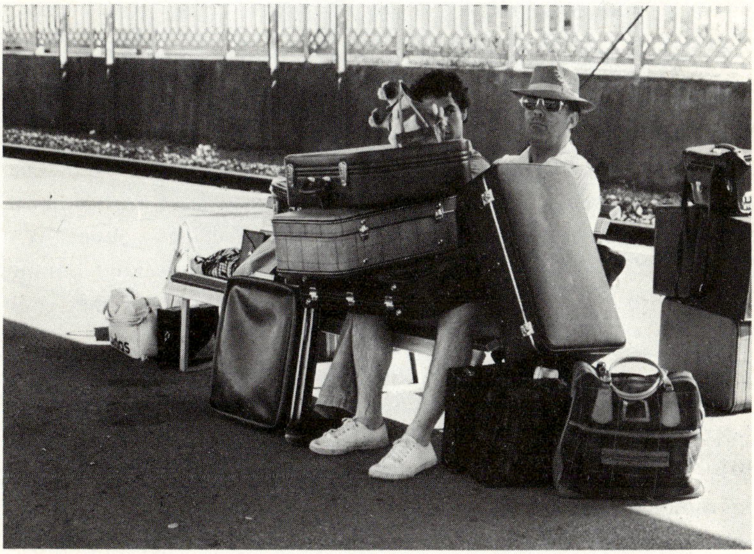

103 *Vergebung ist wie ...*

- das plötzliche Aufstrahlen der Sonne im wolkenverhangenen Himmel
- ein Lächeln mitten unter finsteren Blicken
- die weite Aussicht, die nach langer Wanderung durch ein tiefes Tal plötzlich vor uns liegt
- ein Kompaß: er hilft, auf jedem Irrweg neu die Richtung zu finden
- das Öffnen der Türe zu einer warmen Stube nach der Wanderung durch die kalte Winterlandschaft
- der Morgen eines neuen Tages: alles kann anders werden
- ...

104 *Buße und Sündenvergebung als Gottesdienst*

Buße gehört zur Mitte christlichen Lebens. Was uns im tiefsten trägt, dem geben wir auch Ausdruck in wahrnehmbaren Zeichen. Die Ausdrucksform ist die Feier des Gottesdienstes: im Gottesdienst erfahren wir unmittelbar Gott als Sinn und Ziel des Lebens. Wir lassen Gottes Liebe an uns geschehen. Was in Christus seinen Anfang nahm, wird im Gottesdienst für uns, für die Gemeinschaft der Menschen *ausdrücklich und wirksam.* Auch die Buße gehört zu dem Gottesdienst, der die Mitte der Kirche darstellt. »Buße ist zuerst Gabe Gottes an uns und der uns Sündern eröffnete Weg in die Freude und Freiheit der Kinder Gottes. Diesen Weg gehen wir in der Gemeinschaft der Kirche. Sie ist in einem umfassenden Sinn das Sakrament der göttlichen Vergebung und der befreienden Gnade. Durch die Aussöhnung mit der Kirche werden wir mit Gott selbst versöhnt. In der kirchlichen Buße begegnen wir dem verzeihenden Gott und finden bei ihm Vergebung, die die Welt nicht geben kann« *(Gemeinsame Synode der Bistümer in der Bundesrepublik).* Für diesen Gottesdienst haben sich in der Kirche drei Formen entwickelt. »Sie machen Buße und Vergebung im gottesdienstlichen Tun der Gemeinde zeichenhaft deutlich. Auf das Eintreten der Kirche hin werden in je eigener Weise dem Christen, der den ernsten Willen zur Umkehr bekundet, Sünden vergeben.«

1. Das allgemeine Schuldbekenntnis in der Eucharistiefeier

Die gemeinsame Besinnung, das Sündenbekenntnis und die Vergebungsbitte zu Beginn der Eucharistiefeier sind geeignet, uns die Notwendigkeit von Buße und Umkehr ständig bewußtzuhalten. Nur wenn wir uns mit dem Bruder versöhnt haben, können wir unsere Gabe zum Altar bringen *(vgl. Mt 5,23f.).* Nur wenn Gott uns unsere Schuld vergibt, können wir mit Christus zu einem Opfer werden, wie es Gott gefällt *(vgl. Gebet zur Gabenbereitung).*
Die konkreten Formen finden wir im *Gotteslob Nr. 353,3–6.*

2. Der Bußgottesdienst

Der Bußgottesdienst bietet besondere Möglichkeiten der Bußverkündigung und der gemeinsamen Gewissenserforschung. Der soziale und kirchliche Bezug von Schuld und Vergebung wird klar herausgestellt. Das Versagen kleiner Gemeinschaften und ganzer Gemeinden, z.B. bei sozialen Mißständen im Gemeindegebiet oder in der Verantwortung für die dritte Welt, wächst deutlicher ins Bewußtsein. So soll der Bußgottesdienst vor allem den Geist der Buße in den christlichen Gemeinden fördern. Er kann mithelfen, dem einzelnen den Weg zum Bußsakrament neu zu erschließen. Bußgottesdienste für Kinder können diese stufenweise dazu führen, die Bedeutung der Sünde im menschlichen Leben und die Befreiung von der Sünde durch Christus zu erfahren.
In der Zeit der Vorbereitung auf die Hochfeste des Kirchenjahres, im Advent und in der Fastenzeit haben Bußgottesdienste für die Gemeinden einen besonderen Sinn. Worum es beim Bußgottesdienst geht und wie er gestaltet werden kann, wird im *Gotteslob Nr. 55–57* konkret aufgezeigt.

3. Das Bußsakrament

Unter den liturgischen Formen der Buße und Sündenvergebung nimmt das Bußsakrament eine hervorragende Stellung ein. Im Auftrag der Kirche wird dem, der umkehrt, durch den Priester in der Vollmacht Christi im wahrnehmbaren Zeichen Versöhnung geschenkt. Für die Gläubigen, die sich in schwerer Sünde von Gott getrennt haben, bleiben das persönliche Bekenntnis und die persönliche Lossprechung die einzige ordentliche Weise, in der Kirche Versöhnung mit Gott zu finden. Aber auch denen, die sich keiner schweren Sünde bewußt sind, empfiehlt die Kirche, in Zeitabständen, in denen das eigene Leben noch überschaubar ist, das Bußsakrament zu empfangen. Darin kommt zum Ausdruck, daß jeder Gläubige immer neu der Vergebung und der Hilfe bedarf, die ihm im Bußsakrament geschenkt wird. Die neue Ordnung der Buße kennt drei Formen des Sakramentes:

• *Das Sakrament der Wiederversöhnung einzelner*

In dieser Form des Bußsakramentes erfährt der Mensch persönlich und sinnfällig, daß Gott ihm durch die Kirche seine Schuld vergibt. Er spricht sein Versagen selber aus. Schon dieses Aussprechen kann hilfreich sein und dazu beitragen, sich entschiedener vom Bösen abzuwenden. Dabei können tieferliegende Fehlhaltungen aufgedeckt und eine neue Richtung für die Zukunft eingeschlagen werden. Vorbereitung und Feier der Beichte des einzelnen sind dargestellt im *Gotteslob Nr. 59–60.*

• *Das Sakrament der Wiederversöhnung einzelner im gemeinsamen Gottesdienst*

Das Bekenntnis des einzelnen und die Lossprechung, die er persönlich empfängt, können nach der neuen Ordnung der Buße auch Teil eines gemeinsamen Gottesdienstes sein. Das gemeinsame Hören auf Gottes Anruf zu Umkehr, Singen und Beten miteinander und füreinander, der gemeinsame Dank an Gott, der uns durch Christi Tod zu seinem Volk gemacht hat, sind eine Hilfe, in der Wiederversöhnung mit der Kirche die Versöhnung mit Gott zu finden. Diese Form des Bußsakramentes ist besonders für kleinere Gruppen geeignet. Sie könnte angeboten werden z. B. einmal im Monat in der Pfarrgemeinde im Rahmen der Beichtzeiten; für bestimmte Gruppen *(z. B. für Kinder, für alte Menschen, für Ordensgemeinschaften, bei Besinnungstagen).*

- *Das Sakrament der Wiederversöhnung mit gemeinsamem Bekenntnis und allgemeiner Lossprechung*

Die neue Ordnung der Buße kennt besondere Umstände, in denen bei gemeinsamem Schuldbekenntnis eine allgemeine Lossprechung gegeben werden kann, wobei schwere Sünden bei gegebener Gelegenheit in der Einzelbeichte zu bekennen sind. Solche besonderen Umstände sind außer dem Fall der Lebensgefahr gegeben, wenn z. B. wegen des Mangels an Priestern die Gläubigen über längere Zeit das Bußsakrament nicht empfangen können und so vom Empfang der Eucharistie ausgeschlossen wären.

Die Deutschen Bischöfe sehen zum gegenwärtigen Zeitpunkt (abgesehen von Todesgefahr einer größeren Gruppe) eine schwerwiegende Notwendigkeit für diese Form als nicht gegeben an. Nach dem Urteil der Schweizer Bischöfe ist eine besondere Notlage in ihrem Land dann gegeben, wenn für eine große Anzahl von Beichtwilligen zu wenige Priester zur Verfügung stehen. Grundsätzlich kann diese Form nur im Einverständnis mit dem Bischof gewählt werden.

Im Mittelpunkt dieser Formen steht die Einzelbeichte: sie läßt im tiefsten Sinne erfahren, was Buße und Umkehr bedeuten.

105 *Beichte und Bußgottesdienst*

Jesus Christus hat uns die grenzenlose Vergebungsbereitschaft Gottes verkündet und der Kirche den Dienst der Versöhnung aufgetragen. Diese Versöhnung verkündet und feiert die Kirche auf vielfältige Weise in gottesdienstlichen Formen.

1. Der Bußgottesdienst

In der Feier von Bußgottesdiensten wird besonders deutlich erfahrbar, daß die Kirche eine Kirche der Sünder und zugleich Ort und Zeichen der Versöhnung ist. Wir stehen mit unserer Schuld nicht allein vor Gott. Wir wissen uns als Glieder einer Gemeinschaft von Gläubigen, die oft hinter dem Auftrag Christi zurückbleibt. Gemeinsam rufen wir darum im Bußgottesdienst das Erbarmen Gottes herab und erbitten im Namen Christi Versöhnung mit Gott und miteinander.

2. Bußgottesdienst und sakramentale Beichte

Den vielfältigen Formen der Buße entspricht eine Vielfalt von Gelegenheiten der Sündenvergebung. Der Bußgottesdienst soll im Leben einer jeden Gemeinde einen festen Platz haben. Er kann besser als andere Bußübungen den Gemeinschaftsaspekt von Sünde und Versagen in der Kirche bewußt machen. Außerdem ist er sehr geeignet zur Gewissensbildung und zur Neuorientierung von einzelnen, Gruppen und von der ganzen Gemeinde.
Dennoch ist der Bußgottesdienst niemals Ersatz für das Bußsakrament. Diese Behauptung trifft nicht nur für den Fall der »schweren Sünde« zu. Auch denen, die bei sich keine schwere Sünde erkennen, wird die individuelle Beichte ausdrücklich empfohlen. Sie allein hat sakramentalen Charakter, so daß alle übrigen Formen der Sündenvergebung einschließlich des Bußgottesdienstes als Vorstufen anzusehen sind, die sich dem Sakrament als Ziel und Gipfelpunkt zuordnen. Ferner ist die sakramentale Beichte in einer von Anonymität bedrohten Gemeinde eine der besten Formen personaler Seelsorge. So können in ihr auch all die Vorzüge zum Tragen kommen, die ein Gespräch bereithält für die Selbsterkenntnis des Sünders, für die Vertiefung der Reue, für die Stärkung des Willens zur Umkehr sowie für kluge Planung des künftigen Lebensweges.

Deutsche Bischofskonferenz

106 *Beichten – Wie geht das?*

Die Beichte ist eine Feier: die Versöhnung mit Gott geschieht nicht nur im Innern, sie braucht auch einen konkreten Ausdruck, eine bestimmte Form des Vollzugs. Der Sinn der einzelnen Teile sollte uns klar sein, damit diese Feier wirklich gelingt. Für vier Teile übernimmt der Beichtende selbst die Verantwortung des Gelingens. Wie die Feier der Versöhnung für einzelne gestaltet wird, legt das *Gotteslob Nr. 60* dar. Einige Gedanken sollen hervorgehoben werden.

1. Gewissenserforschung

Ich besinne mich auf die vergangenen Wochen, Monate, Jahre. Vor Gottes Liebe prüfe ich mein Leben. Ich überdenke meinen Tagesablauf und mein Verhalten in verschiedenen Lebensbereichen: mein Verhältnis zu Gott, zu mir selbst, zu den Mitmenschen in der Familie, am Arbeitsplatz, in der Freizeit, in öffentlichen Belangen, mein Verhältnis zur Gemeinschaft der Menschen und zur Kirche. Ich besinne mich auf meine Absichten, Gedanken, Pläne, und wäge ihren Sinn und ihre Wirkung ab. Ich überlege, wodurch ich von Gottes Willen abgewichen bin und wo ich gute Gelegenheiten ungenutzt ließ. Gewissensspiegel wollen diese Besinnung unterstützen (vgl. Gotteslob Nr. 61–64). *Sie sind kein Gesetzbuch; wir stellen uns vielmehr mit all den vielfältigen Erfahrungen unseres persönlichen Lebens vor Gott.*

2. Reue und Vorsatz

Vor mir steht die unendliche Liebe Gottes. Christus ist das Zeichen dieser Liebe. Ich gestehe vor Gott ein, daß ich Gutes unterlassen und Böses getan habe. In Gedanken, Worten und Taten bin ich abgewichen von Gottes Wegen. Ich mache mir bewußt, daß Gott verzeiht und mir einen neuen Anfang ermöglicht. Darum will ich konkret für mich festlegen, was ich ändern will (vgl. auch Nr. 90).

3. Sündenbekenntnis

Ich benenne vor dem Priester konkret, was verfehlt war. Ich stehe zu meiner Schuld und zeige meine Umkehr unmittelbar an. Für vieles habe ich keine Worte, aber was mir klar ist, kann ich auch sagen. Ich bekenne, ich übergebe mein Leben der Gnade Gottes. Bekennen befreit.

4. Übernahme einer Bußtat

Im Gespräch mit dem Priester zeigt sich, wie ich mein Leben erneuern kann. Frieden und Gemeinschaft wird mir von Gott selbst geschenkt, ich übernehme dies in meinem Tun und Denken. Ein Anfang ist möglich. Es geht nicht um Vergeltung, sondern um Vertrauen in die eigene Möglichkeit. Gebet, Verzicht, Versöhnung, Dienst am Nächsten fördern die Gemeinschaft mit Gott und den Mitmenschen.

5. Lossprechung

Gott selbst vergibt mir durch die Worte des Priesters. Die Worte bewirken, was sie anzeigen. Die Liebe Gottes überwältigt alles Böse, auch den Tod.

Gott, der barmherzige Vater, hat durch den Tod und die Auferstehung seines Sohnes die Welt mit sich versöhnt und den Heiligen Geist gesandt zur Vergebung der Sünden. Durch den Dienst der Kirche schenke er dir Verzeihung und Frieden.

SO SPRECHE ICH DICH LOS VON DEINEN SÜNDEN
IM NAMEN DES VATERS UND DES SOHNES
UND DES HEILIGEN GEISTES.

Ich nehme Gottes Wirken an mir an: Amen.

Beichten heißt: persönlich vor Gott und der Kirche seine eigene Schuld bekennen und
persönlich die Gnade der Vergebung aus der Liebe Gottes erleben.

107 *Bußfeier der Familie*

Es sieht so aus, als wären hier zwei Worte verbunden, die sich nicht miteinander vertragen: Buße und Feier. Unser Bild von der Buße läßt diese Verbindung nicht zu – und vielleicht auch manche unangenehme Erfahrung. Die Kirche aber denkt beim Bußsakrament vornehmlich an das Geschehen der Versöhnung: die Rückkehr zum Vater, die erneuerte Gemeinschaft mit Gott ist Anlaß zur Freude und zum Feiern – wie im Gleichnis vom barmherzigen Vater (vgl. Nr. 94). Das Vergangene ist abgelegt; die Versöhnung mit Gott und der Kirche ist wie der Anfang eines neuen Lebensabschnittes: die Erneuerung des Lebens, das mit der Taufe begann. Darum spricht die Kirche auch von der *Feier* der Buße und der Versöhnung. Sie versteht sowohl die Beichte des einzelnen als auch die Bußfeier in der

Gemeinde als Gottesdienst, der in einer festen und feierlichen Form gestaltet wird, wie es auch für andere Feiern gilt. In der Taufe wurde der Anfang der Gemeinschaft mit Gott und der Kirche gefeiert – in der Buße wird ihre Erneuerung gefeiert. Sündenvergebung und Aufnahme bzw. Wiederaufnahme in die Gemeinschaft sind der Grund für beide Feiern.

Es ist des Nachdenkens wert, wie das Bußsakrament wirklich als eine Feier erlebt werden kann. Aus der inneren Verbindung von Taufe und Buße könnten sich einige konkrete Möglichkeiten ergeben.

- Wenn wir uns entschiedener *bewußt machen,* daß jede Beichte aufgrund ihres Sinnes und ihrer liturgischen Gestalt als Feier der gläubigen Gemeinde in der Begegnung des Priesters mit dem (oder den) Beichtenden zu verstehen ist, wäre schon der erste Schritt getan. Auch wenn wir im Bewußtsein von Schuld zur Beichte gehen, ist trotzdem die Gewißheit der Vergebung die entscheidende Voraussetzung dieses Tuns. Diese Gewißheit bedeutet für uns: *es muß nicht mehr so sein, wie es einmal war.* Dies ist Grund zur Freude.
- Die Taufe ist Anlaß zum Feiern für die ganze Familie. Alle beteiligen sich und erweitern die Taufe zu einem Familienfest. Könnten wir nicht auch bei der Buße einen ähnlichen Weg gehen, wenn auch nicht so aufwendig wie bei der Taufe? Auch die gemeinsame Beichte der Familie zur Oster- und zur Weihnachtszeit könnten wir durchaus zu einer kleinen *Familienfeier* ausbauen. Die Familie bereitet sich auf die Beichte vor im gemeinsamen Gebet und in der Stille der Gewissenserforschung und schließt sie ab mit dem gemeinsamen Gebet. Dies kann auch zu Hause geschehen. Die liturgische Feier wird fortgesetzt in einer gemeinsamen Mahlzeit am Familientisch – ähnlich einer Geburtstagsfeier. Solche Erlebnisse verdeutlichen: *wir gehören zusammen und haben die Gnade der Vergebung erfahren, die uns mit Gott und untereinander verbindet.* Auf diese Weise könnte manche Scheu abgebaut werden, die wir in der Vereinzelung der Buße voreinander haben. Die Kinder wachsen so auch einfacher in dieses Geschehen hinein: sie werden nicht zum Beichten von der Familie weggeschickt, sondern erleben die Buße bei und mit ihren Eltern.
- Ähnliches könnte vorgesehen werden beim gemeinsamen Besuch von *Bußfeiern* der Kirchengemeinde. Dabei wird noch mehr erfahren, daß die Familie eingebunden ist in die Gemeinschaft der Glaubenden, die vor Gott ihre Schuld bekennen, aus seiner Gnade die Rechtfertigung empfangen und dadurch zur Gemeinschaft der

Versöhnten zusammengeschlossen werden. Auf diese Weise wird Eltern und Kindern noch ein Weiteres bewußt: »Die gemeinsame Feier hebt deutlicher den kirchlichen Charakter der Buße hervor« *(Feier der Buße, Nr. 22).* Denn die Buße ist nicht nur ein Geschehen zwischen dem einzelnen und seinem Gott, sondern wir werden »zugleich mit der Kirche versöhnt«. Auf diese Versöhnung führt die Familie durch die gemeinsame Teilnahme hin. Vielleicht könnte auch eine Pfarrgemeinde dies durch einen entsprechenden Namen verdeutlichen.

- Eine wichtige Einführung in die Buße in der Familie selbst, ja sogar eine Form der Buße ist auch das *Gebet am Abend,* in das wir die Bitte um Vergebung von allem, was den Tag über mißlungen ist oder verfehlt erschien, einschließen. Das Eingeständnis des Versagens voreinander hilft den Kindern, ihr eigenes Tun besser zu beurteilen. Die Gewißheit der Vergebung ist auch hier der Grund, offen miteinander darüber sprechen zu können. Daraus erwächst viel Freude und Geduld miteinander.
- Buße zeigt sich nicht nur im Bekenntnis der Sünden, sondern auch in den *Werken der Barmherzigkeit.* Wenn wir den Blick auf den Nächsten zu richten vermögen, oder an den caritativen Aufgaben teilnehmen, ist auch dies Umkehr: wir sehen von unseren eigenen Interessen ab und werden zum Nächsten für den, der in der Not ist. Den Sinn dafür können wir in der Familie grundlegen, wenn solches ausdrücklich als Tun der ganzen Familie geschieht. Jede Familie kann es auf ihre Weise so einrichten, daß die Kinder auch das Spenden der Familie für Hilfsorganisationen *(Adveniat, Misereor, Caritas u. a.)* und für Notleidende miterleben und sich daran beteiligen. Vielleicht klingt es zu einfach, aber es hat einen guten Sinn, wenn Eltern ihren Kindern aus dem Geldbeutel ein Geldstück für die Opfergabe bei der Messe in die Hand drücken.
- In diese Reihe gehören auch alle die Wege der Versöhnung, die in der Familie beschritten werden können (vgl. Nr. 101).
- Hie und da kommt auch ein Priester in die Familie. Ein solcher Besuch wäre auch eine Gelegenheit, miteinander um die Lossprechung zu bitten und diese Begegnung mit dem Vertreter und Leiter der Gemeinde auch als Versöhnungsfeier zu gestalten. Dies wird sicher von den Gesprächen abhängen, die sich dabei entwickeln.

Auf solche Weise könnten wir der *Feier der Buße und Versöhnung* wieder mehr Gewicht geben und sie tiefer in unserem Empfinden verankern.

108 *Zeit und Gewohnheiten*

Wir brauchen regelmäßige Anlässe und feste Zeiten, um uns Grunderfahrungen und Grundhaltungen unseres Lebens bewußt zu machen und sie einzuüben. Gedanken allein helfen nicht viel. Das konkrete Tun ist einfach notwendig, damit sie bei uns Gestalt und Inhalt bekommen. Aus dem Raum der Zeit, die wir zur Verfügung haben, sollten darum auch gewisse Abschnitte für die Buße vorgesehen sein. Denn die Buße ist eine dieser Grunderfahrungen und Grundhaltungen des christlichen Lebens. Feste Zeiten und Gewohnheiten einzuhalten, ist darum ein wichtiger Weg, um Buße zu lernen. Die Synode gibt dazu Ratschläge *(Schwerpunkte heutiger Sakramentenpastoral):*

Die österliche Bußzeit *(Fastenzeit)* als längerer Zeitraum der Buße verpflichtet uns zur Umkehr und hilft uns, den neuen Weg einzuüben. In dieser Zeit zeigt die Kirche auch öffentlich, daß sie selbst der Bekehrung und Buße immer bedarf. Damit ruft sie andere dazu auf.

Um die österliche Bußzeit *(Fastenzeit)* in unseren Gemeinden neu bewußtzumachen, empfehlen sich Bußgottesdienste, Exerzitien und Einkehrtage bestimmter Gruppen der Gemeinde, vermehrte Gelegenheiten zum Empfang des Bußsakramentes *(Osterbeichte),* Bußwallfahrten, Formen gemeinsamen Konsumverzichtes, besonders im Hinblick auf die Verantwortung für die dritte Welt *(Misereor).*

Der Freitag ist als Todestag des Herrn nach alter Tradition Tag der Buße. Gerade weil heute der Verzicht auf Fleischspeisen nicht mehr wie früher geboten ist, muß der einzelne Formen suchen, wie er persönlich diesen Tag begeht. In gleicher Weise sollen die Familien und andere Gruppen sich bemühen. So sind z. B. verstärktes Gebet, die Teilnahme an Buß- und Gebetsgottesdiensten oder Konsumverzicht im Sinne der Aktion »*Brüderlich teilen*« sinnvoll.

Besondere Schwerpunkte des Umdenkens und der Buße sind Beginn der Adventszeit, der Beginn der Fastenzeit, die Karwoche, die Tage vor Pfingsten mit dem Anliegen der Einheit der Christen, Besinnungstage im Herbst als Hilfe zu Beginn der Winterarbeit für Pfarrgemeinderäte und Gruppen der Pfarrei, Allerheiligen und Allerseelen. In ihnen soll der Umkehrwille der Kirche auch in Aktionen sichtbar werden *(z. B. soziale Aktionen, Bußwallfahrten).*

109 *Wer in der Tiefe war*

Wer in der Tiefe war
ganz unten
entsetzt
verzweifelt
verloren
am Ende
und wieder leben darf
kann nicht schweigen
muß reden singen danken
beten erzählen
und loben

Wer Gott verlor
sich selbst
Freunde
Glück
Hoffnung
das Leben
und von Gott gefunden wurde
kann aufatmen
hell lachen
wieder denken
darum danken
neu beginnen
und lieben

Nach dem Dunkel
kommt ein neuer Morgen
verstummen Feinde
freuen sich Freunde
trocknen die Tränen
beginnt der Tanz
denn nun bleibt
lebenslang seine Gnade

zu Psalm 30 — Johannes Hansen

7 Religiöses Leben in der Familie

Familienleben heißt:
lernen, daß es weiter geht,
daß Ziele nur in Stufen erreicht werden.

110 *Familie: Hauskirche*

Die christlichen Gatten bezeichnen kraft des Sakramentes der Ehe das Geheimnis der Einheit und der fruchtbaren Liebe zwischen Christus und der Kirche und bekommen daran Anteil *(vgl. Eph 5,32)*. Sie fördern sich gegenseitig zur Heiligung durch das eheliche Leben sowie in der Annahme und Erziehung der Kinder und haben so in ihrem Lebensstand und in ihrer Ordnung ihre eigene Gabe im Gottesvolk *(vgl. 1 Kor 7,7)*. Aus diesem Ehebund nämlich geht die Familie hervor, in der die neuen Bürger der menschlichen Gesellschaft geboren werden, die durch die Gnade des Heiligen Geistes in der Taufe zu Söhnen Gottes gemacht werden, um dem Volke Gottes im Fluß der Zeiten Dauer zu verleihen. Die Eltern sollen in dieser gleichsam *häuslichen Kirche* durch Wort und Beispiel für ihre Kinder die ersten Glaubensboten sein und die einem jeden eigene Berufung fördern, die geistliche aber mit besonderer Sorgfalt.

2. Vatikanisches Konzil: ›Über die Kirche‹

111 *Hemmnisse*

Häufig können wir beobachten: Eltern wünschen eine religiöse Erziehung für ihre Kinder, meinen aber, in der Familie wüßten sie keinen Weg dorthin. In ernsthaften Gesprächen begegnet man solchen Gedanken:

»Es ist jetzt alles anders als früher. So, wie wir es gelernt haben, das gilt nicht mehr.«

»In unserer Welt der Wissenschaft ist Gott schwer zu erklären. Wir können ja jetzt so vieles naturwissenschaftlich begründen. Von Gott können wir da nicht einfach so sprechen. Auch die Theologen sagen so vieles.«

»Die Bibel mit ihren vielen Geboten, das paßt doch nicht in unsere Zeit. Man muß doch mit dem Fortschritt gehen!«

»Wir wollen den Kindern nichts Falsches sagen. Wir wollen ihnen

nichts überstülpen. Der Glaube könnte ja ihre Entwicklung hindern. Was ist gut und richtig?«

»Und überhaupt, wann haben wir in unserem Familienleben Zeit und Ruhe, über Religion zu sprechen. Es ist ja alles so gehetzt, so verplant. Wir sind schon froh, wenn wir einmal ruhig miteinander bei Tisch sitzen können, ohne über die Tischmanieren zu diskutieren. Die Kinder hören uns sowieso nie richtig zu. Für sie gibt es ja so viele Eindrücke; vom Fernsehen, von der Schule, von den Freunden. Alles anders! Die großen Geschwister wollen überhaupt nicht mehr mitmachen, die kleinen schließen sich da bald an.«

»Ja, und wir, wir genieren uns voreinander, wenn wir beten oder von Gott sprechen.«

Mit Gott ist es offenbar schwierig geworden in unserem Familienleben. Ist Gott mit den alten Sitten und Bräuchen, mit der alten Form des Familienlebens gestorben und hat einer großen Unsicherheit Platz gemacht? Ist Gott in den heutigen Lebensverhältnissen der Familie nicht mehr zu Hause? Ist Gott nur noch allenfalls eine schwierige Aufgabe für Eltern und Eheleute, ein Eindringling von außen, ein Betätigungsfeld der Pfarrgemeinde zum Ausgleich für das Familienleben? Geht Gott nicht von der Kirche mit uns heim, weil ja sowieso kein Raum für ihn da ist? Oder haben wir uns nur verwirren lassen?

Wegen dieser Unsicherheiten klammern viele Eltern die religiöse Seite des Lebens aus der Familienerziehung aus oder überlassen sie den Fachleuten. In unserer Gesellschaft ist eine solche Auffassung verständlich, weil hier alles in Bereiche eingeteilt ist und jeder nur für die schwierigen Belange eines Gebietes kompetent sein kann. Auch die Aufgabe der Erziehung wird oft so gesehen und Eltern übernehmen für sich diese Auffassung. Damit werden wir aber den Kindern nicht gerecht. Und in der religiösen Erziehung werden grundlegende Chancen versäumt.

112 *Ansätze*

Die wesentlichen Dinge des Lebens lernen die Kinder im alltäglichen Umgang mit Eltern und ständig anwesenden Erwachsenen. Wie sie ihre *Welt* aufbauen, dazu vermittelt ihnen die Familie die grundlegenden Einsichten und Verhaltensweisen. Die Kinder erfahren ihre Welt so, wie sie mit ihnen im Alltag gelebt und gedeutet wird.
Wie Eltern ihre Umwelt wahrnehmen – wie sie mit Schwierigkeiten umgehen – wie sie über die Dinge des Alltags sprechen – wie sie sich ihren Kindern widmen – wie sie die Kinder anfassen, fordern oder gehen lassen – daraus entwickelt sich im Kind eine grundlegende Vorstellung von seinem Leben.
Eine tiefere Erfahrung von der Welt kann das Kind gar nicht machen, als im Kontakt mit den Eltern. In dieser Beziehung wird auch der *Grundstein für den Glauben und das religiöse Leben* gelegt. Hier erfährt das Kind, *ob* und *wie* Gott im Zusammenleben der Menschen vorkommt. Darum ist die *Beziehung* der Eltern zu ihren Kindern so *unersetzbar* und *bedeutungsvoll* für die Entwicklung ihres Gottesbildes. Religiöse Erziehung ist ganz und gar in diese Beziehung verschränkt, davon nicht abzulösen. Auf dieser Beziehung wird das *Haus des Glaubens* errichtet.
Gott selbst kann niemand sehen, aber ob das Kind die Welt auf den unsichtbaren Gott *beziehen* kann, das entdeckt es bei den Eltern. Es entdeckt dort, wie sie ihre Welt auf Gott beziehen:
- ob Gott ihr Leben begleitet oder ob er nur in der Ferne existiert;
- ob sie sich von Gott getragen wissen oder in Unruhe und Rastlosigkeit den Leistungen und Erfolgen nachrennen;
- ob Gott seine Welt und die Menschen liebt oder nur herrscherlich über sie verfügt;
- ob Gott die Menschen zum Guten führt oder sie ihrem blinden Treiben überläßt;
- ob Gott sich mit der Welt identifiziert, für sie sorgt und ihr eine gute Zukunft gibt oder der Mensch über die Dinge in eigener Machtvollkommenheit verfügt;
- ob die Welt Gottes wertvoll ist und der Pflege bedarf oder lediglich ausgebeutet und benutzt wird;
- ob nur die von Menschen gemachte Ordnung gilt oder diese Ordnung im Blick auf Gott überholbar ist;

- ob Gott das Ziel der menschlichen Sehnsucht ist oder nur die erfüllbaren Wünsche unserer Industriegesellschaft erstrebenswert sind;
- ob man von Gott auch erzählen, zu ihm beten und mit ihm in einer Gemeinschaft von Menschen leben kann oder gegenüber allem, was nicht sichtbar und brauchbar ist, verschlossen bleibt.

All dies erfährt das Kind nicht erst, wenn wir mit ihm darüber sprechen. Schon viel früher senkt sich dies im alltäglichen Umgang mit dem Kind in sein Empfinden ein und wird dort wirksam. Seine eigene Erfahrung mit der Welt und mit Gott wird eben zuerst und prägend durch die Beziehung zu den Eltern *vermittelt. Allein über den Verstand lernt niemand die Welt kennen.*

113 *Wege zu Gott in der Familie*

Die Erfahrungen des Kindes in der Familie sind die ersten Schritte auf dem Weg zu Gott

• *Auf Gott setzt der Mensch im Tiefsten seines Herzens das Vertrauen, das ihn im Leben trägt und aus dem er Leben und Kraft schöpft.*

Vertrauen als Grundform des Lebens entwickelt sich beim Kind, wenn ihm das dauerhafte Gefühl selbstverständlicher Geborgenheit vermittelt wird. In der Geborgenheit wird das Vertrauen zu einem *Geschenk,* in welchem es selbst *wächst* und sich der Welt und den Mitmenschen zu öffnen vermag.

• *Gott will den Menschen als sein Ebenbild, das in Freiheit und Liebe sein Leben und die Welt gestaltet.*

Wenn Eltern ihr Kind – auch in schwierigen Situationen – anzunehmen versuchen und bekräftigen, so wie es ist, lernt das Kind das Leben zu lieben und fühlt sich freigegeben zu eigenem Erleben, Entdecken und Empfinden.

• *Gott begleitet den Menschen auch in der Not und in Situationen des Versagens. Er versagt sich uns niemals.*

Bei uns geht vieles schief: in der Erziehung, im Beruf, in der Ehe. Dies brauchen wir vor den Kindern nicht zu verheimlichen. Ist vielleicht auch die Erfahrung von Schwächen der Eltern ein Anstoß, nach dem sich niemals versagenden Gott Ausschau zu halten?

- *Gott ist der Schöpfer einer guten Welt und will, daß sie in Ordnung gehalten wird.*

Eltern, die um das Gute und die Gerechtigkeit besorgt sind, vermitteln ihren Kindern dies als wichtige Denkweise und zentralen Maßstab des Verhaltens. Auch die Zurechtweisung muß das Grundverhältnis des Vertrauens nicht stören.

- *Gott ist den Menschen immer zugewandt, er ist offen für die Welt.*

Davon erfahren die Kinder vieles, wenn Eltern sich mit ihnen persönlich und direkt der Natur und den Mitmenschen öffnen, sie betrachten und begreifen wollen und sich darüber freuen können. Dadurch wächst ihre Bereitschaft, sich für die Welt verantwortlich zu zeigen.

- *Gott ist so um die Menschen besorgt, daß er ihnen in seinem Sohn Jesus Christus ein Muster der Liebe und des Guten geschickt hat.*

In den Eltern erleben die Kinder auch ein solches Muster: mit ihrer Lebensform und ihren Verhaltensweisen vermitteln sie – als Vorbilder – bestimmte Werte, mit denen wir als Menschen leben können.

- *Gott übersteigt unendlich das Wissen, Können und Denken der Menschen.*

Das erfahren die Kinder dort, wo die Eltern, die ihnen Vertrauen vermitteln, selbst aus dem Vertrauen in den Gott »über ihnen« leben und es auch zum Ausdruck bringen. Diese Erfahrung hilft ihnen, auch die Beziehung zu ihren Eltern nicht als das Höchste zu empfinden, sondern nochmals auf ein Größeres hin zu übersteigen. Aus solchen Grunderfahrungen kann sich ein tragfähiges Gottesbild entwickeln, das den Menschen fördert und ihm in seinem Leben weiterhilft.

114 *Ich möchte gerne . . .*

- in der Familie einfach so von Gott sprechen, wie mir zu Mute ist: suchend und findend, fragend und wissend, mutlos und begeisternd;
- in der Familie von Gott sprechen als von jemandem, der wirklich da ist, den ich schon längst kenne, den ich liebe und nötig habe;
- in der Familie von Gott sprechen als von jemandem, den auch die anderen schon längst kennen, weil er überall schon da ist vor allem Denken und Reden;
- in der Familie von Gott sprechen als dem Grund unserer Nähe und Liebe zueinander;
- in der Familie von Gott sprechen und von den Bäumen, den Blumen, der Sonne, den Vögeln und allem, was Freude bereitet;
- in der Familie von Gott sprechen und von den Mitmenschen in ihrer Freude und ihrem Leid;
- in der Familie von Gott sprechen als dem Willen, der über meinem und unserem Leben steht;
- in der Familie von meiner Verlorenheit und Schuld sprechen und von Christus, der einen schweren Weg gegangen ist, um mir herauszuhelfen; von Gott als dem Ziel und von Jesus als dem Weg.

Von all dem möchte ich in der Familie sprechen.
Ob es anderen auch so geht?

115 *Lebensstil daheim*

Wenn über religiöse Erziehung gesprochen wird, spitzt sich das Gespräch immer wieder auf die Frage zu: »Wie ist es mit dem sonntäglichen Gottesdienstbesuch der Kinder?« Gewiß, das ist eine wichtige Frage und es ist gut, wenn Eltern sich darüber Gedanken machen. Zum Leben eines Christen gehört wesentlich der Gottesdienst in der Gemeinde, die Teilnahme an der Eucharistie. Aber ebenso wesentlich ist, was daheim geschieht. Da gibt es viele Sorgen, die uns in Beschlag nehmen. Auseinandersetzungen stören das Klima. Geld und sogenannter Lebensstandard verdrängen die persönliche Begegnung. Ist uns eigentlich klar, daß der Lebensstil daheim mit dem religiösen Leben sehr eng zusammenhängt?

Religion ist nichts Abgetrenntes, sondern ein Bestandteil des normalen Lebens. Religiöses Leben ist nicht vom menschlichen Umgang zu trennen. Jesus weist uns selber darauf hin *(z. B. Mt 25, 31 ff.)*. Das Leben im Alltag, und das geschieht zu einem großen Teil in der Familie, ist in seiner Weise ebenfalls Gottesdienst. Auf alle Fälle ist es wichtig, wie unsere Kinder zur Religion stehen und ob sie die Kirche schätzen können. Es steht zur Meßfeier, zur Gegenwart Christi im Sakrament in zweifacher Weise in Beziehung. Einmal führt es dazu hin: aus dem Familienalltag kommen wir in die Kirche und bringen all das mit, was sich an Bereitschaft, an Glaube, Hoffnung, Liebe, aber auch an Fragen und Abwehr daheim »gesammelt« hat. Dann aber erhalten wir in der Eucharistiefeier Kraft und Auftrag für daheim. »*Gehet hin in Frieden!*« Das Wort »Sendung« hat für viele von uns einen allzu hohen Klang. Doch es verbindet ganz einfach unseren Alltag mit Gott. »*Bringt Frieden!*« – Was wir empfangen haben, das ist auch Auftrag: Frieden in den Herzen, in der Familie, in der Umgebung. Familien sind nicht »Konsumenten« von Religion. Religion kommt nicht von außen an sie heran, sondern sie gehört mitten in unser Familienleben hinein.

Wir leben in einer Zeit, in der es schwer ist, Einheitliches zu leben, wenigstens im gewöhnlichen Arbeits- und Familienalltag. Die Tendenz geht auf Zerspaltung. So ist auch das Gesagte für viele Familien mehr ein Wunsch als eine Wirklichkeit. Auch eine Frage: Wie soll das aussehen? »Religiöses Leben« der Familie? Manche spüren so etwas wie Leistungsdruck und fangen an zu stöhnen. »Es ist so schon alles schwierig genug in der Familie! Muß das so sein?« Sicher – es wird etwas an Überlegung und Probieren verlangt. Von selbst wird nichts, weil Gott die Selbständigkeit des Menschen respektiert. Aber wir können es auch anders sehen: Aus der Sendung leben ist eine Kraft. Es ist ein Sich-Einlassen auf das, was uns trägt und formt. Eigentlich ein logischer Schluß aus der Überzeugung, daß Gott lebendig ist. Wir können uns auf diese Wirklichkeit einlassen, weil uns Jesus den Zugang dazu gibt.

Der Lebensstil der Familie wird allmählich auf diesem Weg verändert, gewinnt mehr Ruhe und Überzeugungskraft. Von da aus lassen sich auch Formen finden, wie wir der Beziehung zu Gott konkreten Ausdruck geben können.

Der Tageslauf in den Familien ist sehr unterschiedlich: was in der einen gut geht, ist in der anderen unmöglich. Die Familienmitglieder sind oft recht schwer unter einen Hut oder an einen Tisch zu bekommen. Religiöses Leben in der Familie kann daher heute weniger als früher an feste Regeln gebunden werden. Dazu kommt, daß die erwachsenen Christen je aus ihrer Lebensgeschichte her sehr verschieden auf religiöse Formen reagieren: was dem einen viel bedeutet, das ist für den anderen langweilig oder gar abschreckend. Dennoch können wir behutsam wieder zu gemeinsamen Formen für das religiöse Leben in den Familien finden. Das Bedürfnis ist offenbar im Wachsen. Man spürt, daß eine gemeinsame Form, ein Brauch ohne viele Erklärungen Gemeinschaft schafft und Erfahrung vermittelt. Für die einzelnen Familien ist aber viel Offenheit, Phantasie und Kreativität in Sachen der Religion nötig, um der jeweiligen Situation gerecht zu werden. Damit diese Kreativität nicht zum Aktivismus wird, muß sie aus der Wurzel entspringen, aus der immer schon echtes religiöses Leben gewachsen ist: aus der Hinkehr zu Gott und den Mitmenschen; aus der Bereitschaft, Gott wirken zu lassen und ihm zuzuhören. Von uns allein können wir im religiösen Leben nichts machen, wenn wir nicht an den Kraftstrom angeschlossen sind, der von Gott kommt. Bitten, fragen, sich öffnen – das ist der Zugang. Es hilft oft mehr, wenn Eltern im Religiösen ungeschickt und fragend sind, als wenn sie perfekt und beflissen alles Gängige mitmachen, ohne dieses Sich-Öffnen.

116 *Mütter müßten öfter die Fassung verlieren*

Herr,
Mütter müßten eigentlich öfter die Fassung verlieren
als andere Leute.
Wenn so ein Lausejunge seinen Hamster laufen läßt –
und er nicht mehr auftaucht,
wenn von der Auto-Reparatur Schmiere auf dem Teppich
landet
und der Lockenwickler flink im Badebecken-Abfluß verschwindet.
Wenn die Kinder vergeßlich, gedankenlos,
wild und ewig zerstritten sind –
da wäre zu erwarten,
daß wir Mütter öfter die Fassung verlieren.

Doch, Herr, du hast uns wohl eine Sicherung eingebaut.
Du hast uns Stärke
und Spannkraft gegeben.
Ich bin stärker um der Kinder willen.
Und mein Leben ist unendlich reicher.
Gewiß, sie sind für ein paar graue Haare verantwortlich.
Aber sie haben auch meinem Leben Inhalt und Farbe
und Schönheit gegeben
und Lust
und Ziel
und Anspruch
und Spaß –
oft unerwarteten, den Lachmuskel kitzelnden Spaß.

Ich danke dir, Herr, für meine Bande,
die mich reizt
und mich ruft
und mir dient
und mich überschüttet mit ihrer Liebe.
Amen.

Jo Carr/J. Sorley

117 *Besinnung*

Ich war hungrig, und ihr habt mir zu essen gegeben
Ich war durstig, und ihr habt mir zu trinken gegeben

Die Eltern fragen sich: Haben wir mit Liebe für unser tägliches Brot gearbeitet, gekocht und den Tisch gedeckt?
Die Kinder fragen: Haben wir uns einfach bedienen lassen oder haben wir auch an den Hunger der Eltern gedacht?
Die Eltern fragen: Und wie ist das mit dem Durst unserer Kinder nach Zuwendung, nach einem Spiel mit ihnen – haben wir ihnen zu trinken gegeben?
Die Kinder fragen: Waren nicht die Eltern vielleicht durstig nach einem dankbaren Wort?

Ich war fremd und obdachlos, und ihr habt mich aufgenommen

Die Mutter denkt: Tag für Tag das Haus putzen; lohnt sich das denn?
Der Vater denkt: All die Schulden abbezahlen; wir werden ja nie fertig.
Die Kinder denken: Das ist doch klar, daß wir ein Haus haben. Eigentlich hätten wir jeder gern ein eigenes Zimmer.
Und wie wäre es, wenn wir kein Haus hätten? Ist das Dach über dem Kopf wirklich nur unser Werk? Dürfen wir unsere Tür zumachen und niemanden in unseren Bereich hereinlassen? Lassen wir Jesus herein?

Ich war nackt, und ihr habt mir Kleidung gegeben

Die Mutter denkt: Gerne würde ich auch mehr Geld für Kleider ausgeben.
Der Vater denkt: Die Kleidung kostet sowieso zu viel.
Die Kinder denken: Das ist doch selbstverständlich, daß wir die neuesten Sachen bekommen, die anderen haben sie doch auch.
Und wie wäre das, wenn wir nichts anzuziehen hätten?

Ich war krank, und ihr habt mich besucht

Mutter und Vater denken: Wie viel haben wir uns schon um unsere Kinder bemüht; wenn sie krank waren, einen guten Arzt geholt, alles

ans Bett gebracht, bei den kranken Kindern stundenlang gesessen und sie erheitert. Haben wir dafür Dank? Wie ist es, wenn wir einmal krank werden, wer besucht uns?
Die Kinder denken: Ja, wenn wir Fieber haben, kümmert man sich um uns. Aber wie gerne hätten wir manchmal, daß wir krank sind, damit jemand am Bett sitzt. Aber geht es den Eltern nicht vielleicht auch manchmal so? Haben wir sie eigentlich schon einmal besucht, wenn sie uns gebraucht hätten?

Ich war im Gefängnis, und ihr seid zu mir gekommen

Die Familie denkt: Das sind ja Ausnahmesituationen. Das kommt doch normalerweise nicht vor. Aber dann fällt der Mutter ein: Wie oft fühle ich mich daheim wie gefangen und wünschte mir, daß jemand zu mir kommt.
Der Vater denkt: Wie oft kann ich mein Gefühl nicht aussprechen. Es sitzt in mir, in meinem Innern, wie im Gefängnis. Wenn doch jemand mich mit einem Wort herausholte!
Die Kinder denken: Auch wir fühlen uns manchmal wie eingesperrt. Wir möchten etwas erleben und wir möchten austauschen. Wir möchten, daß jemand zu uns kommt und uns aufschließt.
Haben wir unsere gegenseitigen Gefängnisse stärker verschlossen oder öffnen helfen?

Jesus sagt: In all dem war ich es, der nackt, bloß und im Gefängnis war. Was ihr für einen meiner geringsten Brüder getan habt, das habt ihr für mich getan

118 *Atmosphäre*

Familienleben, das ist oft ein Schlachtfeld. Jeder ist angespannt und nervös. Konflikte, auch unlösbare, bleiben nicht aus.
Die Atmosphäre ist dadurch gestört, aber so leicht läßt sie sich nicht kaputtmachen. Bei einem Familienkreisgespräch über ›guten Ton in der Familie‹ wurde der Satz geprägt: »›Du Trottel‹ in guter Atmosphäre ist nicht so schlimm!«, gemeint war: wenn die Gesamtatmosphäre liebevoll ist, kann schon einmal ein Schimpfwort wie ›Trottel‹ entschlüpfen, ohne daß großer Schaden entsteht. Atmosphäre, das ist etwas schwer Greifbares, z. B. beim Beten: Was strahlt von den Eltern aus? Strenge, Unsicherheit oder Wärme und Konzentration? Kinder spüren ziemlich gut, an was die Eltern eigentlich denken, was ihnen wichtig ist. Auch Äußeres spielt eine Rolle: die Stunde am Tag *(geeignet oder ungeeignet)* – wie man sitzt – Licht *(vielleicht eine Kerze)*. Das Kleinkind spürt geborgene Atmosphäre, wenn es auf dem Schoß der Eltern sitzen darf. Oder die Mutter faltet ihre Hände über die des Kindes. Haltungen, wie Knien, beeindrucken Kinder und Erwachsene sehr. Es ist schade, daß wir darin so ›geniert‹ geworden sind.
Kleine Worte mit Gesten gehören hierher: ein Kreuzzeichen auf die Stirn des Kindes. Der Abschiedsgruß ›Gott behüte dich!‹ Natürlich: all das wirkt nur, wenn es nicht *leere Form* ist.

119 *Aus dem Glauben leben*

Wie finden wir die innerliche Verflechtung unseres Alltags mit dem Glauben? Wir versuchen es einmal in der Besinnung auf ein Gebet, das uns Jesus gegeben hat.

Vater unser im Himmel

»*Vater*« – das ist nicht einfach jeder Vater, so wie er nun eben mit seinen Stärken und Schwächen ist. Unser Vater im Himmel: das ist ein Name, der tiefer und weiter herkommt. Vater ist der Schöpfer, der Erzeuger des Alls. Wir können ihm nur begegnen im *Staunen* über das Sein in all seinen Ausformungen. Wir nehmen das in uns auf, was wir nicht selbst gemacht haben, was uns vorgegeben ist: die Bäume, die Blumen, die Tiere. Wie ist ein Blatt gebildet? Über die Möhren und die Kartoffeln, die wir für das Essen zurechtmachen, können wir staunen. Über das Wasser, das Licht, die Menschen, über unsere Kinder, wie sie so sind. Auch über die Erfindungskraft des Menschen, was er alles geschaffen hat. Aus dem Staunen wird Dank und Lob:

Geheiligt werde dein Name. Dein Reich komme

»*Komme*«, das ist *Erwartung*. Es ist nicht alles so, wie wir es ersehnen. Es ist auch nicht alles in Ordnung, so wie es ist. Schon in der Natur gibt es Schreckliches, unter den Menschen noch mehr, auch in den Familien. Die Beziehung untereinander ist nicht immer beglükkend, manchmal auch leidvoll und unerfüllt. Gerechtigkeit und Liebe will uns nie so ganz gelingen. Wir leiden aneinander und an den Verhältnissen. Nicht alles kann der Mensch in Ordnung bringen, auch bei aller Bemühung nicht. Jesus spricht vom »Reich Gottes«, das kommen soll und wird, wo alles gut wird unter den Menschen, zwischen Gott und den Menschen, im Kosmos. Die Sehnsucht der Menschheit geht dorthin. Wir erwarten als Christen etwas Großes, etwas weit über unsere Vorstellung Hinausgehendes. Das gibt auch unserem täglichen Leben einen weiten Horizont. Erwarten, Hoffen, und auch Wartenkönnen gehört in unser Familienleben. Ungeduldige, ehrgeizige Eltern sind schlechte Vermittler dieser Haltung. »Komme« heißt aber auch »*komme jetzt hier her, zu uns*«. Wir beten darum, daß das Reich Gottes bei uns in der Familie anfängt. Wie bei jedem echten Gebet geht es hier um aktives Aufnehmen des Kommenden, hier und jetzt bei uns selbst. Das Tun wird bestimmt vom Beten.

Dein Wille geschehe

Das ist die vielleicht familiennaheste Bitte. Mit dem, was man Schicksal nennt, haben Familien viel zu tun. Wie stellen sie sich dazu? Steht über uns Gottes Wille? Es geschieht manches, das unverständlich ist, manches, das hart ist. Eltern und Kinder können nicht immer beruhigt und froh sagen: »*Dein Wille geschehe*«. Da stecken vielleicht auch Auflehnung und Tränen mit darin. Wir wissen auch nicht jedesmal, was nun Gottes Wille ist. Wir beten darum auch, daß er geschehe, »*wie im Himmel, so auf Erden*«. Und erst diese Bitte gibt die Hoffnung. Es ist nicht alles gut, aber es wird letztlich gut. Bittend dürfen wir uns einlassen auf den Willen Gottes, daß er in der Welt, aber bei uns und durch uns geschieht. Jeden Tag unser Familienleben – mit allem, was auf uns zukommt – unter Gottes Willen stellen, nicht unter unseren eigenen, das gibt *Gelassenheit,* in der wir nichts verdrängen und niemanden zu bedrängen brauchen. Das macht uns aber auch tätig und erfinderisch im Guten. Um Gottes Willen beten, heißt auch, daran mitwirken in unserem Kreis, so gut wir es können und verstehen. Christliches Gebet ist vertrauensvolles »*Abgeben*« und zugleich Quelle von Tätigkeit. Nötig ist allerdings auch Orientierung. Dazu kann ein persönliches Aufnehmen z. B. der Worte des Neuen Testaments viel helfen.

Unser tägliches Brot gib uns heute

Wir müssen leben und etwas zum Leben haben. In der Familie ist das eine ganze Menge, vor allem in unserem Kulturkreis: Babyfläschchen und Windeln, Kinderschuhe und Schulsachen, Heizkosten und Miete, eventuell Flötenkurs und Tanzstunde; vor allem Essen und Trinken. Jesus ist das wichtig. Wir dürfen neben die Bitte um das Reich Gottes die Bitte um das tägliche Brot stellen. Das Brot für heute und für morgen. »*Uns*« – darunter möchte ich die eigene Familie verstehen, aber auch die Nachbarn, die Menschheit. Und da wird die Bitte auch wieder zum Auftrag. Gott hat nicht nur das Wohl meiner Familie im Blick. Es ist gar nicht so leicht, das innerlich zuzulassen und das »weit genug und konkret genug zu empfinden«. Noch etwas anderes steckt in der Bitte: Euer Vater weiß ja, daß ihr das alles nötig habt. Vielleicht macht man sich gerade in der Verantwortung als Eltern verrückt mit Sorgen um das sichere Fortkommen der Kinder, um jedes kleine Bedürfnis, jede angebliche Notwendigkeit. »*Gib uns, Herr der Welt, was wir wirklich brauchen!*«

Und vergib uns unsere Schuld, wie wir vergeben unseren Schuldigern

Von Schuld im religiösen Bereich spricht man nicht so gern, vor allem zwischen Eltern und Kindern. Wir kennen viele psychische Bedingtheiten, und es fällt schwer zu sagen: hier bin ich schuldig oder mitschuldig. Wir wehren uns gegen zudiktierte Schuld. Auch andere möchten wir nicht als Schuldner sehen. Zur Haltung des Christen gehört es, daß er seine Schuld sieht und um Vergebung bittet. Vielleicht braucht es eine lange Zeit, sich auf diesen Gedanken einzulassen, ehe uns aufgeht, wo wir z. B. im Verhältnis der Ehegatten oder der Eltern und Kinder wirklich selber schuldig sind. Die Ahnung, daß jeder auch eigene Verantwortung hat, gehört zur

Freiheit der menschlichen Person, ist aber gar nicht so leicht zu realisieren. »*Das liegt doch an der Erziehung. – Das liegt doch an den Verhältnissen, an der Umwelt. – Das geht doch nicht anders heutzutage. – Das machen die anderen auch so. – Nur so kommt man durch.*« So entschuldigen wir uns und andere. Wenn wir anfangen zu erkennen, daß wir Verantwortung tragen und schuldig werden können, und daß es den anderen uns gegenüber nicht anders geht, fangen wir auch an zu erkennen, daß wir selbständige Menschen sind vor Gott. Für die Familie, für Ehegatten, für Eltern und auch für Kinder führt das zur Haltung christlicher Freiheit der Person, die nicht Ungebundenheit ist. Daß diese Person schwach ist und Gottes Vergebung nötig hat und diese auf ihre Bitte hin erhält, ist der zweite wichtige Schritt. Vielleicht müssen wir jahrelang diese Bitte »*vergib uns unsere Schuld, wie auch wir vergeben unseren Schuldigern*« in unserer Familie beten und praktizieren, bis wir das alles wirklich akzeptieren können.

Führe uns nicht in Versuchung, sondern erlöse uns von dem Bösen

Ähnlich ist es mit dieser Bitte. Das Böse, von dem wir erlöst werden müssen, das ist uns vielleicht etwas Fremdes, Anstößiges. Böses muß sich doch in Ordnung bringen lassen. Braucht man Erlösung, ein Wegnehmen des Bösen von Gott her? Die Bitte sagt es – und sie hat ihren Angelpunkt an Kreuz und Auferstehung Jesu. Und Versuchung? Daß es so etwas gibt, ist in letzter Zeit wieder deutlich geworden. Eine gute Familie, eine gute religiöse Erziehung, das ist keine Lebensversicherung vor seelischen Gefahren, wenn auch eine gute Ausrüstung. Niemand verspricht uns, daß wir Eltern oder die Jugendlichen in der Familie *nicht »versucht werden«*, solange es eben Böses gibt – auch nicht, daß nichts passieren kann. Gott erspart uns die Gefahren nicht, die die Menschen immer schon »*versucht*« haben. Die Bitte ist aber eine vertrauensvolle Bitte. Jesus läßt uns nicht etwas bitten, das wirkungslos ist. Wir sind mit dieser Bitte geborgen in aller Gefahr und hoffen das auch für den Lebensweg unserer Kinder, der nicht in unserer Hand liegt. Wir geben ihn in Gottes Hand. »*Er hat die ganze Welt in seiner Hand*« – das ist ein Lied, das ein richtiges Familienlied werden kann. Es entspricht in einfacher Form der Schlußformel, die in frühchristlicher Zeit dem *Gebet des Herrn* angefügt wurde:

Denn dein ist die Macht und die Kraft und die Herrlichkeit in Ewigkeit. Amen

120 *Er hat die ganze Welt*

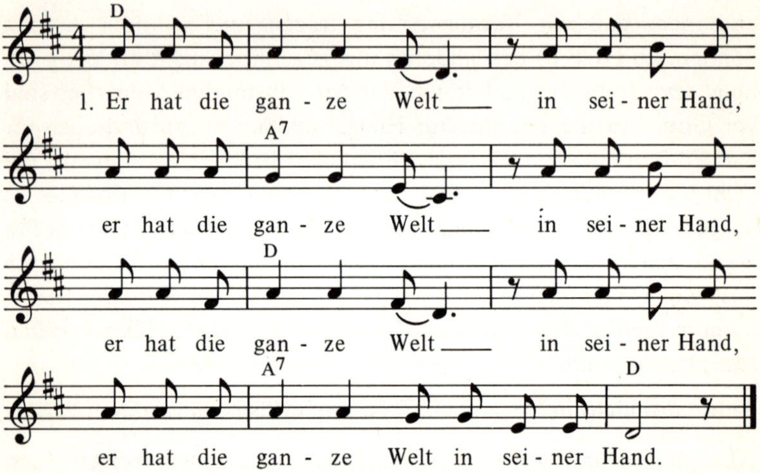

2. Er hat die Sonne und den Mond in seiner Hand.
3. Er hat die Berge und die Täler in seiner Hand.
4. Er hat den Wind und den Regen in seiner Hand.
5. Er hat die Blumen und die Bäume in seiner Hand.
6. Er hat die Fische und die Vögel in seiner Hand.
7. Er hat den Vater und die Mutter in seiner Hand.
8. Er hat die Kinder und die Eltern in seiner Hand.
9. Er hat das kleine, kleine Baby in seiner Hand.
10. Er hat dich und mich in seiner Hand.
11. Er hat den Spaß und die Freude in seiner Hand.

Weitere Strophen kann man selbst erfinden,
und mit entsprechenden Bewegungen macht es noch mehr Freude!

Text und Melodie: Gospel Song

121 *In der Familie beten*

Das Wegfallen vieler Bräuche und Formen in der Umwelt und die oft berechtigte Furcht vor leeren Formalitäten belastet vor allem das Familiengebet. Man kann sich nicht gemeinsam in eine vorgegebene Form hineinbegeben. Man hat viele Hemmungen voreinander.
Es gibt auch Bestrebungen, Neues aufzubauen. Das Angebot von Hausgottesdiensten für Familien, das in manchen Diözesen an festgesetzten Tagen in der Advents- und Fastenzeit alle Familien zur gleichen Stunde in ihren Wohnungen erreichen will, ist auf gute Resonanz gestoßen. Es ist wichtig, daß die Kinder und die Eltern Erfahrungen mit gemeinsamem Beten machen, die Mut machen und nach Hause übertragbar sind. Gemeinsame Wochenenden mit den Familienkreisen der Pfarreien oder Diözesen können dies vielleicht vermitteln.
Was aber vor allem zu beobachten ist, das ist ein erneutes Bedürfnis nach persönlichem Gebet des einzelnen. Gebets- und Bibelkreise entstehen neu. Auch bei Jugendlichen zeigt sich ein Interesse dafür. Es gibt spontane Gebetskreise, z. B. in Schulen. Für das Familiengebet ist das eine Hoffnung. Denn wirklich erfüllt kann man in der Familie nur dann miteinander beten, wenn der einzelne auch für sich allein beten möchte und betet. Voraussetzung des Gebetes mit Kindern ist, daß die Eltern *(oder auch nur ein Partner)* selber *für* das Kind beten, und daß sie beim Beten mit dem Kind nicht Erzieher, sondern Mitbeter sind, wenn auch in Worten, die dem Kind angemessen sind.
Oft wird gefragt, ob vorgeformte oder freie Gebete besser sind. Jedes hat seinen Platz. Das freie Gebet läßt uns leichter persönlich zu Gott sprechen von all dem, was uns bewegt. Das Kind kann all das aussprechen, was ihm in den Sinn kommt, was es am Tage erlebt hat, was ihm Freude und Kummer macht, um was es bitten möchte.
Im vorgeformten Gebet *(wenn es gut ist)* gehen wir eher über unseren, doch begrenzten Horizont hinaus, wir sind offen für Gedanken, die vielleicht tiefer sind als unsere eigenen gerade wären. Hier lernt das Kind nicht nur das auszusprechen, was ihm unmittelbar kommt, sondern sich hineinzubegeben in Worte und Gedanken, die nicht seine eigenen sind, hinzuhören und aufzunehmen, was Gott sein

kann. Vor allem schließen wir uns dem Gebet vieler anderer und – sofern es liturgische Gebete sind – dem Beten der Kirche an. Jugendliche suchen in der Familie vielleicht auch die Distanz des nicht zu persönlichen Gebetes.
Als drittes kann die stille Betrachtung auch in der Familie wertvoll sein, vielleicht eingeleitet durch eine Lesung, die ein Familienmitglied auswählt.
Für das Familiengebet ist es auch wichtig, daß in der Familie ein Sinn für *Zeichen* da ist: Kreuzzeichen, Hände falten, Bilder und Symbole. In vielen Familien war es Brauch, daß Eltern bei besonderen Gelegenheiten ihre Kinder segneten. Was sollte uns daran hindern, diesen Brauch wieder einzuführen? Das Argument, man tut das nicht mehr, war noch nie sinnvoll. Auch wenn sich das Familienleben heute verändert hat, die Sorge für die Kinder ist geblieben und die Beziehung zu Gott auch. Der Segen der Eltern ist etwas anderes als der Segen des Priesters. Er hat seinen Platz in der Familie, die sich für Gott offen hält. »*Gott segne Dich*« – das dürfen ein Vater und eine Mutter in besonderer Weise zu ihrem Kind sagen, vielleicht begleitet durch ein freundliches Auflegen der Hand auf Kopf oder Schulter oder durch ein Kreuzzeichen auf die Stirn.
Weitere Anregungen finden sich im *Gotteslob Nr. 20*

122 *Atmosphäre zum Beten*

Wenn wir beten, unterbrechen wir den Alltag. Wir richten unsere Aufmerksamkeit nicht mehr auf einzelne Dinge, sondern auf unser ganzes Leben und auf Gott. Damit dies gelingt, braucht es eine Atmosphäre zum Beten. Sie soll nicht gekünstelt sein, aber es soll doch ein Unterschied zum übrigen Alltag bestehen.
Was uns innerlich oder äußerlich beschäftigt, davon gilt es ein wenig Abstand zu nehmen. Die Zeit, wo sich Eltern und Kinder entspannen, ist der Abend. Hier haben wir eine bevorzugte Gelegenheit zum Beten, nach dem Abendessen oder vor dem Schlafengehen der Kinder. Stilles Sitzen, warmes Zimmer, gedämpftes Licht, vielleicht eine brennende Kerze, ruhige Musik tragen bei zum Abstandnehmen, zur Sammlung. Zum Gebet werden alle *eingeladen,* nicht

befohlen. Wer sich nicht auf das Gebet glaubt einstellen zu können, der kann sich fernhalten. Die Kinder machen sicher mit, wenn sie verspüren, daß es den Eltern ein persönliches Anliegen ist, mit ihnen zu beten. Vielleicht ist auch die ganze Familie einmal nicht dazu aufgelegt, obwohl sie sich das Gebet vorgenommen hat; dann kann es auch einmal ausfallen. Es nützt aber auch, die Flinte nicht zu früh ins Korn zu werfen; denn die Voraussetzungen zum Beten können ja noch entstehen.

Wir können uns von vielem freimachen, wenn wir singen. Der ganze innere und äußere Mensch ist mit Leib und Seele beim Singen in Bewegung und singt dabei manche Komplexe aus sich heraus. Es verhilft zu einem freien Ausdruck und stimmt froh. Wer keine Stimme zum Singen hat, kann ja auch »brummen«. Und das Singen verbindet die Familie. Es ist genauso ein Gebet wie das gesprochene Wort. Geeignet sind Lieder, die die Kinder in der Schule lernen oder die sie aus dem Gottesdienst kennen. Die häufige Wiederholung macht sie einprägsam.

Auch durch das Abwechseln der Gebetsformen und -inhalte kann das gemeinsame Tun weiter als Brauch verstärkt werden. Einmal wird es ein stilles Betrachten eines Bildes, ein andermal ein Vortrag aus der Bibel sein. Einmal wird eine Nachricht aus der Zeitung zum Anlaß des Betens, ein andermal spricht die Familie über ein Ereignis in dem näheren Umkreis. Einmal hört die Familie eine geistliche Abendmusik *(Radio, Schallplatte)*, ein andermal spricht man miteinander über einen Festtag oder über das Leben eines Heiligen *(z. B. Maria, Paulus, Franziskus)*. Einmal beten wir den »Engel-des-Herrn« *(Gotteslob Nr. 2, 7)*, ein andermal den Rosenkranz oder eine Kurzfassung davon *(Gotteslob Nr. 33)*, besonders im Monat Oktober.

Großartige Formen des Gebets sind die Psalmen *(Gotteslob Nr. 708–764)*, die Hymnen *(Gotteslob Nr. 675; 681; 689; 700)* und die Litaneien *(Gotteslob Nr. 762–770)*. Wir sind auch dazu eingeladen, am fortlaufenden Gebet zu den Tageszeiten teilzunehmen: Morgenlob – Vesper – Nachtgebet *(Gotteslob Nr. 672–706)*. Mit diesen Gebeten wächst die Familie langsam in den Gebetsschatz der Kirche hinein. Dazu wird sie in der Regel erst nach längerer Übung übergehen können. In verkürzter Fassung können diese Gebete der Kirche aber jederzeit aufgegriffen werden.

Auf keinen Fall sollte aus dem Familiengebet eine Leistung werden, zu der man sich emporarbeitet. Überforderung ist nicht angebracht.

Darauf sollte man immer achten, damit die Beziehung zum Beten nicht aufgezwungen wird, sondern mit dem Empfinden jeder Person übereinstimmt. Die innere Bereitschaft zum Beten ist die erste Voraussetzung für das Gelingen; alles andere wächst allmählich zu.

123 *Wo finden wir Gebete?*

Kein Mensch kommt ohne feste Gewohnheiten aus – das gilt auch für das Beten überhaupt und für den Inhalt der Gebete. Die Familie braucht ein festes Gebet für das gemeinsame Essen, für den Morgen und für den Abend. Damit es aber nicht »fad« wird, sollte man abwechseln. Einige Vorschläge finden sich in diesem Buch. Es gibt noch eine Menge Anregungen in anderen Büchern, die wir empfehlen können.

- *Gotteslob. Ausgabe für das jeweilige Bistum. Nr. 13–18, Nr. 21–22, Nr. 25*
- *Konrad Albrecht: Kinder reden mit Jesus. Gebete und Lieder zum Leben Jesu.* Verlag Katholisches Bibelwerk, Stuttgart (ab sechs Jahren)
- *Eleonore Beck u. a.: Danke, daß du bei mir bist.* Verlag Butzon & Bercker, Kevelaer 1978 (für verschiedene Altersstufen)
- *Felicitas Betz: Schau her, lieber Gott. Bildergebetbuch für Kinder.* Verlag J. Pfeiffer, München (von 3–6 Jahren)
- *Detlef Block: Gut, daß du da bist.* Benziger Verlag, Zürich 1979 (ab 8 Jahren)
- *Hermine König u. a.: beten – singen – feiern.* Kösel-Verlag, München 1978 (zur Kommunion- und Bußvorbereitung)
- *Marielene Leist: Gebetbuch für Kinder und ihre Eltern.* Verlag Herder, Freiburg (für verschiedene Altersstufen)
- *Egon A. Retsch: Miteinander beten. Texte und Gebete für junge Menschen.* M.-Grünewald-Verlag, Mainz 1979 (für das Jugendalter)

124 *Warum in die Kirche gehen*

»Schnell raus aus den Betten! Wir wollen zur Kirche gehen«, weckte Mutter Susanne und Michael.
»Ich bin noch so müde«, tönt es nach einer Weile verschlafen aus den Zimmern.
»Los, los, wir wollen nicht zu spät kommen. Man kann Gott doch nicht warten lassen. Das wäre unhöflich. Wenn ihr euch gewaschen habt, ist die Müdigkeit schnell weg.«
Aber das war gar nicht so. Noch auf dem Weg zur Kirche war Susanne nur halb wach. Und da traf sie zu allem Überfluß kurz vor der Kirche auch noch Nicole. Die ging mit einem Ball und anderen Kindern an der Kirche vorbei zum Sportplatz. »Schade, daß du nicht mitkommen kannst. Du mußt ja zur Kirche gehen«, sagte sie.
Dieser Satz klang Susanne noch lange in den Ohren. Ihn konnten auch die Lieder nicht übertönen, die ihr heute ganz gut gefielen. Manchmal sangen sie so traurige Lieder. Die mochte sie gar nicht. Dieser Satz klang auch noch nach den Gebeten und Lesungen weiter. Sie wollte nach der Messe die Eltern fragen: Warum muß ich denn immer in die Kirche gehen?
Plötzlich aber horchte sie auf. Es war, als ob der Pfarrer Gedanken lesen konnte. Er sagte, die Messe ist ein Treffen der Gemeinde, der Freunde Jesu, mit Gott. Wenn wir uns nicht regelmäßig treffen, geht die Verbindung zu Gott und zu den anderen Menschen verloren. Wir sind dann in Gefahr, nur noch uns selbst zu kennen. Wenn wir uns aber zur Messe treffen, hören wir etwas von Jesus; wir feiern die Freundschaft mit ihm und untereinander. So kann die Gemeinde durch die Meßfeier immer mehr zu einer wirklichen Gemeinschaft werden. Wir möchten ja die Liebe, die Gott uns schenkt und für die wir in der Messe danken, auch einander schenken. Dann kann jeder, der in die Gemeinde kommt, hier auch etwas von der Liebe Gottes spüren. Er wird sich aufgehoben und angenommen fühlen, hier ein Zuhause finden. Dann kann er auch leichter an die Liebe Gottes glauben. In den Gemeinden der ersten Christen ist das so gewesen. Da haben die Außenstehenden von den Christen gesagt: »Seht, wie sie einander lieben!«
Das muß eigentlich sehr schön gewesen sein, sich in einer solchen Gemeinschaft aufgehoben zu wissen, dachte Susanne. Ob man das

von ihrer Pfarrgemeinde auch sagen könnte: »Seht, wie sie einander lieben«?

Der Pfarrer sagte auch noch: Wenn wir in der Gemeinde füreinander einstehen und einer den anderen annimmt, so wie er ist, dann können wir anderen ein Beispiel geben, wie Menschen anders miteinander umgehen, als es leider oft geschieht. Wir können dann durch unsere Gemeinde dazu beitragen, daß das Miteinander der Menschen besser gelingt und so alle glücklicher werden. Wenn es uns schwerfällt, einander anzunehmen mit all unseren Eigenarten und Schwächen, dann sollen wir nur daran denken, daß Gott uns auch annimmt, ja zu uns sagt; und so liebenswürdig sind wir doch wohl auch nicht! In der Messe feiern wir aber das Ja Gottes zu uns, das Angebot seiner immerwährenden Freundschaft. Und schließlich müssen uns auch die anderen Menschen annehmen, wie wir sind, und das ist sicher für sie auch nicht immer leicht!

Susanne mußte daran denken, ob es für Mutter und Vater auch schwer sei, sie anzunehmen? Sicherlich! Bei Michael sei das ganz bestimmt so. Ob auch bei Nicole?

Nach der Messe sagte sie zunächst nicht viel. Aber die Frage wollte sie doch noch stellen. So fragte sie auf dem Nachhauseweg: »Muß ich eigentlich zur Kirche gehen?« Vater überlegte kurz.

»Weißt du«, sagte er dann, »›müssen‹ ist sicher nicht der richtige Ausdruck. Gott lädt uns ein, weil er uns seine Freundschaft anbietet, weil er uns lieb hat. Wenn ich einer Einladung nur Folge leiste, weil ich muß, dann hat das ganze keinen Sinn. Weder der andere noch ich selbst hätten dann Freude daran. Aber ich glaube, wir können auch nicht einfach sagen: Ich gehe dann zur Kirche, wenn ich Lust dazu habe. Manchmal ist das zu hören. Aber ich kann doch einen Freund auch nicht holen, wenn ich Lust habe, und ihn wegschicken, wenn ich nicht mehr will. Dann wäre er ja fast wie ein Spielzeug. Das kann ich nehmen, wenn ich es will, und wieder in die Ecke legen, wenn ich es nicht mehr mag. Das kann ich aber doch nicht mit einem Freund machen. Das wäre gar keine wirkliche Freundschaft. Zu einem Freund muß ich auch dann stehen, wenn ich mal keine Laune habe. Oder nimm die Familie. Ich kann doch nicht ›in Familie machen‹, wenn mir der Kopf danach steht, und alle links liegen lassen, wenn ich nicht mag. Dann würde ich zum Beispiel öfter mal nicht zur Arbeit und statt dessen lieber schwimmen oder wandern gehen. Oder Mutter würde bestimmt manchmal das Kochen oder Putzen ausfallen lassen. Wenn ihr dann nach Hause kämt, würde sie sagen: ›Ich hatte heute keine Lust zum Kochen. Ich habe lieber ein Buch gelesen.‹ Und du weißt, wie gerne sie liest. Wenn ich andere liebe, so wie wir uns in der Familie lieb haben, dann muß ich auch zu ihnen halten, wenn mir gerade nicht der Kopf danach steht. Es gibt Dinge, die für mich im Leben so wichtig sind, daß ich sie nicht nach Lust und Laune tue. Daneben gibt es anderes, z. B. die Hobbys, die kann ich tun, wenn ich es gerade mag. Wenn wir Gott nicht unter die Hobbys einreihen, dann kann es uns auch nicht gleichgültig sein, ob wir sonntags zur Kirche gehen oder nicht.«

Beim Mittagessen kam Vater noch einmal auf Susannes Frage zurück. »Schau mal, wie schön das ist, wenn wir zusammen sind. Mutter hat sich wieder so viel Mühe gemacht, alles schön für uns herzurichten. Wenn nun jeder etwas anderes vorhat und wir seltener zusammenkommen, dann werden wir uns vielleicht auch bald nicht mehr so gut verstehen. Du weißt doch, daß ich zum Beispiel in meinem Beruf auf einiges Geld verzichtet habe, um mehr bei euch zu sein. Ich hätte im Außendienst mehr verdienen können. Dann wäre ich aber öfter weg gewesen. Wir haben damals miteinander darüber gesprochen. Und wir waren alle der Meinung, daß wir lieber auf manches verzichten wollen, was wir uns sonst leisten könnten, damit wir öfter beieinander sind und mehr Zeit für uns haben. Manche Familien, Ehen oder Freundschaften sind daran zugrunde gegangen, daß man sich nicht sah oder doch zu wenig Zeit füreinander nahm. Das gilt auch für unser Verhältnis zu Gott, für unseren Glauben. Er läßt nach oder verliert sich gar, wenn das Treffen mit Gott seltener wird. Viele Menschen, die ungläubig wurden, sind es nicht deswegen geworden, weil sie der Meinung waren, die Freundschaft mit Gott lohne sich nicht, sondern weil die Treffen mit Gott immer seltener wurden, bis Gott ganz aus ihrem Leben verschwunden ist. Sie haben nichts getan, um die Freundschaft mit Gott zu erhalten.

Und auch die anderen aus der Gemeinde brauchen uns und wir sie. Wenn wir uns treffen, machen wir einander mehr Mut zum Glauben. – Und letztlich haben wir selbst den Schaden. Gott hat keinen Gewinn, wenn wir zu ihm kommen. Wir haben den Gewinn, weil Gott uns beschenkt, weil er uns zeigen will, wie unser Leben und das Miteinander der Menschen besser gelingt, und er uns dabei auch hilft. Natürlich freut er sich auch über unser Kommen; denn er liebt uns ja.«

Susanne war nun der Frage Nicoles gegenüber nicht mehr so hilflos wie noch am Morgen.

Heinz-Manfred Schulz

125 *Der Sonntag als Herrentag*

Der Sonntag ist die Mitte und der Höhepunkt christlichen Lebens. Denn an diesem Tag versammeln sich die Christen,

- um zu hören, was »*in allen Schriften von ihm* (Christus) *geschrieben steht*« *(Lk 24,27);*
- um »*Gott für die unsagbar große Gabe Dank zu sagen*« *(2 Kor 9,15),* daß wir durch seinen Sohn erlöst sind;
- um das nachzuvollziehen, was Jesus beim letzten Abendmahl am Tag vor seinem Leiden und Sterben seinen Jüngern aufgetragen hat.

Diese Feier, dieser erste Gottesdienst der Christen wird »*Eucharistie*« genannt, d. h. Danksagung.

Die Bedeutung, die dem Sonntag von der frühchristlichen Gemeinde beigemessen wurde, läßt sich aus seinen verschiedenen Namen erkennen:

• Die ältesten Schriften bezeichnen den Sonntag in Anlehnung an die jüdische Woche als »ersten Tag der Woche«. Diese Zählweise der jüdischen Wochentage geht auf den ersten biblischen Schöpfungsbericht zurück, worin die Erschaffung des Lichtes und seine Scheidung von der Finsternis dem ersten Schöpfungstag (= Wochentag) zugesprochen wird. Da das Gedächtnis des Ostersonntags auf den ersten Wochentag nach dem jüdischen Sabbat fiel, versammelte sich die urchristliche Gemeinde an diesem Tag, um Eucharistie zu feiern:

Apg 20,7: »*Am ersten Wochentag zum Brotbrechen*«

1 Kor 16,1: »*An jedem ersten Wochentag*«

Der auferstandene Christus ist im Glauben der Kirche das neue Licht Gottes in dieser Welt, »*das jeden Menschen erleuchtet*« *(Joh 1,9).*

• Wie alle Evangelisten übereinstimmend berichten *(Mk 16,1; Mt 28,1; Lk 24,1; Joh 20,1)* ist »*der erste Wochentag*« der Tag der Auferweckung Jesu; er ist zugleich der Tag, an dem er seinen Jüngern bevorzugt erschien *(Mt 28,9; Lk 24,13ff. 36; Joh 20,19ff.),* und an dem er ihnen den verheißenen Heiligen Geist gesandt hat *(Apg 2,1ff.; Joh 20,22).*

• Hieraus leitet sich die spezifisch christliche Bezeichnung für den Sonntag als »*Herrentag*« ab. Es ist der Tag, der im intensivsten Bezug zum erhöhten Herrn steht. Und am Abend dieses Tages versammelt

sich die christliche Gemeinde zur Zeit der Hauptmahlzeit *»zum Brechen des Brotes«,* um dadurch zu zeigen, daß sie zu Christus gehört, an seinem Leib und Blut Anteil hat, und Gott Dank sagt für die Erlösungstat in der Freude über die Gemeinschaft mit dem erhöhten Herrn und in froher Erwartung seiner Wiederkunft.

• Der Name Sonntag geht auf die griechisch-römische Vorstellung von einer Planetenwoche zurück, die die Sonne zu den Planeten zählte, die den Mittelpunkt des Universums, die Erde, umkreist. Da die Christen ihren Herrn als *»Licht der Welt«* und als *»Licht zur Erleuchtung der Heiden«* umschrieben, wurde die Bezeichnung Sonntag auch in die christlichen Schriften aufgenommen.
Die offizielle Sprache der Kirche bevorzugt bis zum heutigen Tag die Bezeichnung *»Herrentag«* für den christlichen Sonntag.

126 *Familie und Gemeinde*

Beziehung zur Gemeinde, zur Kirche, gehört zum Leben einer christlichen Familie. Christus hat die Gemeinschaft der Gläubigen gegründet: sie ist die von ihm herausgerufene Versammlung. Die Apostel und die ersten Prediger haben einzelne und ganze Familien *(»Häuser«)* in diese Kirche gerufen. Die Familien wurden zu tragenden Gliedern der Gemeinde, und das Leben der Gemeinde wirkte in das Familienleben hinein. Paulus grüßt am Ende seiner Briefe immer wieder einzelne Familien *(»grüße Aquila und Priscilla und ihr Haus ...« Röm 16,3). Charles de Foucauld,* der französische Pater und Gründer der *»Kleinen Brüder und Schwestern«* nimmt dies eindrucksvoll auf, wenn er sagt, alle Christen sollten Aquilas und Priscillas sein. Und das Konzil spricht im ähnlichen Sinne von der Familie als »kleiner Kirche«. Also: die Familie ist eine kleine lebendige Zelle des Glaubens und der brüderlich-christlichen Gemeinschaft innerhalb der größeren Gemeinschaft der örtlichen Gemeinden und der großen Kirche. *»Hauskirche«* ist nicht isoliert zu denken von der größeren Gemeinschaft, sondern in Wechselbeziehung zu ihr. Von der Kirche kommt ja die Überlieferung des Glaubens an uns, von ihr haben wir die Bibel als unser Grundbuch,

von ihr empfangen wir die Sakramente, in ihr werden wir zu einer Gemeinschaft, die über unseren persönlichen Rahmen hinausgeht.
Allerdings: nicht alles gefällt an dieser Gemeinschaft der Kirche und an der örtlichen Gemeinde. Sie hat ihre Mängel. Sie ist nicht für jeden und überall leicht zugänglich. Ein reibungsloses Sich-gegenseitig-Tragen, eine Hin- und Herbeziehung ohne Sand im Getriebe ist ein Ideal, hinter dem die Wirklichkeit herhinkt. Gott hat dieser Kirche schon seinen Geist verheißen, aber es entspricht noch nicht alles den Früchten dieses Geistes. Viele leiden an ihrer Gemeinde. Oft wäre es gut, nicht einfach zu leiden oder zu schimpfen, sondern selber als Glied der Kirche einen – wenn auch winzig kleinen – Platz herzurichten als Wohnung des Geistes Jesu Christi, ihm irgendwo eine Tür zu öffnen. Erfahrung des Geistes geschieht in der Mitwirkung mit ihm und im Gebet. Der einzelne, jede einzelne Familie ist mitverantwortlich für den Geist des Ganzen, jeder an seinem Platz.
Manche meinen, Mitwirkung an der Gemeinde hieße, möglichst aktiv zu sein, viele Aufgaben zu übernehmen. Manchmal geht dies so weit, daß nur nach außen geblickt wird, daß die Familie und die eigene Person leiden. Sicher, es ist nötig, daß Aufgaben übernommen werden, es ist auch nötig, daß einige sich besonders engagieren. Aber nicht jeder hat den Auftrag gerade zu diesem Dienst. Aktivität darf auch nicht etwa Flucht vor eigenen Problemen oder vor innerer Leere sein. Sie muß vom Innern her kommen. Gerade der in der Gemeinde engagierte braucht Möglichkeiten der Einkehr für sich und seine Familie *(z. B. Familienbesinnungswochenende),* braucht Gelegenheit, über die eigenen Probleme und über die eigene Familie nachzudenken. Und nicht jeder kann sich in der Gemeinde, wo er wohnt, engagieren. Vielleicht braucht seine Familie ihn ganz nach einem anstrengenden Berufstag. Vielleicht ist das Engagement im Beruf oder sonstwo seine christliche Aufgabe. Das wird jeder mit sich und mit Gott überlegen müssen; vielleicht im Gebet und über längere Zeit. Die Gemeinde braucht Helfer, sie braucht aber vor allem lebendige und geordnete christliche Familien.
Oft ist es schwer, sich in einer anonymen Gemeinde wirklich daheim zu fühlen; vor allem nach mehreren Umzügen. Die Beziehungen zu Verwandten, Kollegen oder Freunden weisen oft aus der Wohnnachbarschaft hinaus. Auch außerhalb der örtlichen Wohngemeinde kann christliche Gemeinschaft (oft besser) erlebt werden. Das ist gut so. Andererseits ist es wichtig, die örtliche Gemeinde zu einer heimi-

schen Gemeinde zu machen. Familien finden viele Aufgaben im Wirken für eine familienfreundliche Gemeinde: Gottesdienste, Familientage, Gesprächskreise, Besuchsdienste, Hilfen u. a. m. Und Mitarbeit macht *heimisch.*

All das kann hier nur angedeutet werden. Sicherlich kann jede Familie auch ohne die Zeit für besonderes Engagement zu haben, in folgender Weise am Gemeindeleben teilnehmen:

- Sonntagsgottesdienst;
- Aufmerksamkeit für die Mitmenschen im Gottesdienst und in der Nachbarschaft;
- Freundlichkeit und Gerechtigkeit;
- Gebet auch für die Anliegen der Gemeinde, der Kirche, der Umwelt;
- als neue Anregung: in einigen Diözesen ein- bis zweimal im Jahr ein »Hausgottesdienst«, eine kleine Gebetsandacht, die die Familien daheim, aber alle zur gleichen Zeit und in ähnlicher Form halten. Sie schafft eine Verbindung über die Mauern der Häuser hinweg.

127 *Religiöse Bräuche in der Familie*

Mit den überlieferten Bräuchen haben wir heute große Schwierigkeiten. Es sieht so aus, als wären sie wirklich nichts anderes als überholte Formen der bürgerlichen Gesellschaft. Sie wirken auch abgeschmackt, wenn ihr Sinn verstellt ist und deswegen in einer Gruppe nur Peinlichkeiten entstehen. Und weil die Gefühle, die sich mit ihnen verbinden, vielfältig für das öffentliche Geschäftsleben mißbraucht werden, müssen wir erst wieder mühsam zu ihrem ursprunghaften Sinn zurückfinden. Wenn wir wirklich nichts mehr damit anfangen können, gibt es da nur die einzige Alternative, solche Dinge zu unterlassen? Könnten wir uns nicht auch wieder um ihren Sinn bemühen? Oder wollen wir unser derzeitiges Empfinden und Verständnis zum einzigen Maßstab erheben für das, was sinnvoll ist? Es hilft wenig, Bräuche nur deswegen wieder aufzugreifen, weil sie früher schließlich auch sinnvoll waren. Wir können sie auch nicht mehr allein durch den stummen Vollzug in die Familie einholen. Worin liegt also ihr Wert?

Mit religiösen Bräuchen verbinden sich hohe Gefühlswerte. Sie helfen uns allen, besonders den Kindern, weiter in die Bewegung des Glaubens hineinzuwachsen. Sie schaffen eine Atmosphäre der Vertrautheit, die eine Gemeinschaft (Familie, Gemeinde, Kirche) innerlich verbindet und weckt. Gerade deswegen bedürfen sie aber des *deutenden Wortes,* damit sie nicht in dumpfe Riten abgleiten oder ihre Bedeutung verschoben wird. Sonst erwächst daraus kein Gewinn für das religiöse Leben. Die Symbole und Feiern können neu Bedeutung gewinnen, wenn wir sie bewußt mit dem *Glauben* in Verbindung setzen und sie unseren Kindern auch so erläutern. Durch die innere Verbindung mit dem Glauben wird der peinliche Zwang der Gefühle vermieden. Am besten vermitteln wir ihren Sinn in einer Besinnung *(z. B. zum Licht der Kerze)* oder in den Worten einer Feier selbst. Ausführliche Erklärungen davor oder mitten in der Feier beeinträchtigen jedoch den Eindruck. Unsere Kinder eignen sich Symbole, Feiern und Bräuche nur im Miterleben selbst an.

Für die Bräuche von Advent, Weihnachten und Ostern wollen wir einige Verstehenshilfen geben, damit sie von den Eltern in die häusliche Feier mit einbezogen werden können.

1. Advent und Weihnachten

Der *Adventskranz* ist ein Zeichen der Huldigung an den kommenden Erlöser. Wie für Sieger und Könige Kränze bereitgestellt werden, so rüsten wir uns auf die Feier der Geburt des Weltenkönigs Jesus Christus. Die vier Kerzen gehören zu den vier Sonntagen des Advents. Sie zeigen die Stationen an, die uns zu ihm hinführen:

- die Hoffnung auf seine Wiederkunft
- Johannes der Täufer als Wegbereiter und Bußprediger
- Verkündigung an Maria.

Der *Adventskalender* führt uns als Weg durch die Zeit zu Christus hin. Wir warten auf das große Fest und wachsen immer mehr in Christus hinein. Entsprechen unsere gängigen Kalender noch diesem Sinn?

Von Frühlingsblütlern werden die *Barbarazweige* geschnitten und in Wasser gestellt. An Weihnachten blühen sie auf – ein Zeichen des beginnenden Lebens mitten im Winter.

Vielfach verfälscht erscheint bei uns der *Hl. Nikolaus*. Er paßt weder zum Aufpolieren von Geboten und Verboten noch als Weihnachtsmann der Kaufhäuser. Nikolaus sorgte für Menschen in Not, wie die Legenden erzählen. So weist er hin auf Christus, der die Liebe Gottes zu den Menschen verwirklichte.

Der immergrüne *Tannenbaum* wird zum Sinnbild für das Leben Christi. In härtester Zeit behält er die Kraft des Lebens. Alle Zweige, die kleinen und die großen, bilden Kreuze. Er verjüngt sich nach oben – ein Bild der Sehnsucht und der Hoffnung auf die Wiederkunft des Herrn.

Auch durch den *Baumschmuck* wird die Tanne zum »Christbaum«. Die Kerzen sprechen von Jesus als dem Licht der Welt. Die Äpfel erinnern an die Schuld der Menschen, die im Ungehorsam von Adam und Eva begann. Die Kugeln und das glitzernde Lametta deuten auf die wertvollen Geschenke der Weisen aus dem Morgenland hin. Die Sterne weisen auf das geheimnisvolle Licht hin, das zur Krippe führt.

Die *Krippe* macht unsere Glaubenserfahrung anschaulich: der Heiland, der Heilsbringer, wird nicht erkannt; für seine Geburt bleibt nur ein Platz im Stall. Ochs und Esel – sie kennen ihren Herrn, wie *Jesaja* sagt *(1,3),* sein Volk aber hat keine Erkenntnis. Die Hirten jedoch verstehen die Botschaft des Engels und eilen zum Retter, der als Kind in Windeln in einer Krippe liegt *(Lk 2,1–20).*

In den *Geschenken* wollen wir die Freude, die uns von Gott geschenkt

wird, weitergeben. Sie sind ein Zeichen unserer Aufmerksamkeit und des Interesses für den Beschenkten.
Andere Bräuche *(Lebkuchen, Christstollen, Lichterprozessionen, Luzia-Tag, Sternsinger)* lassen den Sinn der Feste weiter lebendig und anschaulich werden. Für Kinder gehört dazu immer auch das Hören von Geschichten, mit denen sie in das Heilsgeschehen hineinwachsen.

2. Ostern

Die *Osterkerze* enthält ein ganzes Bündel von Symbolen. Alle beziehen sich auf Christus: das Licht Christi vertreibt das Dunkel des Todes und der Angst. Dies geschieht durch seinen Kreuzestod. Der Querbalken des Kreuzes zeigt auf die ganze gegenwärtige Welt. Der Längsbalken richtet sich auf das *Alpha* und *Omega;* sein Kreuzestod bringt Erlösung für alle Zeiten, vom Anfang bis zum Ende aller Geschichte der Menschen und des Kosmos. Die Jahreszahl bedeutet: Christus ist jetzt, in dieser Zeit mitten unter uns.
Das *Osterlamm* erinnert an die Errettung der Israeliten, als Jahwe an dem mit dem Blut des Lammes bestrichenen Türpfosten vorüberging

(Pascha) und damit ihr Aufbruch aus der Sklaverei Ägyptens begann. Christus ist das neue Osterlamm, weil er durch seinen Tod und seine Auferstehung allen Menschen den Weg der Freiheit und des Lebens gebaut hat.

Manche Familien bringen aus der Feier der Osternacht das gesegnete *Wasser* nach Hause. Es bedeutet das Wasser des Lebens, das Mose auf dem Wüstenzug für die dürstenden Israeliten aus dem Felsen schlug. Für uns ist Christus das Wasser des Lebens geworden. Osterwasser erinnert an unsere Taufe, in der wir in Tod und Auferstehung Jesu eingebunden wurden.

Das Schenken von *Ostereiern* hat viele Bedeutungen; sie knüpfen sich vor allem an die geheimnisvolle Kraft, die aus dem Ei Leben entwickeln läßt. Das Ei wird als Grundform des ganzen Kosmos betrachtet. Durch die Weihe (am Ostersonntag) wird es zum Sinnbild des neuen Lebens, das Christus uns geschenkt hat.

Auch die *Frühlingsboten der Natur (Palmzweige, Forsythien u. a.)* sind Zeichen des neu erwachten Lebenskreislaufs. Beim *Osterspaziergang* wird uns dies besonders bewußt. Ostern liegt im Frühjahr. Dies bedeutet: Gott als der Herr allen Lebens erweckt seine Schöpfung zu neuem Leben und schenkt uns das ewige Leben, das

uns Christus eröffnet hat. Diese innere Einheit von Schöpfung und Erlösung kann sich in solchen Zeichenhandlungen in unser Empfinden einsenken.
In vielen Gegenden sind besonders diese beiden Festzeiten mit vielen anderen Bräuchen ausgestattet. Die Familie wird sicher am ehesten ihr Träger sein, weil sie in der Regel noch das persönliche, gefühlsmäßige Band der Menschen darstellt, ohne das solche Bräuche nicht erhalten bleiben. Gleichzeitig reichen sie aber auch über die Familie hinaus in die größere Gemeinschaft, wo sie zu einem sich ausdehnenden Band für viele Menschen werden können.

128 *Weihnachten in der Familie*

Weihnachten kann man verschieden erleben. Aber der Inhalt des Festes bleibt gleich. Der unendlich liebende Gott ist unser Bruder geworden und will die Menschen mit Frieden und Gerechtigkeit versöhnen. Mit jedem Weihnachtsfest kann darum bei uns Hoffnung, Freude und Frieden wachsen, wenn wir uns mit Herz und Hand, Augen, Ohren und Gedanken auf das Geschenk Gottes einstellen und uns gegenseitig mit Stille, Frieden und mit Zeit beschenken.
Wie könnte das Weihnachtsfest in der Familie gelingen?

1. Adventszeit

Im Wohnzimmer wird ein Adventskranz aufgestellt. Die Familie setzt sich mehrmals zu Stille, Gebet und Besinnung zusammen. Alle beteiligen sich je nach ihrem Können am Basteln von Weihnachtsschmuck für Baum und Krippe. Das Krippenhaus wird leer aufgestellt. Während der Adventszeit »*wandern*« die Figuren zur Krippe. Für gelungene gute Vorsätze legt jeder Stroh in die Krippe. Weihnachtliche Freude wächst mit kleinen Zeichen *(z. B. Geschenk zu Nikolaus)*. Wir stellen uns auf das Geschenk der Versöhnung ein: sich gegenseitig verzeihen, einander gut sein, Teilnahme an der Bußfeier der Pfarrgemeinde.

2. Vorbereitung des Festes

Aufregende und geschäftige Arbeiten sollten mit dem 23. 12. beendet sein. Bis dahin ist der Schmuck der Wohnung *(Kerzen, Sterne, Tannenzweige)* und des Christbaumes bedacht; die Krippe ist gebastelt. Bedächtig und ruhig wird *mit* den Kindern die Wohnung und der Baum geschmückt, die Krippe aufgestellt, einfache Kleidung hergerichtet, Abend und Festessen vorbereitet. Vielleicht bleibt noch Zeit für einen Spaziergang mit den Kindern, während der Festtagstisch gedeckt wird. Die entspannte Atmosphäre hat dabei weiten Vorrang vor der Fülle und der Perfektion des Feierns.
Die Geschenke werden vor der Feier bereitgelegt: zugedeckt unter dem Baum oder in dem Zimmer verteilt, durch Zeichen mit Krippe und Baum verbunden. Der Ablauf des Heiligen Abends wird mit den größeren Kindern vorbereitet. Die Wünsche der Kinder sollten in gleicher Weise respektiert werden wie die Wünsche der Eltern. Jeder übernimmt eine Aufgabe, auch die Kleinen.
Vielleicht können wir für einen Teil des Heiligen Abends Nachbarn, bekannte Alleinstehende oder Freunde einladen. Wenn es sich einrichten läßt, sollte die ganze Familie (am Nachmittag oder Abend) die Christmette besuchen; denn: *Weihnachten ist ein Fest der ganzen Christenheit, alle sind zur Begegnung mit dem Herrn eingeladen.*

3. Die Feier des Heiligen Abends

Alle werden ausdrücklich in das Wohnzimmer eingeladen. Zuerst wird kurz der Sinn der Feier erläutert. Gemeinsames Singen bindet alle zusammen, noch verstärkt durch den Händedruck und andere Zeichen der Verbundenheit. Einfache Lieder finden sich überall. Die musikalische Begleitung kann vielfältig sein: mit Instrumenten, oder Klatschen oder andere Gestik. Das freie Erzählen der Weihnachtsgeschichte gibt der Botschaft eher persönliche Züge als das Vorlesen. Besonders eindrucksvoll wäre auch das Vorlesen aus einer Schriftrolle, die während des Advents entstand. Ein wenig kann die Geschichte von den Kindern und von den Erwachsenen verarbeitet werden: im Gespräch über die Botschaft des Engels für uns, im Malen der Szene oder im farblichen Ausdruck, im Spiel an der Krippe. Dabei wird nichts vorgeführt, sondern die Gemeinschaft verstärkt. Einer nach dem anderen zündet eine Kerze am Baum an und spricht aus, was er fühlt: *»Wenn wir uns gut sind, wird die Welt heller.« »Wenn wir*

aufeinander hören, wird die Welt heller ...« Zuletzt wird eine Kerze an die Krippe gestellt: *»Es wird heller in der Welt, weil Christus uns liebt.«*

Im Gebet werden dann alle Anliegen und Gedanken, die uns bewegen, vor Gott getragen, der Frieden und Liebe unter den Menschen will. Auch unsere Geschenke sind Zeichen des Weitergebens der Liebe Gottes; sie sind Anfang neuer gegenseitiger Zuwendung und Treue. Das Austeilen oder Hinführen zu den Geschenken ist ein sinnvoller Ausdruck dafür. Dann aber brauchen die Kinder Zeit zum Spielen und zur Beschäftigung mit dem Neuen. Mit dem feierlichen Abendessen bekommt die Familienfeier einen weiteren Akzent: *Miteinander essen schafft Gemeinschaft.*

4. Feiertage

An den Feiertagen sollte viel Zeit zur Gemeinsamkeit mit älteren Kindern reserviert werden. Dafür lassen sich auch die Jugendlichen gewinnen, wenn man ihre Wünsche bespricht. Das Betrachten der großen Krippe in der Kirche dürfte den Kindern die Augen noch mehr öffnen für das Weihnachtsgeschehen, vor allem, wenn sie mit den Erwachsenen darüber sprechen: gerade den Ärmsten begegnet Gott, nicht in Macht und Herrlichkeit, sondern als einer von ihnen, im Stall bei den Tieren. Der Engel schickt sie hin zu dem Licht der Welt. *Solche Wegweiser gibt es auch bei uns: Ohne Flügel!* Das Licht ist auch nicht gelöscht, nur zugestellt. Es herrscht keine Dunkelheit mehr, wenn wir das unauslöschliche Licht leuchten lassen, denn es zündet andere Kerzen und Fackeln an. *Dieser Gott will uns selbst begegnen – im Brot und Wein, in der Mahlfeier mit Christus. Diese Erfahrung vermittelt uns der Gottesdienst an den Feiertagen.*

129 *Bitten*

Du, der du ohne Haus unter den Menschen warst:
sei unser Haus.

Du, der du viele schutzlose Wege gegangen bist:
sei unser Schutz.

Du, der du das Dunkel auf dich genommen hast:
sei unser Licht.

Du, der du weißt, was Leiden ist:
hilf unserem Glück.

Du, der du die Einsamkeit kennst:
segne unsere Gemeinschaft.

Gefion Forderer

Bildnachweis

11 KNA, Frankfurt
15 Naumburger Dom. Christus. Aufnahme: W. Hege. Kösel-Archiv
20 foto-present, Essen
26 Mathis Nithardt: Isenheimer Altar. Museum Unterlinden, Colmar
27 foto-present, Essen (3×); Lucina-Katakombe, Rom. Kösel-Archiv
31 Lukas van Leyden (1494–1533): Fußwaschung. Foto: foto-present, Essen
35 Lukas van Leyden (1494–1533): Das Letzte Abendmahl. Foto: foto-present, Essen
40 KNA, Frankfurt
43 Kösel-Archiv
49 Karl Schmidt-Rottluff (1884–1976): Gang nach Emmaus. Holzschnitt
54 Verkündigung an Maria. Aus einer Holzschnittfolge, um 1485
55 Bergpredigt. Aus einer Holzschnittfolge, um 1485
Christus als das Holz des Lebens. Aus einer Holzschnittfolge, um 1485
57 foto-present, Essen
63 Anita von Drechsel, München
77 Christa Pilger-Feiler, München (2×)
foto-present, Essen
Lothar Nahler, Wiesbaden
Otto Ågesen, Sandefjord
Anita von Drechsel, München
84 foto-present, Essen (2×)
Pressefoto Lachmann, Düsseldorf (2×)
85 Grafik: Peter Schimmel, München. Foto: foto-present, Essen
89 Osterlamm. Gewölbe im Kloster Cluny. Kösel-Archiv
Fisch mit Brotkorb. Lucina-Katakombe, Rom. Kösel-Archiv
Chor im Dom zu Verden a. d. Aller. 14. Jh. Foto Marburg, Marburg
Pressefoto Lachmann, Düsseldorf
93 Grafik: Peter Schimmel, München. Abbildung: Azariah Mtabar. Missio, Aachen
94 Lothar Nahler, Wiesbaden
96 Grafik: Peter Schimmel, München
97 Pressefoto Lachmann, Düsseldorf (4×)
foto-present, Essen
Missio, Aachen
99 Missio, München (5×)
foto-present, Essen (2×)
Adveniat, Misereor

108 Pressefoto Lachmann, Düsseldorf
109 KNA, Frankfurt
113 Lothar Nahler, Wiesbaden
124 Barbara Ott
125 Barbara und Marcel Ott
136 Rudi Ott
139 Lothar Nahler, Wiesbaden
142 Rudi Ott
153 Karl Zimmermann, Pullheim b. Köln
159 Rudi Ott
165 Walter Habdank: Samariter (1963)
176 © Pax Christi, Frankfurt
Grafik: H. Trossen. Hrsg. vom Bistum Essen, Dezernat für pastorale Dienste
181 Anita von Drechsel, München
192 Albrecht Dürer: Die Auferstehung, aus: Die große Passion. Kösel-Archiv
194 Paul Sinkwitz: Die Heimkehr des verlorenen Sohnes
209 Gerard Philibert, Nizza
222 Lorenso Ghiberti: Taufe Jesu. Ausschnitt vom Nordportal des Baptisteriums Florenz. Kösel-Archiv
233 Lothar Nahler, Wiesbaden
249 foto-present, Essen
251 KNA, Frankfurt
252 KNA, Frankfurt
253 Norbert Weidinger, München
254 KNA, Frankfurt
257 Walter Habdank: Betlehem
258/259 Anita von Drechsel, München

Textnachweis

11/12: Gianni Rodari: Gutenachtgeschichten am Telefon. Thienemanns Verlag, Stuttgart ³1967
21: Alle Menschen sind Geschwister. Text: Tüshaus. Melodie: Sœr Sourire. Neue Stadt Verlag GmbH, München
22: Heinz Zahrnt: Ich aber sage euch. Sechs Bibelarbeiten zur Bergpredigt. Stuttgart 1969 (Rechte beim Autor)
24: Rudolf Otto Wiemer: Ja, wenn ich erstmal groß bin. (Rechte beim Autor)
28/29: Rudolf Otto Wiemer: Jesus wohnt in unsrer Straße. © Burckhardthaus-Laetare Verlag GmbH, Herzbachweg 2, 6460 Gelnhausen
51/53: Ursula Wölfel: Die Geschichte vom Feuersalamander, aus: Siebenundzwanzig Suppengeschichten. Hoch-Verlag, Düsseldorf
59/62: Heinz-Manfred Schulz und elf Kinder seiner Gemeinde: Wie wir den Glauben als Freude erleben. Matthias-Grünewald-Verlag, Mainz 1978
78/79: H. A. Mertens: Brot in deiner Hand. Verlag J. Pfeiffer, München 1972
81: Theodor Schneider: Wir sind sein Leib. Meditationen zur Eucharistie. Topos-Taschenbücher Band 65. Matthias-Grünewald-Verlag, Mainz ²1979, S. 40f. (leicht verändert)
82/83: Trutwin/Breuning: Wege des Glaubens. Patmos Verlag, Düsseldorf ²1979, S. 190f.
92: Lothar Zenetti: Texte der Zuversicht. Verlag J. Pfeiffer, München 1965
98: Jesus-Bruderschaft: Zeugnis geben. Präsenz-Verlag, Hünfeld
122: M. Seitz/F. Thiele (Hrsg.): Wir beten – Gebete für Menschen von heute. Schriftenmission-Verlag, Gladbeck 1967, S. 245
130: Josef Guggenmos: Wenn mein Vater mit mir geht, aus: Was denkt die Maus am Vormittag. Georg Bitter Verlag, Recklinghausen
131: Elisabeth Stiemert: Die Sammelsuse und andere Vorlesegeschichten. Stalling Verlag GmbH, Oldenburg
134/135: Irina Korschunow: Jan findet einen Freund. (Rechte beim Autor)
140: Rolf Krenzer: Kurze Geschichten zum Vorlesen und Nacherzählen im Religionsunterricht. Verlag Ernst Kaufmann/Kösel-Verlag, Lahr/München 1975
144/145: Hermann Hesse, aus: Gesammelte Werke. Werkausgabe. Suhrkamp Verlag, Frankfurt

145/146: Günter Käning: Gute-Nacht-Geschichten. Franz Schneider Verlag, München

151/152: Ursula Wölfel: Der Nachtvogel, aus: Die grauen und die grünen Felder. Neithard Anrich Verlag, Modautal-Neunkirchen

159: Rudolf Otto Wiemer: Kleine Predigt. (Rechte beim Autor)

163: Gretl Oser-Lager: Besinnung am Abend. Abendgebet der Kleinen Brüder und Schwestern von Charles de Foucald, aus: Zielfelder ru 7/8 B. Kösel-Verlag, München

166: Simone Weil: Aufmerksamkeit, aus: Das Unglück und die Gottesliebe. Kösel-Verlag, München

177: Sigismund von Radecki: Der Spiegel, aus: Sigismund von Radekki: ABC des Lachens. © Rowohlt Verlag GmbH, Hamburg 1953

178: Tobias Brocher: Schuldgefühle und Gewissen, aus: Das theologische Interview – Tobis Brocher antwortet Manfred Linz. Patmos Verlag, Düsseldorf

190/191: Natalie Oettli: Es kann auch anders sein, aus: Vorlesebuch Religion 1. Kaufmann, Vandenhoeck, Benziger, TVZ/Lahr, Göttingen, Zürich 1971

200: Gerhard Lohfink: Gott ohne Masken. Echter Verlag, Würzburg

208/209: Tobias Brocher: Sich und anderen vergeben, aus: Das theologische Interview – Tobias Brocher antwortet Manfred Linz. Patmos Verlag, Düsseldorf

213/214: Deutsche Bischofskonferenz: Weisungen zur kirchlichen Bußpraxis. 1979

220: Johannes Hansen: Nach dem Dunkel kommt ein neuer Morgen. Psalm-Meditationen. Reinhard Kawohl Verlag, Wesel 1980, S. 7

231: J. Carr/J. Sorley: Herr segne dieses Chaos. Christliches Verlagshaus GmbH, Stuttgart

243/245: Heinz-Manfred Schulz und elf Kinder seiner Gemeinde: Wie wir den Glauben als Freude erleben können. Matthias-Grünewald-Verlag, Mainz 1978

15/23/41/64/164–165/174/180: © Katholisches Bibelwerk, Stuttgart

53/80–81/195–197: Bibel für die Grundschule. Hrsg. v. d. Deutschen Bischofskonferenz. Butzon & Bercker, Kevelaer/Kath. Bibelwerk, Stuttgart/Kösel, München/Patmos, Düsseldorf 1979

100–102/107/109/186/189f./197: Gemeinsame Synode der Bistümer in der Bundesrepublik Deutschland. Offizielle Gesamtausgabe I. Verlag Herder, Freiburg 1976

Bildnachweis

11 KNA, Frankfurt
15 Naumburger Dom. Christus. Aufnahme: W. Hege. Kösel-Archiv
20 foto-present, Essen
26 Mathis Nithardt: Isenheimer Altar. Museum Unterlinden, Colmar
27 foto-present, Essen (3×); Lucina-Katakombe, Rom. Kösel-Archiv
31 Lukas van Leyden (1494–1533): Fußwaschung. Foto: foto-present, Essen
35 Lukas van Leyden (1494–1533): Das Letzte Abendmahl. Foto: foto-present, Essen
40 KNA, Frankfurt
43 Kösel-Archiv
49 Karl Schmidt-Rottluff (1884–1976): Gang nach Emmaus. Holzschnitt
54 Verkündigung an Maria. Aus einer Holzschnittfolge, um 1485
55 Bergpredigt. Aus einer Holzschnittfolge, um 1485
Christus als das Holz des Lebens. Aus einer Holzschnittfolge, um 1485
57 foto-present, Essen
63 Anita von Drechsel, München
77 Christa Pilger-Feiler, München (2×)
foto-present, Essen
Lothar Nahler, Wiesbaden
Otto Ågesen, Sandefjord
Anita von Drechsel, München
84 foto-present, Essen (2×)
Pressefoto Lachmann, Düsseldorf (2×)
85 Grafik: Peter Schimmel, München. Foto: foto-present, Essen
89 Osterlamm. Gewölbe im Kloster Cluny. Kösel-Archiv
Fisch mit Brotkorb. Lucina-Katakombe, Rom. Kösel-Archiv
Chor im Dom zu Verden a. d. Aller. 14. Jh. Foto Marburg, Marburg
Pressefoto Lachmann, Düsseldorf
93 Grafik: Peter Schimmel, München. Abbildung: Azariah Mtabar. Missio, Aachen
94 Lothar Nahler, Wiesbaden
96 Grafik: Peter Schimmel, München
97 Pressefoto Lachmann, Düsseldorf (4×)
foto-present, Essen
Missio, Aachen
99 Missio, München (5×)
foto-present, Essen (2×)
Adveniat, Misereor

108 Pressefoto Lachmann, Düsseldorf
109 KNA, Frankfurt
113 Lothar Nahler, Wiesbaden
124 Barbara Ott
125 Barbara und Marcel Ott
136 Rudi Ott
139 Lothar Nahler, Wiesbaden
142 Rudi Ott
153 Karl Zimmermann, Pullheim b. Köln
159 Rudi Ott
165 Walter Habdank: Samariter (1963)
176 © Pax Christi, Frankfurt
Grafik: H. Trossen. Hrsg. vom Bistum Essen, Dezernat für pastorale Dienste
181 Anita von Drechsel, München
192 Albrecht Dürer: Die Auferstehung, aus: Die große Passion. Kösel-Archiv
194 Paul Sinkwitz: Die Heimkehr des verlorenen Sohnes
209 Gerard Philibert, Nizza
222 Lorenso Ghiberti: Taufe Jesu. Ausschnitt vom Nordportal des Baptisteriums Florenz. Kösel-Archiv
233 Lothar Nahler, Wiesbaden
249 foto-present, Essen
251 KNA, Frankfurt
252 KNA, Frankfurt
253 Norbert Weidinger, München
254 KNA, Frankfurt
257 Walter Habdank: Betlehem
258/259 Anita von Drechsel, München